高职高专"十四五"规划教材·基础课系列

大学生主题班课读本

主编 ◎ 顾裕文　胡苗

中国·武汉

图书在版编目(CIP)数据

大学生主题班课读本/顾裕文,胡苗主编. —武汉:华中科技大学出版社,2020.11(2022.12重印)
ISBN 978-7-5680-4098-3

Ⅰ.①大… Ⅱ.①顾… ②胡… Ⅲ.①高等学校-班会-教案(教育) Ⅳ.①G645.5

中国版本图书馆 CIP 数据核字(2020)第 235914 号

大学生主题班课读本　　　　　　　　　　　　　　　　　顾裕文　胡　苗　主编
Daxuesheng Zhuti Banke Duben

策划编辑：聂亚文
责任编辑：张　娜
封面设计：孢　子
责任监印：朱　玢
出版发行：华中科技大学出版社(中国·武汉)　　电话：(027)81321913
　　　　　武汉市东湖新技术开发区华工科技园　　邮编：430223
录　　排：华中科技大学惠友文印中心
印　　刷：武汉市洪林印务有限公司
开　　本：787mm×1092mm　1/16
印　　张：16.5
字　　数：407千字
版　　次：2022年12月第1版第3次印刷
定　　价：45.00元

本书若有印装质量问题,请向出版社营销中心调换
全国免费服务热线：400-6679-118　　竭诚为您服务
版权所有　侵权必究

主题班课助推新时代的"传道授业解惑"(代序)

教育应该是全面培养德才兼备、有品格、有思想、有信念的人,是传道、授业、解惑的有机统一,而不是单纯地授业,不顾受教育者未来的成长和可能对社会造成的影响。努力培养担当民族复兴大任的时代新人,培养德、智、体、美、劳全面发展的社会主义建设者和接班人,是高校思政教育把握"传道授业解惑"新时代特征的一把钥匙。主题班课的兴起和重视,挖掘了日常教育的思想政治资源、内涵和功能,赋予了日常教育"传道授业解惑"新的时代意义,是对中国传统教育文化精神与理念的继承和发扬,是在日常教育中全面运用习近平新时代中国特色社会主义思想铸魂育人。

传中国特色社会主义之道。人之异于其他动物首在人有思想、有道德规约,人的成长是顺着思想之路而行的。大学生已到了该立志和思考自己人生道路的时候,若缺乏正确引导和教育,则容易偏离正道。习近平新时代中国特色社会主义理论丰富广博、体系完备深远,贯穿社会人生的方方面面,正适于塑造新时代大学生的精神、志向与个性,将中国特色社会主义之道永久传续。"三观"的塑造、思想的启迪不可能一蹴而就,需要发扬滴水穿石精神,坚持久久为功;应抓住青年学生"三观"形成的关键期,引导他们扣好人生第一粒扣子、踩实人生第一级台阶。主题班课就是要用春风化雨的隐性力量去影响学生、塑造学生,引导学生用习近平新时代中国特色社会主义思想理论武装自己,令其心安志立、笃志求学、争做栋梁。教师在授课和辅导时,要把强化使命担当作为重点和切入点,将中国特色社会主义世界观、人生观和社会主义核心价值观具体化,以学识能力和人格魅力教育、感染学生,引导学生坚定中国特色社会主义道路自信,提高明辨是非和价值判断的能力,引导学生矢志不渝听党话、跟党走,把个人理想与国家发展、民族命运结合起来。

授担当民族复兴大任之业。大学生的专业学习,既是为自己未来安身立命获取生存技能和专业知识,也是为未来承担民族复兴大任构筑个人成长的平台。因此,大学生的学习不能仅仅局限在本专业,而应辅以日常教育,拓宽学生的视野,提高学生的自学能力,为学生未来的提升与成长打好坚实基础。新时代大学生安身立命、担当民族复兴大任的前提是有完善的学习方法和自我教育的能力,提升综合素质,不断接受社会新事物以适应社会的快速发展,需要马克思主义世界观和方法论思想,若在主题班课中将其运用于鲜活的案例讲授,能够使大学生在理论和实践的结合中加深对事物发展规律的理解,进而铺平大学生学习和掌握各种专业知识的道路,不断促进大学生扎实学识的形成和积累,使大学生掌握担当民族复兴大任的专业技能。借助主题班课的方式,将科学的思维方法运用于日常教育中,能激活学生对党的理论的理解,也使其更容易接受和笃信马克思主义世界观和方法论的正确性和有效性。在主题班课中还应强调学生在未来工作中对职业操守的坚守和习得过程的训练,否则即便有过硬的专业技术技能,也无法在社会上立足,更谈不上担负民族复兴的重任。

解国际国内时政热点之惑。中国当前正处于国际形势动荡、国内社会大转型期,伴随着经济的快速增长和社会的急剧变迁,各种社会思潮大量涌现。同时,在习近平新时代中国特色社会主义思想的指引下,社会主义核心价值观形成,整个中国都需要一场社会大学习。大学生思想意识形态尚不稳固,容易无所适从,对国际国内各种时政热点问题及当下生活、学习和未来工作、生活产生困惑,更有甚者可能会被居心不良的势力利用。这就需要教师利用包括主题班课在内的思政教育资源为学生答疑解惑。再加上高校学生前期教育资源存在差异,教育基础差距较大,对社会现象的理解高下不一,需要整合思政资源对学生加以点拨。采用主题班课的方式,有利于及时向大学生讲解当前社会政治热点问题的形成及发展脉络,防止大学生因对社会事件的错误认知而导致不良行为或受到不良思潮的蛊惑。

作为思政教育的重要补充,大学生主题班课已经位列思政教育的重要环节,主题鲜明,作用也越来越重要。本教材分为二十二个专题,涵盖了从入学到毕业、从学习到就业、从安全到健康、从法制到德育、从日常教育到习近平新时代中国特色社会主义思想的辅导各个环节。本教材的编写得到了石英、刘旺、肖明、肖贵、蔡青、方燕、史雯、曾智文、殷艳、单志芳等同志的帮助和支持。由于主编能力有限,本教材还存在很多的缺陷,欢迎广大读者提出宝贵意见,我们将虚心接受并在以后再版时予以修正。

顾裕文　胡　苗

2020 年 5 月 26 日

目录

专题一 主题班课概论 ……………………………………………………… 1
    一、主题班课的概念和内涵 ……………………………………………… 2
    二、主题班课的目的和意义 ……………………………………………… 3
    三、主题班课的功能和作用 ……………………………………………… 4
    四、主题班课的特点 ……………………………………………………… 6
    五、主题班课的形式和主题 ……………………………………………… 6

专题二 把握大学生活 成就美好未来 …………………………………… 9
    一、了解大学，认识变化 ………………………………………………… 10
    二、认清自我，明确目标 ………………………………………………… 13
    三、适应新变化，融入新生活 …………………………………………… 16

专题三 定位人生 成就梦想 ……………………………………………… 21
    一、职业生涯规划的重要性 ……………………………………………… 22
    二、职业生涯规划的内容 ………………………………………………… 23
    三、职业规划的实施 ……………………………………………………… 28

专题四 祸从陋习起 福自健康来 ………………………………………… 31
    一、健康的定义、标准及高校学生的健康状况 ………………………… 32
    二、健康生活四要素 ……………………………………………………… 33

专题五 绷紧安全弦 奏响青春歌 ………………………………………… 39
    一、认识安全的重要性 …………………………………………………… 40
    二、几种常见的安全隐患 ………………………………………………… 40
    三、如何预防和应对安全隐患 …………………………………………… 47

专题六 塑造阳光心态 构建幸福人生 …………………………………… 53
    一、阳光心态 ……………………………………………………………… 54
    二、塑造阳光心态，享受阳光生活 ……………………………………… 58

专题七 网络如山勤思为径 信息似海安全作舟 ………………………… 75
    一、网络是一把锋利的双刃剑 …………………………………………… 76
    二、大学生网络安全问题 ………………………………………………… 76
    三、发挥主观能动性，提高网络安全意识 ……………………………… 82

专题八 诚以立身 信以立德 ……………………………………………… 87
    一、诚信的意义 …………………………………………………………… 88

二、大学生诚信缺失的主要表现 ·················· 89
　　三、注重自我诚信教育，提升自身道德素养 ·········· 95

专题九　谁言寸草心　报得三春晖 ·················· 99
　　一、大学生感恩教育的重要意义 ·················· 100
　　二、大学生感恩意识缺失的表现 ·················· 102
　　三、学会感恩 ································ 103

专题十　春风化雨　沁润心田 ······················ 107
　　一、情感及情感教育的内涵 ······················ 108
　　二、当代大学生情感发展的新特点 ················ 108
　　三、大学生情感缺失的主要原因 ·················· 109
　　四、加强大学生情感教育的对策 ·················· 110
　　五、大学生情感教育的方法 ······················ 115

专题十一　中国梦　我的梦 ························ 117
　　一、中国梦的内涵 ······························ 118
　　二、中国梦的特征 ······························ 121
　　三、中国梦的时代价值 ·························· 121
　　四、中国梦和个人梦 ···························· 125
　　五、中国梦的实现条件 ·························· 125
　　六、中国梦的实现路径 ·························· 126
　　七、中国梦对我们的要求 ························ 126
　　八、为实现中国梦而努力 ························ 127

专题十二　践行社会主义核心价值观　汇聚实现中国梦精神动力 ··· 129
　　一、社会主义核心价值观的凝练和提出 ·············· 130
　　二、三个层面深刻把握社会主义核心价值观的科学内涵 ··· 134
　　三、社会主义核心价值观的价值意义 ················ 136
　　四、大学生践行社会主义核心价值观的必要性 ········ 136
　　五、高校践行社会主义核心价值观的路径 ············ 139

专题十三　坚定四个自信　实现伟大复兴 ·············· 141
　　一、"四个自信"的形成与发展 ···················· 142
　　二、"四个自信"并列提出的重大价值 ················ 145
　　三、"四个自信"为中国梦注入了强大动力 ············ 147
　　四、引导大学生坚定"四个自信" ··················· 149

专题十四　走进新时代　拥抱新思想 ·················· 151
　　一、习近平新时代中国特色社会主义思想的形成与发展 ··· 152
　　二、习近平新时代中国特色社会主义思想的内核 ······ 153
　　三、习近平新时代中国特色社会主义思想的特征和意义 ··· 156
　　四、习近平新时代中国特色社会主义思想融入高校政治素养教育 ··· 157

专题十五　传承红色文化　唤醒红色基因 ·············· 161
　　一、红色文化概述 ······························ 162

二、红色文化的类型与特征 ································· 165
　　三、学习、开发红色文化的重要价值 ····················· 166
　　四、大学生传承和弘扬红色文化的困境 ·················· 167
　　五、红色文化的传承与弘扬 ································ 169

专题十六　弘扬国防精神　筑伟大强军梦　171
　　一、中国国防 ··· 172
　　二、我国的战略环境 ··· 179
　　三、我国现代军事思想 ······································ 182

专题十七　遵守社会公德　弘扬文明新风　187
　　一、大学生公民道德教育的重要性 ······················· 188
　　二、公民道德教育的基本内容 ····························· 189
　　三、强化自我教育——最终归宿 ·························· 195

专题十八　与法同行　快乐成长　197
　　一、法治教育概述 ··· 198
　　二、大学生法治教育的必要性 ····························· 199
　　三、增强法律意识的途径 ··································· 201
　　四、减少违纪现象的途径 ··································· 202

专题十九　保持身心健康　绽放青春花蕾　205
　　一、青春期生理健康 ·· 206
　　二、青春期心理健康 ·· 209
　　三、青春期性心理 ··· 213
　　四、青春期性道德 ··· 216
　　五、青春期性罪错 ··· 218

专题二十　德技兼修　匠心筑梦　221
　　一、职业理想 ··· 222
　　二、职业道德 ··· 226
　　三、职业态度 ··· 228
　　四、职业责任 ··· 230
　　五、职业技能 ··· 231
　　六、职业纪律 ··· 231
　　七、职业信用 ··· 232

专题二十一　新手上路　安全先行　235
　　一、实习安全概述 ··· 236
　　二、大学生实习安全风险的来源 ·························· 237
　　三、实习期自我安全保护 ··································· 237

专题二十二　雄关漫道从今越　长风破浪直挂帆　243
　　一、了解职业 ··· 244
　　二、求职准备 ··· 249

专题一
主题班课概论

著名教育家马卡连柯说:"活动教育了集体,团结了集体,加强了集体,以后,集体自身就能成为很大的教育力量。"

主题班课作为思想政治教育课程内容的补充课程,以提升大学生思想政治素养、促进大学生心理健康、匡正大学生行为为宗旨,是大学生思想政治教育的有效途径。

教学目标

通过学习,使学生较好地理解主题班课的概念和内涵,了解主题班课的目的和意义、功能和作用、形式和主题,积极参与其中,重视并乐于借助主题班课这一思想政治实践教育的平台,修炼品格和健全人格,树立科学的人生观、世界观和价值观,努力将自己塑造为我国现代化建设需要的高素质人才。

教学重点

(1) 理解主题班课的意义。

(2) 理解主题班课的作用。

一、主题班课的概念和内涵

(一) 主题班课的概念

主题班课是高校根据大学生思想政治教育基本要求和学校工作要求,结合学生的实际情况,以班级为单位,围绕一定的主题,有目的、有计划、有组织地进行的实现学校教育和学生自我教育相统一的教育活动。

(二) 主题班课的内涵

著名的心理学家埃里克森认为,任何符合年龄阶段发展特征的教育行为、环境影响都可能有助于克服个人发展中的障碍,促进个人的改变和成长。按照埃里克森的这一学说,大学生正处于青年期(13～18岁)末期和成年期(19～25岁)早期,在这一年龄阶段,他们所面临的主要问题是同一性和亲密感的建立。根据埃里克森的观点,同一性和亲密感的混乱与缺失具体表现为同一性意识的混乱(对自我认识的缺乏)、时间混乱(无法管理好时间)、价值观混乱(不知道自己想要追求什么)、角色固着(无法适应新的环境和角色)、亲密关系与人际关系的建立存在困难等。因此,根据这一人格发展理论和我们对这一年龄阶段大学生的观察,通过主题班课可确保对学生进行及时、有效的教育,帮助辅导员和相关教师针对这些问题进行预见性辅导。

主题班课既是辅导员有计划地对学生进行管理、引导和教育的重要途径,又是培养和展现学生自我管理能力、培养和增强学生主人翁意识的一种重要方式,同时也是处理、解决班级问题,开展各项活动的有效途径。

主题班课是学校德育的一种十分重要的形式。作为一种学校教育机制,由于倡导以学生为中心、以情境为中心、以主题为中心的活动理念,主题班课在无形中成为一种十分重要的道德教育载体。

二、主题班课的目的和意义

（一）主题班课的目的

大学阶段的学生多数已成年,对社会已经有了一定的认识,但其思想尚未完全成熟,因此大学阶段正是形成良好行为习惯、树立正确价值观的关键时期。主题班课作为高校思想政治教育的一种重要形式和平台,在高校学生的思想政治、心理健康、行为规范等教育管理工作中不可或缺。

主题班课因为主题突出、话题性强、贴近学生的生活实际,能帮助大学生更好地从认识、分析问题入手,真正做到透过现象看本质。通过围绕核心话题全面深入讨论,有助于大学生正确地看待生活、全面地认识社会、增强社会责任感,帮助他们树立崇高的理想信念,激励他们锐意进取、奋发有为。一节主题鲜明、形式生动、参与度高的班课能极大地拉近班级成员之间的距离,并帮助辅导员针对学生可能出现的问题进行预见性辅导,既可以达到提高学生的认识、发展学生的个性、丰富学生的生活的目的,又可以培养学生的民主意识,锻炼学生的自理自治能力,增强班级凝聚力,从而达到巩固班集体和形成良好班风的目的。

（二）主题班课的意义

思想政治教育是高校教学和管理的重要内容,是大学生健康成长和全面发展的重要保障,主题班课则是思想政治教育的重要补充。

1. 班级凝聚力的集结器

当代大学生感受更多的是竞争。整个中学时期,他们被灌输得最多的可能就是考出好成绩和考上好大学。这种自我意识的强化,固然能有效激发学生的学习潜能和竞争意识,但也不可避免地让很多学生以一种精神挤压和心理拥堵的不良状态进入高校。他们具有较强的自我意识,很难形成鲜明的团结精神和集体意识。主题班课是全体学生集体性思想和实践的活动,学生能够围绕特定的主题,共同讨论,表达自己的观点和看法,展示自己的思维和个性。通过主题班课,不断强化学生的团队意识、合作意识和集体思想,学生在良好的学习和研究氛围中,加深了对班集体的归属感和认同感,增强了班级凝聚力,从而促进全体同学共同进步、全面发展和健康成长。

2. 学生成长能量的供给器

主题班课精选适宜学生自我学习和提升的主题,不仅能帮助他们认清各种问题、透过现象看问题的本质,还能提升学生的思维能力和认知水平,让他们在学习中加深认识,在探究中解放思想,在分析中提升思想道德境界,真正将思想政治教育转化为学生的内在素养和综合能力,使学生成为能适应社会发展的需要、身心健康、对社会有益的人才。

3. 辅导员工作质量的提速器

高校辅导员作为学生思想政治工作的重要参与者,职责非同寻常,不仅要做好学生的管理和服务工作,传达学校的办学和管理精神,帮助学生更好地进行职业规划,安排好学生大学期间的学习和生活,发现他们存在的问题,加以引导和给予帮助,还要对他们进行心理疏导、思想引导和政治教育,丰富学生的思想,让学生接受先进的学习和管理理念,不断强化共产主义信仰和社会主义优越性认识,充分发挥主观能动性,实现自我教育和自我管理。围绕学生心理特点、生活学习和思想实际的主题班课,一方面让学生学会更好地进行自我规划、自我教育和自我管理,突出学生的主体地位,促进他们健康成长;另一方面强化了学生对社会的认同、对党和国家政策的理解和拥护、对学校管理和辅导员工作的支持,从而有效减轻了辅导员的工作负担,提高了辅导员的工作效率和工作质量。

4. 学校思想政治教育的助力器

学校思想政治教育一直没有走出困境,学生的积极性欠缺,教育效果不够明显。其中一个重要的原因是思想政治教育的内容与学生的生活实际有着较大的距离,不能让学生真正感知思想政治教育的价值和意义,思想政治教育无法与学生的生活有机联系起来,使学生感到单调和枯燥,没有足够的热情。主题班课是较贴近学生生活的思想和实践活动,能够充分调动学生的参与热情。主题班课主题丰富多样,有最新的时代思想,有最贴心的入学适应性教育,有越来越受学生重视的心理健康知识,还能将各种学生关心的话题和问题集合在一起,用最新的知识和材料进行分析和佐证,让学生能更好地看清现实,真正帮助学生认识生活、认识社会、感悟人生。主题班课已成为开发教学资源重要的载体,也是学生思想政治教育创新实践的重要平台,在充分发掘学生的潜力、丰富和拓展思想政治教育的形式和内容、培养适应社会发展和新时代要求的新型人才、体现高校思想政治教育的价值和意义等方面发挥着重要作用。

三、主题班课的功能和作用

(一)主题班课的功能

主题班课是集中进行思想政治教育最有效的形式之一,是大学生思想政治教育的重要补充,担负着管理学生并对其进行思想政治教育的职责,发挥着多方面的思想政治教育功能。

1. 实现思想政治教育目标的重要手段

通过课程化的主题班课,学生在班课活动的组织、参与、学习中,逐步树立起正确的人生观、世界观、价值观,使他们对未来生活中的诸多困惑有进一步的思考和规划,并热爱祖国,拥护党的领导,自觉成为习近平新时代中国特色社会主义思想的实践者和社会主义事业的合格接班人。主题班课的有计划开展,能让学生产生深刻的情感体验,将思想政治教育的要求转化为内心的信念,促进学生思想的内化和行为的自律,实现育人的功能和目标。

2. 推动交流、提升能力的重要载体

大学生往往以寝室为单位形成小团体,与其他同学交流甚少,而形式多样的班会课程可以促进同学之间的交流与沟通,有利于培养学生的组织能力、思辨能力、口头表达能力、认识问题的能力、判断是非的能力、识别善恶美丑的能力等综合能力,也有助于加强班级建设,增强班级的向心力,凝聚学生的互助教育能量,弥补由于大学班集体组织结构相对松散导致的同学之间缺乏相互欣赏与学习所造成的不足。

3. 引导学生自我教育与管理的重要途径

组织开展主题班课的过程也就是班集体成员互相教育、共同进步的过程。主题班课倡导全体学生积极参与。在活动中,学生的主体能动性和主体意识得到充分提升,通过特定有效的主题教育,运用启发、动员、教育等方式,潜移默化地影响学生,使学生的思想观念、行为习惯等符合主流价值观,最终对某一班课主题的教育意义达成共识,进而将大学生的思想和行为引导到符合社会发展和大学生自身发展要求的方向上来,提高其思想道德素质,使其坚定正确的政治方向。

(二) 主题班课的作用

大学生职业素质的培养不仅依靠专业教师的指导,还需要辅导员循循善诱。主题班课在弥补传统主题班会的缺点、促进学生身心健康发展、实现师生互动和共同进步等方面起到重要作用。

1. 有的放矢,弥补传统主题班会的缺点

传统主题班会主要是总结班级前期工作,部署后期要开展的班级活动,解读学校通知事项,点评学生学习、生活表现等日常班级事务,它更侧重日常管理,是学生管理工作的常规性任务,学生对这种流于形式、效果单一的传统主题班会难免会产生应付甚至排斥的心理。而主题班课目的明确、内容相对专业,围绕目的,根据学生实际情况进行有针对性的设计,再配合丰富的专业背景材料以及讨论、观看视频等多种方式,产生思想碰撞,引起深层次共鸣,使学生获得良好的学习体验。主题班课形式灵活,不拘一格,因而辅导员设计和实施时有更大的发挥空间和更好的操作性,同时,也符合学生求新求变的心态,可以充分调动他们参与的积极性和主动性,弥补传统主题班会的缺点。

2. 润物无声,促进学生身心健康发展

高校的专业课程教学活动以班级或小组为单位进行,但相关老师较少涉及学生的思想教育和心理健康教育。传统主题班会又因为过于形式化,达不到走进学生内心、进行潜移默化教育的作用。为了让大学生在进入社会前的这几年做好各项心理和能力的准备,具有实效性、可操作性、系统性的思想政治教育显得非常迫切和有必要。主题班课以丰富的知识内涵、科学的观念和实用的技巧,系统深入地分析了学生在大学阶段可能出现的各种矛盾和问题,并进行有效的引导和教育。学生在主题班课中成长,建立自我防御系统和社会支持系统,掌握自我调节和自我习得的方法,从而促进身心健康全面发展。

3. 平台巧搭,实现师生互动和共同进步

主题班课强调学生之间、师生之间的互动,强调学生发挥主观能动性,协助、配合辅导员组织实施主题班课,培养了学生的团队合作意识,增加了他们的社会实践经验,完成了专业课程难以实现的目标。辅导员还可以借助主题班课激发学生的责任感和创新意识,拓展他们的知识面,并让他们在轻松、充实的主题班课中接受职业文化的熏陶和洗礼,从而达到利用学生工作开展职业素质教育的目的。而且,开展主题班课,能让教育工作者更深入地理解学生的心声,和学生产生思想上的共鸣,更快地找到学生工作的有效切入点,同时也锻炼了辅导员的策划、组织能力,提升了辅导员个人的职业素养和学生工作管理水平,实现了师生互动模式下的共同进步。

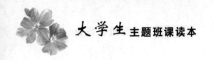

四、主题班课的特点

高校开展思想政治教育的主要目标是立德树人,提升学生的综合素质和社会竞争力,因此,主题班课要以学生为主体,从教育的理念、宗旨和目标出发,落实立德树人的根本任务。主题班课充分考虑当代大学生的多元化需求和个性化要求,紧紧把握实效性的特点,紧扣时代脉搏,把思想政治教育内容与学生日常生活紧密结合,充分发挥班课的实效性功能。其特点主要体现在以下四个方面。

1. 主题鲜明,针对性强

主题班课是经过充分准备,围绕一个明确的目的和主题展开的,学生往往从鲜明的主题名称就能受到感染。辅导员根据主题班课的课程规范,针对本班学生实际,精心设计、准备,通过集中学习的方式面对面地与学生交流,既考虑了共性,又兼顾了个性。

2. 突出教育,知识性强

主题班课的对象是学生,而学生又是主题班课的主体。一节好的主题班课要充分调动学生的积极性。主题班课内容丰富、体系完整、观点科学,突出教育功能,知识性强,学生通过参与和学习,能学到在以往课堂里学不到的知识,主题班课可起到以往传统教学难以起到的作用。

3. 知行结合,实践性强

德育过程中一个突出的特点就是认识与实践。知行的统一,重在实践,重在行为,这也是德育目的性的要求。对大学生,简单讲道理是不够的,应以体系化的知识学习、具体实效的问题分析,来引导其观念和行为。

4. 形式多样,趣味性强

主题班课的形式很多,不拘一格,可以是专题会、报告会、讨论会,可以走出去,也可以请进来,让学生在说、聊、感受中接受教育,使思想得到启迪。

五、主题班课的形式和主题

"实施素质教育是教育的根本出路"已深入人心,许多高校和优秀的辅导员现已形成了共识。但是,受到应试教育根深蒂固的影响,在中学阶段,注重智育和知识、轻视德育和能力的现象尚未得到根本解决,这也使得高校必须承担更加繁重和系统的德育和能力培养任务。

(一)主题班课的形式

主题班课的形式是多种多样的,主要有专题会、报告会、演讲会、讨论会、辩论会、时事政治学习会、学习经验交流会等,也可以让学生利用课余时间参加社会实践活动,让学生去体验生活,然后组织学生写体会、心得或者观后感,再集体讨论等。总之,只要是结合本班的实际,能对学生和班集体起到一定教育作用的各种活动都可以作为主题班课的形式。

（二）主题班课的主题

1. 成长规律性主题

成长规律性主题是以大学生成长发展为主线设计的主题,如入学适应性教育、青春期教育、大学生职业生涯规划指导、就业指导。

2. 问题性主题

问题性主题是针对学生中普遍存在的共性问题而设计的教育性较强的主题,如情感教育、心理健康教育。

3. 内化性主题

内化性主题是使学生受到深刻教育、凝聚精神力量的主题,如诚信教育、公民道德教育、感恩教育、精神传承、工匠精神。

4. 知识性主题

知识性主题是寓教育于文化科学知识的学习过程之中,用知识来充实活动的主题,如健康生活、法治教育、安全教育等,既丰富学生的知识,又能使学生从中受到感染教育。

5. 时政性主题

时政性主题是针对国内最新的时政热点设计的主题,如"四个自信"、习近平新时代中国特色社会主义思想、社会主义核心价值观教育。

专题二
把握大学生活 成就美好未来

大学阶段是人生中非常重要的阶段,大学生的未来牵动着整个社会的发展。高等职业教育是整个高等教育的重要组成部分,高职院校培养的应用型人才对社会具有举足轻重的作用。高职学生在校的适应情况,直接与毕业后进入社会的素质息息相关。对于学生而言,学校适应性是一个普遍存在的问题,而高职院校学生的适应性又有其自身的特性。加强高职院校学生的适应性教育,是第一个学期学生工作的重心,对学生的健康成长和后期教育的顺利开展具有重要的意义。

教学目标

通过学习,使学生了解大学阶段不同于中学时期的学习特点,帮助学生顺利适应大学生活,实现角色转换,正确认识自己,明确奋斗目标,顺利完成学业。

教学重点

(1) 明确适应性教育的重要意义。

(2) 引导学生顺利适应大学生活。

一、了解大学,认识变化

(一) 认识高等职业教育

改革开放40多年来,中国高等职业教育(简称"高职教育")从无到有、从小到大、由弱到强,经历了由慢到快的发展过程,取得了举世瞩目的成就。很多高职学生入校之初都会将"没有考上本科"当成遗憾,把进入高职院校当成"没办法",这是因为他们不了解高职教育,不了解社会对高职教育和高职学生的需求。

1. 高职教育的改革与发展,提升高等教育变革的新高度

在20世纪80年代到21世纪初这段时间里,从短期职业大学到五年制技术专科学校,从中专学校到大专学校,从高职院校和成人高校到本科院校,都为中国高等教育领域探索新的教育类型做出了重要贡献。1996年《中华人民共和国职业教育法》的颁发与实施,宣告中国高等教育体系中产生了一个新的教育类型——高等职业教育。2014年,教育部等六部门联合印发《现代职业教育体系建设规划(2014—2020年)》,制定了发展专科、本科和研究生层次职业教育的规划,强调了高职教育作为一个新的高等教育类型的特性和作用。中国高等职业教育的快速发展,不仅实现了高等教育从精英教育阶段向大众教育阶段的跨越,同时也实现了高等教育结构变革的一个重要跨越,这种跨越不仅表现为传统高等教育内部在教学领域、学生构成、大学功能等方面的重大变化,更重要的是在传统大学外增加了一种新型的高等教育类型,强化了高等教育系统的分工。

2. 高职教育的持续快速发展,转变职业教育观念

无论是在农业社会,还是在工业社会,人与人之间天然地存在着一种竞争关系,这种竞争关系涉及物质收入和社会地位,处理人与人之间关系的"技术"被称为管理能力(最高层次称为智慧),处理人与物之间关系的能力被称为技艺、技术、技能。在农业社会中,不仅物质贫乏,而且社会财富总量变化极慢,在这种情况下,掌握一门技艺固然能够生存下来,但是只能保证自己和家人的基本生活,所以那时能在人与人的竞争中取胜的最优"技术"就是入仕为官。进入工业社会,生产力大大提高,社会财富总量迅速增加,只要肯付出努力,财富就有

可能滚滚而来,因此普通人得以生存不再是一件困难的事情。在这种社会背景下,技术、技能的地位自然就会提高,如今中国经济社会的快速发展就反映了这一状况。在很长的时间里,"匠人"是一个略带贬义的古旧称谓,而今"大国工匠"成了高职教育的培养目标,成了人们纷纷竞逐的对象。回顾改革开放40余年,高职教育的试点探索与快速发展,给人一种恍如隔世的感觉,它深刻地改变了人们的职业观念、成才观念和对技术技能工作的认识。

3. 高职教育培养技术技能型人才,促进中国社会主义市场经济建设

20世纪80年代末,加拿大国际开发署与我国国家教育委员会(现更改为教育部)、对外经济贸易部(现更改为商务部)合作开展的"中加高中后职业技术教育项目",开启了中国高职院校学习外国先进职业教育与培训经验的大门。20世纪90年代前期,少数高职院校就成功模仿和移植了北美competency-based education(CBE)职业教育理论和developing a curriculum(DACUM)课程开发方法。21世纪初,结合澳大利亚 technical and future education(TAFE)课程开发理念和德国"双元制"等职业教育与培训思想,中国高职教育初步形成了有中国特色的职业能力培养模式。在后来的高职教育规模大扩展中,这种模式在全国高职院校中被快速复制。随着覆盖面的扩大,全国多所高职院校逐渐摆脱了传统学科系统知识教育教学模式,并将其转变为面向职业岗位的技术技能型培养模式。改革开放以来,中国高职院校为中国社会主义现代化建设第一线培养了大批高素质技术技能型人才,现在这些人成了建设中国的中坚力量,他们在岗位上大都承担着十分重要的工作,他们不怕苦、不怕累,时刻发扬艰苦奋斗的创业精神,为中国特色社会主义现代化建设做出了重要贡献。

4. 高职教育圆了众多学子的大学梦,增强了社会的整体幸福感

20世纪,中国高等教育还处于精英教育阶段,那时的大学生是"天之骄子",培养出一名大学生是绝大多数家庭梦寐以求的事情。21世纪初,这一状况有所改变,许许多多的家庭因孩子考上大学而欣喜万分,特别是贫困家庭也看到了改变下一代命运的希望。随着高职教育规模不断扩大,千千万万的青年学子通过努力实现了自己和家人的大学梦想,这种梦想的实现就像脱贫带来的幸福一样,极大地增强了中国社会的整体幸福感。近10年来,中央和地方财政投入大量财力用于高职院校的建设,就是为了保证每个毕业生不仅能够学得技术和技能、获得持续成长的综合素养、增强应对社会变化的抵抗力,还能不断增强个人和家庭的幸福感。

(二)认识大学生活变化

1. 大学生活与中学生活相比,在学习要求上发生了很大的变化

进入大学,很多学生因高考而绷紧的神经忽然松懈了下来,感觉课程轻松了,也没有了中学那么严格的管理,似乎时间一下子多了起来。很少有学生意识到这是自我管理的开始,有些学生迷恋上了网络游戏、扑克牌等,很少把时间安排到学习上,结果可想而知。因此,大学生首先要了解大学生活的特点和规律,明确自己的学习目的,制订好学习计划,在保证学习的前提下合理安排课余生活,从而锻炼自己、充实自己的大学生活。正如朱熹在其诗文当中所说:"少年易学老难成,一寸光阴不可轻。未觉池塘春草梦,阶前梧叶已秋声。"这首诗饱含令人深思的哲理,或许会使我们时时鞭策自己不要懈怠。

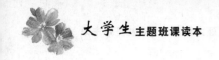

2. 大学生活与中学生活相比,在生活环境上发生了很大的变化

在大学里,一门重要的功课就是要学会与人共同生活,学会合作与分享。众所周知,大学同学来自五湖四海,而地区的差异、家庭背景的不同往往会带来文化的差异、价值观的差异,而这些差异特别容易导致个体之间的冲突和一些生活习惯方面的不协调。如果不善于处理这些问题,又不擅长沟通,就容易和别人产生隔阂,将自己封闭起来,感到无形的压力和孤独。因而同学之间、室友之间需要互相理解和沟通,需要宽容,心中要时常有"集体"这一概念。另外,要改掉自身的不良习惯,学会换位思考,学会助人为乐。个体在接受别人的同时,也会被别人或集体接受。这样,个体就能很快地适应新的环境,独立地处理好学习和生活中所遇到的各种矛盾和问题。

3. 大学生活与中学生活相比,在社会活动上发生了很大的变化

大学校园是一个小社会,进入大学校园就如同一只脚踏入了社会,学校除了给学生开设教学大纲规定的课程之外,还组织学生参加丰富多彩的社团和社会实践活动,这些都为把学生培养锻炼成德、智、体、美、劳全面发展的高素质人才创造了良好的条件。因此,学生应当根据自己的兴趣和特长积极面对并参与学校社团活动,培养自己的集体主义精神,学会尊重人、关心人,学会处理人际关系,扩大知识面,培养业余爱好和工作能力。孔子曾言:"独学而无友,则孤陋而寡闻。"这句话说的就是广交朋友的重要性。需要注意的是,我们交朋友应有所选择,只有那些在思想上能够相互交流、品德上能够相互提醒、学习上能够相互切磋、工作上能够相互帮助的朋友才是真正的朋友。

(三)培养独立生活能力

每年新生入学,我们都可以看到这样的现象:家长忙着报名注册、铺床叠被,孩子在一旁若无其事地喝着冷饮,还有的学生不会存取钱,找不到超市买日用品,甚至有新生带着保姆上学……媒体不无忧虑地称"部分新生被抱进大学"。多数学生为独生子女,从小就受到父母无微不至的照顾,过惯了"衣来伸手,饭来张口"的日子,而开始校园的集体生活后,就不适应了。如果不能很好地调整自己的心态,尽快适应大学生活,就容易产生紧张焦虑情绪,特别是对于那些性格内向、不善交往的学生,会感觉被隔离于群体之外,郁郁寡欢,从而给学习和生活带来许多负面影响。这就要求每位大学生能够克服依赖心理,学会自立,在饮食起居等各个方面学会自理,并应跨越人际关系的障碍,主动寻求交往的机会,在各个方面虚心求教、细心体察,并通过积极参加学校、班级组织的文体活动和第二课堂等社会实践活动,不断增强自己独立生活的勇气和能力。

(四)树立新的学习理念

众所周知,高中与大学是两个不同的教育层面,大学的教学体制、学习方法和方式都与中学有着明显的不同。因而,进入大学,首先要树立新的学习理念。在高中,许多学生读书的目的是考大学。进入大学后,以教师为主导的教学模式变成了以学生为主导的自学模式,学生不仅要理解和消化课堂上所学习的内容,还要阅读大量相关的书籍和其他资料。此外,大学生还要培养自己多方面的能力,与时俱进地提高自己的综合素质,以便为将来的职业生涯规划奠定扎实的基础,而这些在很大程度上都取决于学生的自学能力。因此,新生入学以后,要有这样一种认识:所谓提高自学能力,就是确立自我主体意识,在没有教师或其他人帮助的情况下充分利用各种有利条件来发展自己、提高自己的能力。美国著名未来学家阿尔文·托夫勒曾经指出:"未来的文盲不再是不识字的人,而是没有学会怎样学习的人。"

二、认清自我,明确目标

对于每一个人来说,生命都是有限的,目标的确定与个人的阅历紧密联系在一起。大学生应该尽早确立适合自身发展的目标,这对今后的职业生涯发展将起到事半功倍的作用,至少可以帮助自己少走弯路。

(一)目标确定的方法

1. 问题追踪法

大学生可以通过以下问题帮助自己发现目标:你有何才能?(把它们全部列出来,选择三种最重要的才能,然后把每种才能用一两个词来表达。例如,"我最重要的三种才能是我的组织能力、创造力和表达能力。")你的追求是什么?(例如,"我的追求是从事高等院校教书育人工作,帮助年轻人提升自我、成为对社会有用的人才。")你梦寐以求并希望为之付出更多精力的事情有哪些?你究竟愿意对哪些事情一展才华?你愿意在哪些主要领域投入自己的财力?什么环境让你感到如鱼得水?什么样的工作和生活环境最适合你发挥自己的才能?(例如,"在公共场合下我感觉最舒适、最能展现出我的才华。")

现在,将上述问题的答案列出来,将每个答案中你认为最重要的因素结合起来组成一个完整的句子,这一完整的句子就可以成为你的目标。例如,"我的目标是利用我的组织能力、创造力和表达能力,帮助年轻人在学校中提升自我、成为对社会有用的人才。"

也许你会发现自己的目标有多个,如果你不断探寻,最终你会发现它们当中贯穿着一条内在的主线,因此,你要经常重复上述问题。

2. SWOT 分析法

SWOT 分析法是指个体通过分析自己的性格、能力、爱好、长处、短处、所处环境的优势和劣势,以及一生中可能会有哪些机遇、职业生涯中可能有哪些威胁,将自身条件和需求与外部环境结合起来,制定职业生涯目标。一般来说,决策者在进行 SWOT 分析时,应遵循以下四个步骤。

1) 优势分析

优势分析主要是分析自己出色的地方,特别是相对于其他竞争者的优势方面。我们每个人都有自己独特的技能、天赋和能力。在当今分工非常细致的市场经济社会里,每个人都有自己擅长的领域,而不是样样精通。比如,有些人不喜欢整天坐在办公桌旁,而有些人一想到不得不与陌生人打交道,心里就发麻,惴惴不安。寻找职业方向,往往要从自己的优势出发,以己之长立足社会。

2) 劣势分析

劣势分析主要是分析经验与经历中所欠缺的方面,尤其是落后于竞争对手的方面。"金无足赤,人无完人。"由于经历的不同、环境的局限,每个人都无法避免一些经验上的欠缺,特别是面对招聘单位纷纷要求数年工作经验条件的时候。有欠缺并不可怕,可怕的是自己还没有认识到或虽然认识到但一味地不懂装懂。正确的态度是:认真对待,善于发现,并努力

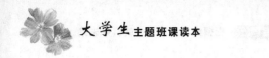

克服和提高。找出劣势与发现优势同等重要,基于自己的优势和劣势可以做出两种选择:一是努力改正自己常犯的错误,提高技能;二是放弃那些不擅长的技能和要求很高的职业。劣势分析主要包括以下两个方面的内容。

第一,性格弱点,如不善交际、感情用事等。人无法避免与生俱来的弱点,但必须正视自己的不足,并尽量减少其对自己的影响。譬如,一个独立性强的人会很难与他人默契合作,而一个优柔寡断的人难以担当组织管理者的重任。卡耐基曾说:"人性的弱点并不可怕,关键要有正确的认识,认真对待,尽量寻找弥补、克服的方法,使自我趋于完善。"找出自己的弱点并想办法克服,才有助于自我提高。

第二,经验或经历中所欠缺的方面。例如:学习管理专业,却没有当过学生干部,没有管理经验;学习中文或新闻专业,却没有到报社或杂志社实习,缺乏实践经验;学习市场营销专业,却没有营销策划和实践体验等,这些都是经历的欠缺。

3) 机会分析

机会分析是指分析外部环境中存在的机会、机遇。外部的机会影响个体的选择,抓住机会才能实现个人价值。

4) 威胁分析

威胁分析是指分析外部环境中存在的潜在危险。个体需要对所处环境和以后所选择的行业、单位或职位进行分析,如行业是否萎缩,单位是否重组或改制,有无空缺职位,竞争该职位需要符合哪些具体条件,有多少人和自己竞争这个职位,目前哪些因素对自己不利等。找出这些外界因素对确定一个理想的目标是至关重要的,因为这些威胁会影响个体今后的职业发展。进而,列出性格、能力等方面的优势,并说明如何发挥它们;列出性格、能力等方面的不足,并说明如何克服它们;列出外部环境对职业发展有利的方面,并说明如何把握它们;列出外部环境对职业发展不利的方面,并说明如何规避它们。

(二) 目标确定的原则

不管选择何种方法来发现和选择合适的目标,都必须考虑目标确定过程中的一些原则,使得所确定的目标有最大的激励作用。大学生在确定目标的过程中,可以根据 SMART 原则进行分析、评价,帮助自己更好地实现目标。

1. S(specific)——具体性

目标要有针对性。只有具体的目标,才能产生具体的行动,从而产生预期的效果。例如,当你将一块磁铁朝着一些铁屑时,铁屑立刻就会被吸附过来,如果你把磁铁慢慢移开,其磁力就随着距离和方向的偏差而减弱,因此目标必须明确而具体。开始确定目标的时候,它就应是一幅清晰、简明、有待追求的画面。那幅画面扩大或发展到使人着魔的程度时,就被人的潜意识接受。从那一刻起,我们会身不由己地被引导,为实现心中的那幅画面而激动不已、奋发努力。明确的目标是成功的基础。

2. M(measurable)——可衡量的

可衡量是指尽量以一种能够用数字加以衡量的方式来表达目标,不要用宽泛的、一般的、模糊的或抽象的形式。只有能量化、可测定的目标,才能循序渐进地达到。不量化目标,无论如何都很难估算出需要投入的努力,也很难检测目标完成程度。确定目标最简单的方法是:用具体的数字来描述自己的目标,使目标数字化。

3. A(attainable)——可实现的

目标之所以为目标,是因为我们当前还不能达到它,所以,它是作为一种可能性而存在的。因此,个体在制定目标时要使所制定的目标有一定的实现难度,具有一定的挑战性,而这个难度将是个体通过努力所能克服的,这一目标是个体可以达到的。目标只有可以达到,才能产生信心与动力。对于不能达到的目标,必须重新思考它的先后次序与轻重缓急,要把切实可行性和富有挑战性相互兼顾起来,只有这样,才能有张有弛、伸展自如。这不但会激发个体努力向前,还会促使个体挑战面临的困难,实现自己的目标。如果所定的目标难度太高,乃至如何努力都没有办法完成,个体最终会因为看不到实现的希望而放弃。

4. R(realistic)——现实性

目标应高低适度。常常有一些人给自己定的目标太高,结果怎么努力也无法实现。也有的人定的目标太低,不费什么力气就达到了,结果总是原地踏步。恰到好处的目标符合自身条件和环境的实际情况,充分考虑了个人和社会需求、自身优势和性格特征,是个体为自己量身定制的目标。所以,目标选择应脚踏实地,既不能眼光太低,也不宜好高骛远。

5. T(time-bound)——时限性

目标的设立必须有实现的准确期限和有关的约束性条件,以克服人的懒惰,最大限度地激发人的潜能。每个人都会有拖延的习惯,之所以会拖延,是因为我们没有把焦点放在现在,没有放在短期的目标上。没有时间期限的目标,即使规划得再具体,也是无法实现的。因为没有截止时间,所以很难估计要投入多少精力去实现目标。如果目标的实现需要较长的时间,而个体也有充足的时间去努力,为了保持始终如一的状态,不妨为目标设定多个"子期限"。这样,个体的潜能很有可能会被设定的"子期限"激发出来。比如,这个学期要完成一个目标65%的工作量,而剩下的35%的任务可在下个学期完成。

(三)目标确定的要领

大学生设定目标就是为了引导行动,激发自己不断努力,朝目标靠近。一个恰当的目标可以起到激励作用,并帮助学生建立自信,促进自身的发展。但是目标的确定是一个极其复杂的过程,由于高校大学生正处在人生发展的特殊阶段,在确定目标时除了要把握上述SMART原则外,还需要了解以下几个要领。

1. 目标制定要与社会需要相结合

任何人选择职业的自由都是相对的、有条件的。因为职业选择作为一种社会活动,必定会受到一定社会现实环境的制约,大学生只有将个人的发展与社会需要紧密结合起来,满足社会需要,才能成为受社会欢迎的人。如果职业脱离社会需要,他将很难被社会接纳。所以,大学生在确定职业目标时应积极把握社会人才需求的动向,把社会需要作为出发点和归宿点,把社会需求与个人利益统一起来,将社会需要与个人愿望有机结合起来,这样的职业目标才更容易实现。

2. 目标的确定要建立在自身优势的基础之上

目标应以自己的最佳才能、最优性格、最大兴趣为依据,与所学专业相结合,充分发挥自己的优势,扬长避短,体现人尽其才、物尽其用的要求。大学生都有自己的专业,每个专业都有一定的培养目标和就业方向,大学生在这一培养目标下经过一定的专业训练,从而具备了某一专业的知识和技能,这是每个大学生的优势所在。

3. 确立目标要有重点

确立目标时,要突出重点,避免出现面面俱到的求全情况。目标过多而没有重点,往往会在不知不觉中消耗精力,不但会使效率变低,还会使自己变得犹豫不决。如果每个目标都是重点,那么每个目标都不是重点。因此,为了突出重点,就需要严格控制职业目标的数量。这如同用放大镜将太阳光聚焦到一个明确的点上,光线的集中会很快将木板烤出一个洞来;如果没有集中到点上,就不会将木板烤出洞来。可见这个明确的点就是一个重点,这就像我们职业目标当中的一个发力点,需要我们集中精力投入一个任务中,从而顺利实现既定的目标。但是,这并不是说不能设立多个目标,而是一个时期一个重点目标,分开设置。具体来说,就是拉开时间差距,实现一个目标后,再去实现另一个目标。

三、适应新变化,融入新生活

将新生适应性教育目标具体化,是实现新生适应性教育目标的重要保证。确定了新生适应性教育内容,才能确保教育活动的正常开展。大学新生适应性教育内容体系主要包括环境认同教育、校史校情教育、校纪校规教育、专业学习教育、心理健康教育等。

(一) 环境认同教育

人与环境的关系是辩证统一的。一方面,人与环境相互联系、相互依存、相互渗透,人类的存在和发展离不开客观环境;另一方面,人与环境相互对立,人类为了自身的生存和发展,总是要改变环境,而环境又反作用于人类活动。大学与大一新生的关系也是辩证统一的,一方面,大学新生带着一定的期望进入大学,而期望与现实总存在一定的差异;另一方面,大学在向新生提出新要求时也为新生提供了许多潜在的发展机会。怎样协调期望与现实的差异从而避免对新环境产生消极看法,如何回应环境的要求并利用环境所提供的机会,最终达到个人与环境的协调,这些问题便摆在新生面前。

高等教育的目的就是培养、教育学生,使他们成长成才、科学发展,为国家做出贡献,因此要注重对新生的环境认同教育,使他们尽快适应学校,得到充分的发展。认同感是指"某个体将自己和另一个对象视为等同,视为同质,从而产生密不可分的主体性感觉"。环境认同教育就是根据学校实际情况,通过各种方式有计划、有组织地引导大学新生参与学校各项实践,使他们理解、接受学校以及专业,从而对学校产生主体性感觉的活动。它主要包括客观环境认同和人文文化认同两方面,客观环境认同主要涉及学校所处地域、学校周边环境、校园设施设备等方面;人文文化认同主要涉及学校的管理理念、学校的专业强项、师生之间的关系等。前者是环境认同教育的前提,后者是环境认同教育的核心。

(二) 校史校情教育

每所学校都沉积着各个时期的校园文化生活,记载和延续着自己的文化精神和学术传统。校史校情是一所学校特有的重要资源,是凝练办学理念、形成办学传统、积淀文化底蕴的过程,是高校思想政治教育工作不可忽视的领域。一所高校的校史校情是一部本土化的思想政治教育教材,一方面,校史校情是一所学校和全体员工在教书育人、科研创新、服务社会中展现出来的精神品质;另一方面,校史校情既体现了一所学校自身发展中所表现的精神元素,如默默耕耘、坚持科学、无私奉献等,又体现了党和国家对教育事业的关心与指导,推动我国教育事业的发展,构成我国教育事业发展史。

高校的校史校情主要包括办学历史、办学思想、校风、学风和教风。办学历史和办学思想的主要表现是在学校的发展历史中所凝聚的大学精神和文化传统。校训、校徽、校歌就是大学精神的独特表现,表达了孜孜不倦的精神追求,也包含了远大的理想。校风是学校教师在教书育人、管理服务中和学生在学习过程中的一种行为习惯和群体风尚。学风是广大师生在研究、学习过程中的治学态度、学习习惯和学习方法。教风是学校教师在长期的教育实践中形成的职业道德、教学水平、教学特点和风格等。校风、学风和教风是高校校园文化的主要表现形式,是一种理想信念、价值观念、行为规范,有重要的育人功能,熏陶着每一个置身其中的人,特别是对大学新生的思想品德、行为规范的养成有重大的引导作用。大一新生在经过高考的洗礼之后可能找不到方向,他们或许飘飘然,或许不知所措,他们也不清楚该如何去认识"大学"。因此,在新生入学之际必须重视对新生进行校史校情教育,用这种文化去陶冶、熏陶和塑造新生,引导他们尽快了解学校、热爱学校、适应大学生活。可以通过开学典礼、组织新生参观校史馆、报告会等形式第一时间对新生进行校史校情教育。

(三)校纪校规教育

校纪校规是为了进一步贯彻党的教育方针,加强学校思想政治教育工作,引导学生遵纪守法,形成良好的道德品质,提高学生规则意识的重要保障,是按照国家法律法规以及各级教育行政主管部门的相关文件精神,结合学校实际情况而制定的内部规范性文件,是学校对学生进行日常管理、维护教育教学活动正常秩序的重要依据。它在内容上主要涉及学校师生群体在校内活动中的权利和义务,明确师生具备的权利和义务。例如:在教学运行管理中,学校规定任课教师要认真上课,及时解答学生提出的问题,学生要按时参加教学活动、认真听讲;在学生违纪处理中,学校规定如果学生旷课达到一定学时,将受到警告及以上的处分。高校是培养社会主义合格建设者和接班人的地方,它有自己的一套规定,与基础教育阶段的校纪校规相比较,高校的校纪校规更完整科学,更强调学生公民素质的提高,更注重学生法治意识的培养。例如:在《高等学校学生行为准则》中就明确规定大学生要"正确行使权利,依法履行义务""诚实守信,严于律己""遵从学术规范,恪守学术道德"等;许多高校还出台了学生违纪处理申诉管理办法,进一步确保了学生的合法权益。

当代大学生的入学年龄普遍在18周岁左右,根据《中华人民共和国民法通则》的规定:"十八周岁以上的公民是成年人,具有完全民事行为能力,可以独立进行民事活动,是完全民事行为能力人。"但是,在高考压力的冲击下,在父母的百般呵护下,在"三点一线"高中生活的影响下,大学新生将自己的社会身份简单化,公民意识不强。另一方面,大学生的规则意识不强,旷课、迟到、考试作弊、毁坏公物等现象时有发生。中共中央、国务院《关于进一步加强和改进大学生思想政治教育的意见》中指出,"以基本道德规范为基础,深入进行公民道德教育",引导大学生自觉爱国守法、明礼诚信。因此在新生入学时,指导他们重视校纪校规,培养他们对规则认知、认同和尊重的意识极为重要。

(四)专业学习教育

在高考填报志愿时,由于信息的不对称及自身条件的限制,考生及家长对专业的概念主要集中在对某专业当前就业形势的认识层面上,以至于盲目跟风,选择所谓的"热门"专业,导致某些专业在报考时出现严重的"撞车"现象,增大了考生被调剂的概率。在这种情况下,不管是按照高考专业志愿被录取的学生还是服从专业调剂的学生,都有可能感到茫然,出现较大的心理落差,引发思想上的波动。同时,大学期间的专业知识对新生而言是陌生的,增加了学生对专业产生"畏惧"的心理暗示,影响学生学习积极性的调动,不利于学风建设的开展,增加了高校对新生开展思想政治教育工作的难度。因此,在新生入学时第一时间开展专业学习教育是非常有必要的。专业学习教育具体包含专业的认同感教育、专业学习的方法、职业道德与职业规划教育三个方面。

首先,专业如同工作一样,只是分工不同而已,并无贵贱之分,每个专业都有它存在的价值,它们构成了一个严谨、完整的学科体系,满足社会发展的具体需要,推动人类文明的发展。为了让新生尽快了解所学的专业,培养专业认同感,学校可请各专业的教师对新生进行专业思想教育,就本专业的历史与发展、专业课程设置、前沿动态研究、就业前景等方面进行讲解,使学生对自己所学的专业有比较详细和清醒的认识,激发学生对所学专业的兴趣和热爱。其次,可以通过邀请有经验的教师或学习成绩优异的高年级学生介绍学习方法等方式,让新生掌握大学学习的有效途径。如果能够尽快知道和掌握相关专业学习的方法和技巧,心中的疑问能尽快被解答,新生学习的积极性将会提高,也就能尽快适应大学的学习方式、学习环境与节奏。最后,《新时代公民道德建设实施纲要》指出"推动践行以爱岗敬业、诚实守信、办事公道、热情服务、奉献社会为主要内容的职业道德",大学时期是人生形成自觉道德意识的重要时期,大学生作为国家的栋梁,在新生入学阶段更应正确认识职业道德的价值,树立科学的职业理想,立志投身社会主义现代化的建设中。

(五)心理健康教育

教育部、卫计委、共青团中央《关于进一步加强和改进大学生心理健康教育的意见》指出:"加强和改进大学生心理健康教育是新形势下全面贯彻党的教育方针、推进素质教育的重要举措,是促进大学生健康成长、培养高素质合格人才的重要途径,是加强和改进大学生思想政治教育的重要任务。"新生报到入学阶段是基础教育向高等教育过渡的特殊时期,他们来到全新的环境,新的同学、新的生活模式让他们兴奋不已,而离开父母所遭遇的生活困难、个人烦恼等又让他们不知所措,一系列心理健康症状及问题便接踵而至。调查发现,四成的新生进入大学后"偶尔或者经常感到紧张或焦虑",当受到意外打击时,五成的新生"不确定或者不知道应该如何去面对",超过四成的新生在入学时需要花一年的时间完成从"陷入迷茫彷徨"到"走出困境";在对大学新生的调查中发现,近七成的新生"有人际关系问题",超过三成的新生在交往中认为"自己容易被人误解",近六成的新生认为"在乎别人的视线"。以上这些证明了在开展新生适应性教育过程中加强新生心理健康教育的必要性。

新生心理健康教育主要有三个方面的内容。第一,要重视对新生的人际关系教育。"人们的内在需求是行为的原动力,也是某种道德形成的深层原因。"马斯洛需求层次论指出,社交需求是人的第三层次需求。新生在开学报到时见到来自五湖四海、有许多共同语言的同龄人,渴望能够交到新的"知己",但彼此的成长环境、生活习惯、人生观等方面的差异性,导致新生间的人际交往出现期望过高、过分以自我为中心、自卑等问题。第二,做好新生的角色转换教育。引导新生定位好自身的大学生身份,明确自己身上所肩负的历史重任,树立科学的是非观,用理性思维进行思考。第三,加强新生的心理干预。由于面临许多新问题、新情况,大学新生的个人情绪波动大,如不予以充分的疏导,开展一定的心理干预,将会导致心理问题的恶化。因此,既要注重建立新生的心理健康档案,又要注重教授新生排解情绪垃圾、加强自我情绪调整的技巧和技能。

专题三
定位人生 成就梦想

"凡事预则立,不预则废。"大学生开展职业生涯规划,有助于明确人生的奋斗目标,有利于个人综合素质评估和专业能力查漏补缺,有利于确定自己的职业定位,特别是对于毕业后九成以上会选择直接就业的高职学生,应尽早进行职业生涯规划,使其经过系统地学习职业生涯规划相关知识,较为准确地了解社会和相关行业,确立科学的人生目标,找到理想的就业岗位。

教学目标

通过学习,使学生了解职业生涯规划相关知识要点,引导学生正确看待大学生活、学习及人际关系处理,充实大学生活;认清当代大学生的历史使命和成才目标,做好承担历史使命的准备;把握人生的关键时期,全面提高思想道德素质与法律素质,把自己锻炼成合格的社会主义现代化建设人才。

教学重点

(1)明确职业生涯规划的重要意义。

(2)掌握职业生涯规划的基本知识和方法。

一、职业生涯规划的重要性

职业生涯规划是指个体结合自身情况、眼前的机遇及制约因素,为自己确立职业方向,选择职业道路,确定学习和发展计划,为实现职业生涯目标而确定行动时间和行动方案。个体在考虑职业生涯规划时,必须考虑自己想要什么样的人生。不同的价值取向和人生目标必然通过不同的职业来实现。当规划好职业生涯后,就必须考虑为成功实现职业生涯目标做准备。也就是说,为了成功实现职业生涯目标,个体必须通过学习和实践来获得职业生涯所需的知识、技能和经验。学生从小接受教育、训练和各种社会学习,就是在为未来职业成功做准备,进而实现人生目标和人生理想。

大学生是一个较为特殊的群体,经过大学阶段的学习和生活,大学生掌握了一定的专业技能,身心得到了进一步的发展,为毕业后的工作和生活打下了基础。大学时代是个体职业生涯规划中的黄金时段。一方面,在校大学生具有充沛的体力和很强的学习能力,而且职业观念、职业理想、人生观、世界观等方面都具有很强的可塑性,因而有很好的职业生涯可规划性;另一方面,大学为大学生提供了学习基本职业技能和本领的良好条件,学生可为自己成功的职业生涯打好基础,做好准备。职业生涯规划能够让大学生清醒理智地认识自己和现实,少走弯路,尽量避免遭受挫折和打击,而且职业生涯活动将伴随学生的大半生,拥有成功的职业生涯才能实现完美人生。因此,职业生涯规划具有特别重要的意义。

1. 促进大学生在校期间及时规划自己的职业生涯

职业生涯规划是需要结合自身的资源情况、制约因素而进行的规划行动。对个体而言,最大的资源可能不是金钱,而是时间、精力和综合能力。随着年华逝去、精力日减,职业生涯的可规划性日益降低,职业生涯规划所取得的效益也会逐步减少。所以,大学生进校后应尽早进行职业生涯规划。

2. 有利于大学生理性地看待就业与择业

个人的职业意向形成于大学期间,这意味着高职院校有必要从大学生入学时就进行职业生涯教育,帮助大学生逐步确立和修正职业意向、进行职业生涯规划,帮助大学生健康成长。同时,由于职业生涯规划能够为大学生提供了解社会的方法和认识自我的机会,因此,及早开展职业生涯规划教育有利于调整大学生的择业心态。而且,按照规划进行有针对性的、系统的学习和充分的就业准备,大学生的就业竞争能力无疑将得到极大的提升,有助于毕业生顺利就业,实现一生的职业生涯目标。

3. 有利于大学生在进行专业学习时"对症下药"

大学与普通中学相比,最大的不同就是前者的学习是专业化的、专门化的,专业学习贯穿整个大学学业的全部。学习专业知识、提高专业技能、培养职业素养是大学生的根本任务。而在大学校园,部分学生要等到临近毕业时才发现自己在专业知识上的不足,相反,做了职业生涯规划的学生在进校不久就能明确知道自己的主攻方向,有效避免被动学习,而代之以自主的需求式学习。相比较而言,主动学习的效果要明显好很多,学生对专业知识掌握较好,思考问题更有深度。而且更重要的是,学生能更明确地知道以后所从事的职业需要掌握什么样的知识,避免了学习的盲目性,"对症下药"的优点显而易见。

4. 有利于提高大学生参与社会活动的积极性

大学生的成长一般都是从学校到学校,接触社会、接触生产第一线的机会较少。职业生涯规划能促进大学生以职业要求为"镜子",形成自我认识。大学生走出校门,到与所学专业相关的企业、事业单位进行实践,能够了解自己在该单位做好相应工作需要具备哪些素质和能力,哪些知识是在学校可以学到的,哪些知识是需要在课堂以外通过自己主动学习得到的。通过劳动,大学生不仅可以体会到工作的快乐与艰辛,体会到团队合作对成功的重要性,而且可以了解自身存在的问题和不足,形成对自我的正确认识。带着这些认识回到学校,大学生就可以有针对性地查漏补缺,进一步深化和增强自己的优势,弥补自身存在的不足,促进自身综合素质的提高,增强就业的综合竞争力,并形成良好的择业观和就业观。

二、职业生涯规划的内容

(一) 全面了解自己

"知己知彼,百战不殆"。在职业生涯规划与职业发展中,"知己"即认知自我,"知彼"即认知就业环境。认知自我又包括认知自己的兴趣爱好、性格气质、能力水平。

1. 兴趣爱好

兴趣是人们力求认识、掌握某种事物,并经常参与该种活动的心理倾向。例如,你对某种职业感兴趣,就会对该种职业表现出肯定的态度,并积极去了解、思考、探索和追求。兴趣的发展一般要经历这样一个过程:有趣—乐趣—志趣。有趣是兴趣发展过程的第一个阶段,也是兴趣发展的低级阶段,它往往短暂易逝,非常不稳定。处于这一阶段的兴趣常常与个体对某一事物的新奇感相联系,随着这种新奇感的消失,兴趣也会自然地消失。乐趣是兴趣发展过程的第二个阶段,它是在有趣定向发展的基础上形成的,是兴趣发展的中级阶段。在这一阶段中,个体的兴趣变得专一、深入。志趣是兴趣发展过程的第三个阶段。当乐趣同个体的社会责任感、理想、奋斗目标相结合时,乐趣便变成了志趣。志趣具有社会性、自觉性和方向性,是取得成就的根本动力,是成功的重要保证。

兴趣对大学生职业发展的影响主要体现在以下三个方面。

其一，兴趣是大学生职业生涯选择的重要依据。兴趣可以使人集中精力去获得自己所喜欢的知识，并创造性地开展工作。一个人对某种职业产生兴趣时，就会积极地去感知和关注该职业领域的知识、发展动态，并且积极思考、大胆探索，增强克服困难的意志等。反之，"强按牛头不喝水"是不会取得良好效果的，当然个体也就很难在职业领域发挥个人优势，很难做出应有的贡献。

其二，曾经有人进行过研究：一个人如果从事自己感兴趣的职业，则能发挥其全部才能的80%～90%，而且能长时间保持高效率而不感到疲劳；反之，则只能发挥其全部才能的20%～30%。兴趣可以提高个体的工作效率，充分发挥个体的才能。一个人对某一方面的工作产生兴趣时，枯燥的工作也会变得丰富多彩、趣味无穷。兴趣使工作不再是一种负担，而是一种享受。它可以调动人的全部精力，使人以敏锐的观察力、高度的注意力、强大的思维能力和丰富的想象力投入工作之中，促进个体能力的超水平发挥。兴趣和能力的合理结合，更会大大提高个体的工作效率。

其三，兴趣是保证职业稳定、职场成功的重要因素。对某一职业有浓厚的兴趣，是个体智力开发的"孵化器"。对于个体来说，对自己所从事的工作感兴趣，就会愿意钻研，就容易出成果，这正是兴趣的作用所在。一般来说，兴趣是个体职业生涯稳定发展的一个基本方面，它可以用于预测个体的工作满意度和工作稳定性。工作满意是职业生涯稳定的一大标志，在其他条件相似的情况下，从事自己感兴趣的职业，不但能让个体感到满意，而且能够让周围的领导和同事感到满意，从而实现工作的长期性和稳定性。

因此，在规划自己的职业生涯时，个体不仅需要知道自己有能力从事什么样的工作，更重要的是需要知道自己对哪类工作感兴趣。只有将能力和兴趣结合起来考虑，才更有可能规划好职业生涯并取得职业上的成功。

2. 性格气质

人们常说"性格决定命运"。近年来，国外用人单位在选拔人才时提出了一种新的理念，即性格比能力更重要。因为一个人能力如果不足，可以通过培训提高，但其性格如果与职业不匹配，要改变起来，就相当困难。所以，它们在招聘新人时，将性格测试放在首位，当性格与职业匹配时，才对其能力进行测试。

根据心理学的知识，性格气质是指一个人的典型心理特点。人的性格气质可分为四类，即多血质、胆汁质、黏液质、抑郁质。多血质类型的人表现出活泼外向、敏感易变的特点，对周围事物的变化反应快捷但不强烈，注意力容易发生转移，属于活泼型。胆汁质类型的人易冲动、急躁，行动敏捷，性格也具有外向性，对周围事物反应迅速且强烈，属于急躁型。黏液质类型的人行动缓慢，反应迟钝，沉默寡言，情绪稳重，不易转移注意力，具有内向性。抑郁质类型的人反应迟钝、孤僻，善于感受周围事物，情绪体验深，且不轻易表露，性格坚毅、沉稳。性格气质虽然可分为四种，但现实生活中大多数人都是几种性格气质类型的混合，只不过是在这几种性格气质中更倾向于某一种比较明显的性格气质特征。在职业选择上，不同性格气质特点的人适合从事不同的工作。

3. 能力水平

在同一校园里，大部分学生之间的智力并没有太大的差异，只是各自的特点不一样。每个人都有自己的特长，比如一些人的语言能力较强，善于表达自己的思想和观点；一些人的数理能力较强，能够快速运算，进行推理，解决应用问题。因此，在进行职业选择时，还应注意个人能力与职业类型相匹配。需要强调的一点是,有些人将兴趣误认为就是个人能力。其实,兴趣和能力是不能等同的,这一点一定要弄清楚,否则,将可能走入误区。

个体的能力一般可分为语言能力、数理能力、空间判断能力、察觉细节能力、书写能力、运动能力、动手能力、社会交往能力和组织管理能力等。从现代多元智能理论来看,每个个体的能力各有不同,一种能力较弱,并不能说明其他的能力不行,一个人总有自己的优势智能。大学生的智能一般来说已达到了较高的水平,是同龄人中的佼佼者。但是个体之间的能力差异还是存在的。在大学这个相对自由、开放的环境中,他们有的在学习方面一枝独秀,有的在文娱、运动方面独领风骚,还有的则在人际交往和管理方面表现出众。不同能力水平的人在进行职业生涯决策时,会表现出不同的特色。每个人只有对自己的能力水平有清醒的认识,扬己之长,避己之短,才能对自己的职业生涯进行合理的规划。

(二) 了解自己的目标

未来是广阔的、不可知的,但是主动地、有意识地、科学地进行职业生涯规划,可以帮助我们搭建一架登上理想云端的天梯,在这架天梯上,每一步都是实实在在的,又是直指目标的。

1. 确定职业生涯目标的作用和意义

无论是在工作、学习、生活上,还是在人际关系上都要有明确的目标。为什么有的人心胸宽广?因为他有明确的目标,没有什么能阻碍其目标的实现,对于其他的都可以理解和宽容。"有了目标,内心的力量才会找到方向。漫无目标地飘荡,终归会迷路,而你内心那座无价的金矿,也因得不到开采而与平凡的尘土一样。"在现实生活中,很多人之所以失败,就是因为没有瞄准一个点持之以恒地走下去,而成功者瞄准了这个点,并坚持走到了最后,这个点就是自己所定的目标。对于人生的理想,只要能瞄准一个点,哪怕力量微小,只要坚持就一定能够到达胜利的彼岸。

2. 职业生涯目标的分类

职业生涯目标的类型可以按两种标准来划分:按时间划分可分为最终目标、长期目标、中期目标、短期目标;按性质划分可分为外职业生涯目标、内职业生涯目标。

1) 按时间划分

个体一般通过职业生涯目标的选择方法,明确自己的最终目标是什么。最终目标只有与自己的价值观相符才是有效的,并且最终目标一经确立就不要再频繁更改。个体一旦确定了人生发展的最终目标,就要根据自己的经历和所处的环境将最终目标细化成长期目标、中期目标和短期目标。首先,把最终目标分解为若干个长期目标,每一阶段都有一个具体的目标;其次,把每一个长期目标分解成中期目标;最后,将中期目标分解为短期目标。短期目标更具体,对人的影响也更直接,是实现最终目标的重要基础。

长期目标:一般指时间为 5 年以上的目标,通常是粗线条、不具体的,可以随着形势的变化而修正。长期目标为人生指明了方向,可鼓舞斗志,防止短期不当行为。例如规划 30 岁前成为一家中型公司的部门经理,规划 40 岁前成为一家大型公司的副总经理等。长期目标需要个体经过长期艰苦努力、不懈奋斗才有可能实现,确立长期目标时要立足现实、慎重选择、全面考虑,使之既有现实性,又有前瞻性。

中期目标:一般为 3~5 年内的目标,它相对长期目标要具体一些。其主要特征是:与长期目标保持一致,需要对实现的可能性做出评估,必须结合自己的意向及组织的要求来制定。例如,规划到不同业务部门做经理,规划从大公司部门经理到小公司做总经理等。

短期目标:一般指时间在1~2年内的目标,是中期目标和长期目标的具体化。其主要特征是:服从和服务于中期目标、明确、具体、切合实际且具有可操作性,明确规定具体完成的时间。短期目标可能是自己选择的,也可能是组织安排、被动接受的;短期目标要适应环境,也要适当提高一点,经过努力才能达到。特别是在职业生涯发展过程中,通过短期目标的达成,能体验到实现目标的成就感和乐趣,鼓舞自己为了取得更大的成就向更高的目标前进。

2)按性质划分

美国管理心理学家施恩教授最早把职业生涯分为外职业生涯和内职业生涯。外职业生涯是指经历的一种职业的通路,包括职业的招聘、培训、提拔、解雇、奖罚、退休等各个阶段。外职业生涯目标包括工作内容目标、职务目标、工作环境目标、经济目标、工作地点目标等。内职业生涯侧重在职业生涯过程中知识、经验的积累,观念、能力和内心感受,它更多地注重所取得的成功或满足的主观感受,以及工作事务与家庭义务等其他需要的平衡。内职业生涯目标主要包括观念目标、工作能力目标、工作成果目标、提高心理素质目标、掌握新知识目标、处理与其他人关系的目标等。内职业生涯的发展是外职业生涯发展的前提,内职业生涯发展了,外职业生涯自然提升。因此,我们应当充分重视内职业生涯的发展,认清它在个人职业生涯乃至整个人生发展中的关键作用。

3. 确立职业生涯目标的注意事项

现实社会中总有一部分人,目标虽确立了,但就是达不到,究其原因,还是在目标选择中存在许多问题,因此,大学生在确立个人职业生涯具体发展目标时,必须注意在目标热冷程度、难易程度、长短之间进行慎重抉择,同时还要平衡兼顾、具体明确。个人在确立职业生涯目标时,要考虑社会上的人对这一目标的热衷和追求程度,也就是说,要看这个目标是否"热门"。当一个目标成为"热门",吸引众多的追求者时,往往说明社会对它的需求量较大,社会环境也对它有利,但同时也伴随竞争者数量庞大,真正取得成功者寥寥无几的问题。因此,大学生必须实事求是地评估自己的才能,才不至于被淘汰出局。而选择有较大社会需求潜力的"冷门",即着眼于目前暂时不为人们所重视,但未来非常需要的职业,不失为一种明智的策略。

1)切忌好高骛远、一步登天

目标有高低难易之分;人才是多层次的,人的能力是有差异的,人的职业生涯成长是由低到高步步递进的。因此,大学生选择目标应该区分阶段、合乎层次、从易到难、循序渐进。很难想象,一个刚毕业的大学生在两三年内就一鸣惊人,成为国际著名专家。起点较低、基础较弱、竞争条件较差的人,更不宜把目标定得太高。属于较高层次且实现起来比较困难的目标,应在具有相当基础的条件下再予以考虑。

2)必须考虑时间因素

尽快成才、尽快成功、尽早地达到职业生涯目标,是人们共同的意愿。但选择目标时必须考虑时间因素。具体地说,在设定目标时,要把短期目标和长期目标结合起来。首先要基于自身的能力发展潜力和社会经济发展的趋势,勾画出自己的职业生涯高峰,这就是职业生涯的长期目标。它具有"未来预期""宏观综合""人生理想""发展方向""引导短期""自身可变"的性质。长期目标一般为10年、20年、30年,它是中期目标和短期目标所追求的最终目标。

3) 需兼顾财富、婚姻、健康等诸多因素

人生除了事业目标外,还要考虑财富、婚姻、健康等诸多因素。这些因素直接影响着人生事业发展和生活质量,所以在制定职业生涯目标时应注意兼顾这些因素。例如,希望到什么时间,财富收入达到多少?对个人生活有什么预期目标?达到什么标准?这些都应结合考虑,统筹兼顾。

4) 注意使个人目标与组织目标达成一致

个人目标虽然是自己的目标,但并非只靠自己的力量就能实现。把自己的目标与组织目标协调起来,发展才会更加顺利。只有综合考虑诸多因素,才能确立最符合实际、对社会有用、成功可能性较大的正确目标。这样不仅能使自己的目标与社会需要紧密结合,使自己的长处得到发挥,也能保证职业生涯的顺利和成功。在新时代,就是要将自己的目标和实现中华民族伟大复兴的中国梦紧密联系起来。

(三) 了解自己的职业价值观

1. 职业价值观的内涵

1) 价值观

价值观是一种内心尺度,它凌驾整个人性,支配着人的行为、态度、信念等,支配着人认识世界、认识事物对自己的意义和自我了解、自我定向、自我设计等,为自认为正当的行为提供充足的理由。价值观是因人而异的,每个人都有自己的价值观和价值观体系。在同样的客观条件下,具有不同价值观和价值观体系的人动机模式不同,产生的行为也不同。价值观是相对稳定的,价值观是人们思想认识的深层基础,它形成人们的世界观和人生观。价值观在特定的环境下又是可以改变的,由于环境的改变、经验的积累、知识的增长,人们的价值观有可能发生变化。

2) 职业价值观

职业价值观指人生目标和人生态度在职业选择方面的具体表现,也就是一个人对职业的认识和态度,以及他对职业目标的追求和向往。理想、信念、世界观对职业的影响,集中体现在职业价值观上。

人各有志,这个"志"表现在职业选择上就是职业价值观,它是一种具有明确目的性、自觉性和坚定性的职业选择态度和行为,对一个人的职业生涯目标和择业动机起着决定性的作用。由于在身心条件、年龄、阅历、教育状况、家庭影响、兴趣爱好等方面不同,人们对各种职业有着不同的主观评价。从社会角度来讲,由于社会分工的发展和生产力水平的相对落后,各种职业在劳动的内容、难度、强度、条件和待遇上,在所有制形式和稳定性等诸多问题上,都存在着差别。再加上传统思想观念等的影响,各类职业在人们心目中的声望地位便有好坏高低之分,这些评价都形成了人的职业价值观,并影响着人们对就业方向和具体职业岗位的选择。

每种职业都有各自的特性,不同的人对职业意义的认识不同,对职业的好坏有不同的评价,对职业有不同的取向,这就是职业价值观。职业价值观决定了人们的职业期望,影响着人们对职业方向和职业生涯目标的选择,决定着人们就业后的工作态度和劳动绩效水平,从

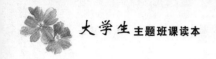

而决定了人们的职业生涯发展情况。哪种职业好？哪个岗位适合自己？从事某一项具体工作的目的是什么？对这些问题的回答都体现着个人的职业价值观。

2. 职业价值观的分类

职业价值观可分为以下十三种类型：利他主义、自主独立、社会交往、审美主义、社会地位、安全稳定、智力刺激、权力控制、轻松舒适、成就动机、经济报酬、人际关系、追求新意。

维持生活、发展个性、服务社会这三个要素不同的比例关系和联结方式，表现为职业价值观的不同层次，包括不同层次的职业地位观、职业待遇观、职业苦乐观。职业地位观是由多方面的因素决定的，而职业评价是评价者根据自己的世界观、人生观、价值观对各种职业做出的价值判断，不等于职业地位。较高层次的职业地位观是把各种职业看成社会主义建设不可缺少的一部分，敬业爱岗，干一行爱一行。有作为才有地位，没有作为则没有地位。职业待遇是工作单位对就业者物质生活需要和精神生活需要的补偿，包括物质待遇（工资、补贴、奖金、工作条件、生活设施等）、精神待遇（在职进修、科技创造、评优、入党、晋升职称等）。较高层次的职业待遇观是通过诚实劳动、忘我劳动、创造性劳动为社会和个人改善职业待遇创造条件，承认各个行业、各个单位在职业待遇上的差异是一种客观存在的社会现实，是由社会主义初级阶段多种经济成分并存、生产力发展不平衡决定的，应具有心理承受能力，无攀比、埋怨情绪。较高层次的职业苦乐观是以艰苦创业为乐。建功立业要付出艰苦的劳动，经历劳动的苦。在职业劳动中，不愿吃苦，只图舒适，以轻松为享乐，那是"愚乐"，必然会碌碌无为，甚至被社会淘汰。在职业劳动中"自找苦吃"，脏活累活抢着干，虽然有生理上的痛苦，但也有心理上的快乐，成功的快乐是艰苦劳动结出的果实。

只有树立了正确的职业价值观，包括较高层次的职业地位观、职业待遇观、职业苦乐观，才算真正理解了职业的内涵和特性。

三、职业规划的实施

（一）开始实现个人目标

一旦确定了最初的计划，就要通过每天更新记事清单而使这一过程进行下去。个体应定期审查长期计划，并根据优先级的改变和经验做出修改。

1. 准确设定

设定准确的目标，确定时间和数量，这样就能够衡量所取得的成绩，就能准确地知道何时实现了目标，而且可以通过实现目标获得精神上的满足。使目标更有力的一个方式是采用SMART方法。例如，与"看完考研参考书"这一目标相比，目标"到2020年12月31日之前看完考研参考书，到2021年2月28日前再复习一遍"更为有力，因为它实现起来更为具体、更有可操作性。

2. 确定优先级

如果有多个目标，就要为目标设定优先级，这样可避免因目标过多而感到无所适从，并可直接将注意力集中于最重要的目标。

3. 写下目标

写下目标可使目标更明确，并为自己提供更大的动力。

4. 制定可行的小目标

如果一个目标过大,则很难看到取得的进步。而制定循序渐进的小目标,则可以得到更多的奖励机会。

(二) 勇于行动

目标就是力量,奋斗才会成功。古今中外,凡在智能上有所发展、事业上有所成就的人,无不有着明确而坚定的目标。

明确而坚定的目标是赢得成功、有所作为的基本前提。因为坚定目标的意义,不仅仅在于面对种种挫折与困难时能百折不挠,抓住成功的契机,让梦想一步步变为现实,更重要的还在于身处逆境也能产生巨大的奋进激情,使自己的潜能得到最大限度的发掘与释放。有了目标,要想实现,那么只有行动、努力。

(三) 及时修正

每行动一段时间,都要审查目标计划的剩余部分。如果太容易实现目标,就将余下目标的难度增大;如果目标的实现花费了过长的时间,就将余下目标的难度降低;如果发现需要更改为其他目标,则进行更改;如果尽管实现了目标,但发现技能不足,则决定是否为弥补不足而设定目标。未能完成目标也没有太大关系,关键是从中吸取教训,并将吸取的教训融入自己的下一次目标设定过程中。另外,还要记住:随着年龄的增长,目标也会改变。要不断调整目标,使其反映自己知识和阅历的增加;目标如果不再有吸引力,就放弃。

专题四
祸从陋习起
福自健康来

目前,因为不健康的生活习惯和生活方式,世界范围内的慢性病呈现井喷式暴发。世界卫生组织称,80%的慢性病是由不良的生活方式引起,慢性病又称为生活方式病。改变不良的行为习惯、不合理的生活方式和不科学的健康意识,了解生活方式病的严峻形势,开启健康科学的生活方式,成为一个健康的人,是对生命的一种热爱和担当。

教学目标

通过学习,使学生了解现代文明对人类的要求及健康的含义、影响健康的因素,以及大学生树立健康思想的重要性。

教学重点

(1) 了解现代文明对人类的要求及健康的含义。

(2) 掌握影响健康的因素。

(3) 掌握树立健康生活意识的方法。

一、健康的定义、标准及高校学生的健康状况

1. 健康的定义

在普通人眼中,没病就是健康。狭义的健康是指没有疾病或不虚弱;而广义的健康是指机体处于正常状态,以及心理健康和对社会、自然环境的适应性好。也就是说,广义的健康是指人的机体、心理和对社会与自然环境的适应能力均处于协调和平衡的状态。

2. 健康的标准

(1) 精力充沛,能从容不迫地应对日常生活和工作。

(2) 处事乐观,态度积极,乐于承担任务而不挑剔。

(3) 善于休息,睡眠良好。

(4) 应变能力强,能适应环境的各种变化。

(5) 对一般感冒和传染病有一定的抵抗力。

(6) 体重适当,身材匀称,头、臂、臀比例协调。

(7) 眼睛明亮,反应敏锐,眼睑不发炎。

(8) 牙齿清洁,无缺损,无疼痛,牙龈颜色正常,无出血。

(9) 头发有光泽,无头屑。

(10) 肌肉丰满,皮肤富有弹性,走路轻松。

由以上标准可以看出,后面6条标准属于人体生理健康标准,前4条标准属于心理健康、适应能力标准,在达到后6条标准的基础上才能达到前4条标准。

3. 高校学生的健康状况

随着社会的发展,各种设施越来越先进,但越来越多的人处于亚健康状态,尤其是大学生。大学生正处于未完全成熟又迅速走向成熟的过渡时期,各种心理活动十分活跃,充满矛盾,而自我调节能力还不完善,加之大学生独特的社会地位和生活环境等因素的影响,大学时期成为各种心理问题和身体问题的高发期。因此,保持健康的身体是大学生健康成长的内在要求。以下内容中的健康特指身体健康。

二、健康生活四要素

(一)科学的饮食

饮食是维持人体生命的必需物质,而科学健康的饮食显得尤为重要。殊不知,美食绝对不等于营养。

对于每一个大学生来说,维持真正的身体健康,已经不是一个需要营养知识的问题,而是一个在专业的指导下尽快树立正确饮食观念的问题。正确的饮食和生活习惯,再加上正确的身体与大脑运动和乐观的心态与情绪,是一种较为有效的健康生活方式。

1. 大学生饮食观

1) 对营养知识的认识

部分大学生缺乏营养知识,营养不良现象较明显。缺乏营养知识在不同专业的学生中表现各不相同。从总体上看,女生的营养知识优于男生,医学专业学生的营养知识优于其他专业学生。

2) 科学饮食习惯的养成

一是饮食要有规律。部分学生没有固定吃三餐的习惯,特别是不重视吃早饭,但是吃夜宵的现象"坚持得很好",导致三餐分配不合理,热量摄入分布不均匀。二是尽量少吃零食。很多学生在进入大学后,经常吃冷饮和甜食,一些大学生边看书边吃糖果等,尤其是女大学生,或由于从小养成的习惯,或由于错过餐点后为了充饥,吃零食的问题始终存在。三是不要以饮料代替水,以水果代替正餐。现在有部分学生习惯性地以饮料代替水,以水果代替正餐。水果固然好,但对于体能消耗较大的大学生来说,其营养成分有限。

案例分析 4-1

某女,26岁,硕士研究生,是一个非常瘦的女孩,1.65米的身高,体重却只有90多斤。6年前她的体重为128斤,由于害怕过于肥胖,她开始严格控制饮食,吃低热量的食物,尽量少食,将体重降到105斤。偶尔买一次零食,她感觉吃起来特别开心、特别享受,会吃到吃不下为止;但同时她又自责,产生内疚感,害怕长胖,于是到卫生间催吐,催吐后才感觉舒服多了。后来隔一个月或者几个月她就会暴饮暴食一次,然后催吐。该女生时断时续暴饮暴食近6年,现已出现水肿、眩晕、绝望、烦躁等症状,有一种无法逃脱的恐惧感,已经严重影响到身体健康。

2. 如何科学健康地饮食

1) 开展营养健康教育

营养健康教育可以明显改善学生的膳食营养。要加强对学生营养卫生知识的教育,使他们懂得营养卫生。建议高校多开设有关饮食营养与健康方面的公共选修课,让学生掌握基本的营养知识,指导并帮助学生建立自我保健意识,养成良好的膳食习惯。

2) 制定科学、合理的早餐食谱

国内外营养专家普遍认为,早餐是一天中最重要的一餐,提供的能量要占全天的30%,营养也应达到全天营养素标准的1/3。而在高校内,10%左右的学生从不吃早餐,同时大部

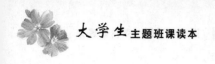

分学生对早餐的质量重视不够,在早餐食物品种的选择上随意性很大。因此,大力推广营养早餐,对促进学生身体发育、改善营养状况都有较好的作用。同时,可由营养师或保健师针对学生的特点,提供多种营养配方,满足学生对各种营养素的需求,改变学生不良的饮食习惯。

3) 完善饮食结构

中国营养学会推荐的平衡膳食模式:在 2000 kcal 能量需要水平下,每天的食物构成为谷类 250 g,其中全谷物和杂豆类 75 g,新鲜薯类 75 g;蔬菜 450 g;水果 300 g;水产禽畜肉蛋各 50 g 共 150 g;牛奶或者酸奶 300 g;其他还包括大豆、坚果和食用油等。这样,可以达到饮食营养基本平衡。而目前高校男生饮食以谷类及其制品为主,其次是蔬菜、瓜茄类,其余依次为畜肉类、豆类及其制品等;女生饮食以蔬菜、瓜茄类、谷类及其制品为主,其次是畜肉类、豆类及其制品等。男女生蔬菜、水果、鱼类、乳类、蛋类摄入量均未达到要求,饮食构成不够合理。学生食堂应增加这些食品的供应,以满足学生饮食结构合理的要求。

4) 女大学生在饮食中的注意事项

女大学生应吃好三餐,少吃零食。零食大多是高脂肪、高糖类,含蛋白质较少,吃零食过多,会影响正餐的进食量,造成营养素的摄入不平衡,易使人体缺乏蛋白质、无机盐、维生素等,所以,应少吃零食。由于大学生晚间自习时间较长,睡得较晚,晚餐的进食量不容忽视。女性在生长发育成熟后,生理上需要有一定的皮下脂肪积存,盲目地控制进食量以求体形苗条,会使人体必需的营养素得不到满足、抵抗力低下,容易感染疾病。高校要提倡女大学生崇尚自然美,抛弃盲目节食以求体形美的错误做法。

(二) 睡眠与健康

睡眠是生命过程中一个重要的生理现象。对于人而言,睡眠占据人生的三分之一。睡眠状况不佳不仅会造成注意力、判断力、记忆力和工作能力的下降,还可能引起抑郁、焦虑和恐惧心理,导致精神活动效率下降。国际精神卫生和神经科学基金会将每年的 3 月 21 日定为"世界睡眠日",以定期向人们普及健康睡眠的知识。处在学校与社会交接处的大学生,一方面需为学业努力,另一方面需应对花样繁多的课外工作与社团活动。同时,大学生群体间的竞争激烈,对睡眠时间的安排及睡眠质量左右着其能否精力充沛地面对各种挑战。睡眠质量影响着大学生的身心健康发展。

1. 长期缺乏睡眠出现的症状

长期缺乏睡眠,人的认知能力下降,定向力变差,反应迟缓,语言不畅,更甚者会造成免疫功能改变,引发潜在的炎症,如牙龈炎、咽喉炎等,长期缺乏睡眠的人出现衰老症状的可能性也明显大于正常人。另外,睡眠不足还可能导致感冒、抑郁症、精神错乱、糖尿病、肥胖、脑卒中、心脑血管病等多种疾病。

大学生在学校除了学习以外,还会刷微博、刷微信、聊天、看电影、听音乐、玩游戏等。因远离父母,教师也不会每天守着学生,一部分缺乏自律的学生总因为各种娱乐影响了正常的睡眠时间,部分学生也会被室友的作息时间影响。大学生缺乏睡眠的主要原因是没有制定详细的作息时间表,或者制定了没有严格执行。

案例分析 4-2

22岁的张某,凌晨两点在宿舍看完电影后,对同学说:"我有点不舒服。"那个时候,张某已经脸色煞白,汗如雨下。同学们也没有重视,以为张某在开玩笑。后来张某在上厕所时突发脑梗死,最后脑死亡,医学上称为猝死。而他猝死的原因正是熬夜上网、看电影。

2. 怎样获得良好的睡眠?

1) 不要太计较睡眠量

对睡眠量的需求是因人而异的,而且不同的年龄也不一样,年龄愈小,对睡眠量的需求愈大,随着年龄的增长,睡眠会逐渐减少。一个人一天中并非一定要睡满7个或8个小时,合理的睡眠量应以能解除疲劳、保持精神愉快、很好地进行一天的工作与学习为标准。

2) 注意饮食习惯

晚餐吃得太饱、空腹睡觉,都会影响睡眠。临睡前吃点奶制品或喝一杯牛奶有助于睡眠。睡前忌饮大量含酒精的饮料,包括啤酒及其他酒类,它们虽然能促使人入睡,但会影响睡眠质量。此外,含咖啡因的饮料,如咖啡、茶、可乐,能使人的中枢神经兴奋,睡前最好不要饮用。

3) 放松自己

睡前应避免从事刺激性的工作和娱乐活动,也不要从事过分紧张的脑力活动,做些能松弛身心的活动,如洗个热水澡、听听柔和抒情的轻音乐,对尽快入睡大有帮助。

4) 让床发挥睡眠的功能

不要让床成为学习、工作的场所。躺在床上看书、看报或谈些令人兴奋的话题,会削弱床与睡眠的直接联系。一个良好的睡眠者,往往是"头一挨着枕头就能入睡",这是他长期以来只让床发挥单一睡眠功能,形成了条件反射的结果。

5) 创造良好的睡眠环境

环境对睡眠的影响是显而易见的。睡眠区光线要暗,卧室应用厚的窗帘或百叶窗来隔绝室外的光线。如果室外的噪声大,睡觉时要注意关上门窗。此外,舒适、合理的床上用具,对提高睡眠的质量也大有好处。选用高度符合人体工学的枕头、软硬合适的床垫以及舒服的床单和被罩等床上用品,就不会因种种不适影响到睡眠。

6) 采用合适的睡姿

人的心脏位置偏左,因此,睡眠时最好不要采用左侧位;仰卧睡觉时,手不要置于胸上,以避免心脏被压迫而做噩梦;侧位睡觉时,要防止枕头压迫腮腺而引起流涎。对于健康的人来说,睡眠的最好体位应该是右侧位或正平卧位,这样既不会压迫心脏,又利于四肢的放松休息;但对于患病者来说,睡眠的最佳体位视其病情和疾病类型而定。

(三) 运动与健康

"生命在于运动",这句名言是法国思想家伏尔泰提出的,但这里的运动指的是适当的运动。体育运动是在人类发展过程中逐步开展的,要有意识地进行能培养自己身体素质的各种活动。以下几种运动方式比较适合大学生。

1. 健步走运动

健步走运动的常规走法分两种:

(1) 普通走步法。用中等速度行走,每分钟 60～90 步,每次锻炼 30～60 分钟。

(2) 快速走步法。用较快的速度行走,每分钟 90～120 步,每次锻炼 30～60 分钟。

行走时心率控制在每分钟 120 次以下,最好在空气清新的操场、公园等地行走。

2. 健身跑运动

健身跑运动能锻炼人的意志,增强体质,提高健康水平。健身跑运动是比较适宜大学生在校园进行的体育运动,常见的健身跑方法有以下两种:

(1) 慢速跑健身法。用较慢的速度跑步,每次时间控制在 30～60 分钟,身体微微出汗但不气喘。

(2) 间歇跑健身法。它是对多次练习之间的间歇时间进行规定,在身体没有完全恢复的状态下,反复进行练习的一种锻炼方法。

3. 轮滑运动

轮滑运动是一项集健身、趣味、娱乐、技巧于一体的全身运动,深受青少年的喜爱。相比于健步走运动和健身跑运动来说,轮滑运动要求的装备较多:轮滑鞋、护具(头盔、护肘、护腕、护膝等)。进行轮滑运动时应注意:练习轮滑运动之前要做好充分的准备活动;初学者要在人少的地方练习,最好有同伴陪同;在人多的公共场合练习时,不要妨碍他人,随意乱窜、追逐打闹、不按要求逆向滑行等容易导致危险事故。

4. 其他运动

常见的、适合在校园里进行的运动还有球类运动(篮球、排球)、武术运动(五步拳、五禽戏、太极拳)、形体运动(健美操、瑜伽)等。建议大学生寻找适合自己的运动,动静结合、脑体交替才是健身之道。

(四) 珍爱生命,远离烟、酒、毒

1. 吸烟

吸烟是目前危害人类健康最严重的不良行为之一。吸烟可直接导致多种疾病,肺癌、舌癌、口腔癌、食管癌、冠心病、溃疡等一系列疾病都与吸烟有关。烟草中含有大量有害物质,可造成血氧含量降低、免疫力下降、血压升高。根据调查,部分高校大学生吸烟率达到 36.43%,年级越高,吸烟人数越多。

2. 酗酒

酗酒指的是无节制地过量饮酒,对自身健康造成严重影响的行为。在日常生活中,饮酒是较为常见的饮食习惯,在大学生的集体生活中也是普遍现象。例如,同学聚会、生日聚会、毕业庆祝等场合少不了饮酒,但自我约束能力差、过量、无节制地饮酒,会给身体带来极大的危害,从而影响学习和生活。

3. 吸毒

毒品对人的危害比烟、酒要大得多。滥用药物和毒品是感染艾滋病的原因之一。吸毒需要消耗大量的金钱,一般家庭不能承担。很多吸毒者无钱购买毒品便参与偷盗或者以贩养吸,影响社会安定。国内吸毒者有很多是青少年,而且初次吸毒的平均年龄还不到 20 岁。引发吸毒者吸毒的动机:一是满足好奇心、追求刺激;二是学业受挫、与同学不能和谐相处等,用毒品来麻痹自己;三是在朋友的引诱下,因"面子"而吸毒;四是受病痛折磨,用毒品缓解疼痛。

案例分析 4-3

李某某,女,其父母在她13个月大时便离异了,她被判随生母,后母亲再嫁,继父嫌她累赘,便把她送给了市区一对结婚多年未曾生育的夫妇(也就是她现在的父母)。李某某承认,起初养父母对她很好,吃的、穿的无不关爱有加,但当她7岁时,养母生下了弟弟,她又成了"累赘",成了家中的"保姆",每天做饭、打扫卫生、看管弟弟等,"承包"了家中杂务。为此,李某某不止一次在夜里躲进被子偷偷哭泣。因缺乏家庭的温暖和关爱,上大学后成绩一落千丈,慢慢地对学习也失去了兴趣,之后她结识了社会上的不良人员。有一天她见到"朋友"躲在一个隐蔽的角落里抽烟,仔细一看,发现他们的抽法很奇特,于是她凑了上去,学着他们的样子抽吸了一口。她称,那一刻她感觉到的是一种前所未有的"解脱"。上瘾后,因无经济来源,她便再也离不开那些娱乐场里的"朋友们"了,因为只有和他们在一起,她才能获得毒品,以应付日益强烈的毒瘾,之后她便辍学,自毁一生。

大学生远离毒品须做到以下几点。

(1)激发接受毒品预防教育的动机。大学生认为自己不会走上吸毒的道路,这种认知阻断了大学生接受毒品教育,使大学生放松了警惕。

(2)有效缓解内在压力。大学生进入学校后,需要适应自主的学习方式、集体生活,迅速变化的环境给部分学生带来了冲击,给学生的心理造成压力。压力是无时无刻不存在的,正确看待压力、缓解压力、应对压力才是解决问题的重点。对于大学生禁毒教育而言,应该培养大学生的适应能力、与人交际的能力,使大学生加强自我认识、坚定意志,并用积极的态度和方式去面对来自各方面的压力。

(3)重新认识在禁毒教育中的角色。大学生不仅是毒品预防的对象,同时也是禁毒教育的传播者。

(4)加强网络禁毒教育。要主动占领网络教育主阵地,鼓励大学生参与网络宣传,综合运用网络力量进行禁毒教育。

专题五
绷紧安全弦
奏响青春歌

安全是人类生存、生产、生活和发展中永恒的主题。长期以来,人们认为高校是治安状况相对安全稳定的"世外桃源",发生的安全问题远远不像社会上的生产经营单位那样多、那样严重。因此,在校大学生的安全教育工作往往容易被忽视。而今,新时代产生新要求,大学生安全教育已被纳入高校教育的重点培训课程,让学生认识安全的重要性、提高学生防范安全隐患的警觉性、使学生了解预防的规范性,是非常重要的课题。

教学目标

提高大学生的安全意识,切实开展安全教育,普及安全知识,增强学生的防范意识和法制观念,提高学生的自我保护能力和自我救援能力。

教学重点

(1) 分析几种常见的安全隐患(消防、财产及人身安全)。
(2) 使学生了解与自身息息相关的安全隐患。
(3) 提高安全防范意识和学习相应的防范措施。

一、认识安全的重要性

在许多发达国家,新生入学的第一天就要接受有关安全和生存方面的教育。在我国的新生入学教育中,安全教育也被放在了很重要的位置上。学习和掌握一些安全知识将会使大学生终身受益。

对大学生而言,安全是其顺利完成学业的保证,也是其健康成长的前提。对高校而言,应积极开展安全教育与管理工作,并采取有效措施,促进安全教育与管理工作的有效落实。大学生入学之前,生活基本上是从家门到校门,保护学生人身安全和健康的职责主要由家长和老师来担负,在家长和老师的呵护下,社会上的各种危害和不安定因素对学生的影响相对较小。进入大学以后,许多学生走出家门,事情都得靠自己去安排,急需增长安全知识,增强自我保护能力。

大学生要通过多种形式学习安全知识,一方面,要增强安全意识,要学法、懂法,能依法保护自己的合法权益,使国家财产和自己的人身、财产不受侵害;另一方面,要全面提高自身的素质,增强法制观念,自觉遵纪守法,不去侵犯国家、集体的财产安全和他人的人身、财产安全,不危害社会,不参与违法犯罪活动。

二、几种常见的安全隐患

(一) 消防安全

1. 校园火灾常见原因
1) 消防安全意识淡薄

大学是科研和教学场所,有些教职员工和学生因潜心研究学问,对其他事情关心甚少,消防安全意识往往比较薄弱,法制观念不强,思想麻痹,缺乏防范意识和安全知识,纪律松弛,违反消防安全规定用火、用电,导致火灾事故时有发生。

2) 用火用电不遵守安全规范

火灾诱发原因众多,如:乱拉乱接电线,电线短路或因接触不良而发热;个别同学因为超负荷用电经常跳闸,图方便用铜丝或铁丝代替保险丝,使电路过载发生故障时铜丝或铁线不能及时熔断而造成电线起火;在床上点蜡烛;吸烟者乱扔未熄灭的烟头和火柴等;在宿舍内焚烧杂物;在宿舍内使用煤气,使用油炉、汽油、酒精等易燃易爆物等。

3)建筑绝缘老化、漏电短路

校园老式建筑多,先天性火灾隐患在有数十年甚至上百年历史的高校中广泛存在,许多破损木结构建筑仍在使用,再加上建筑的排水结构年代久远、屋面老化、建筑布局不合理、消防通道不畅通等现象随处可见。同时,老式建筑的电力配置也跟不上时代发展的需要,老式建筑普遍存在电源线明线铺设的现象,有的电线甚至被直接裸露固定在房梁或墙壁上,因而安全隐患极大。

4)校园建筑物多,人员流动量大

火灾易发场所包括教学楼、办公楼、实验室、食堂、体育馆、宾馆、家属楼、学生宿舍、教职员工宿舍、校办工厂、出租门面房等,涵盖校园内的各种场所。从建筑类型来看,校园内有高层、多层民用建筑,有厂房、仓库,有的校园内还有地下人防工程;从用途来看,校园内既有教学场所、公共娱乐场所、宾馆、商业网点,又有实验室、宿舍和办公楼。校园内建筑物相对集中,人员相对密集。有的学校既有生活区、教学区,又有家属区,客观上形成了大学校园内人员复杂、流动量大的特点。尤其是社会主义市场经济体制的建立,为大学校园中多种经济体制共存创造了有利条件,出租校园建筑或者沿街门面房的现象普遍,使开展消防安全管理工作的难度进一步加大。

5)建筑物中人员密度大,安全通道少

大学生在校教育有别于中小学生就近入学教育,高校因学生来自全国各地而实行在校学生集中住宿。目前大部分学生宿舍的建筑面积在 3000 平方米左右,有的甚至更大,一般楼内居住学生人数在 1000 人上下。虽然高校在兴建学生宿舍时,考虑到消防安全需要而留有消防安全通道,但有些高校从日常的防盗安全或学生人身安全角度考虑关闭了大多数消防安全通道,只留有几个安全出口用于日常进出。

案例分析5-1

2014 年 12 月 29 日凌晨 6 时 10 分,陕西榆林某学院公寓楼 5 号楼 5 层一间女生宿舍突发大火,一层楼近半女生宿舍被烧毁。校方表示,起火原因是有学生长时间未将手机充电器从电源插板上拔下导致短路起火。

案例分析5-2

2018 年 8 月 21 日 20 时 58 分,119 指挥中心接到报警,北京某大学一宿舍楼楼顶起火,指挥中心立即调派力量赶赴现场处置。22 时 02 分,火被扑灭,无人员伤亡。多名学生表示,着火的是红三宿舍楼。住在红二宿舍楼的一名学生称,晚上9点半左右,听见楼下一阵骚动,"赶到窗边时发现对面红三宿舍楼楼顶一片火光,因为暑假期间学校一直在施工,听见声音也没太在意,没有想到会是(宿舍楼)着火了。"多名目击学生表示,此次着火主要发生在顶楼,"大火几乎将楼顶烧没了,直到晚上 10 点左右,火才被扑灭"。经调查,学生不安全用电,乱拉乱接电源线,电线老化,违章使用大功率电器,使用不合格电器,电器长期处于运行或待机状态等共同导致了此次火灾的发生。纵观宿舍火灾成因,尤以电器使用不当引发火灾最为突出。

2. 准确果断报火警

如果发现火灾发生,最重要的是报火警,这样才能及时扑救,控制火势,减少损失。火警

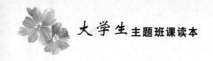

电话号码是119,报警时必须注意以下几点:

(1) 讲清楚火灾发生地所在的具体位置,如××学校××校区××楼××层××号。

(2) 要描述清楚是什么东西着火、火势如何,以便消防部门调动消防车辆。

(3) 交代清楚报警人的姓名和使用的电话号码。

(4) 注意听清楚消防部门的询问,正确简洁地予以回答,待对方明确说明可以挂断电话后,方可挂机。

(5) 报警之后要到路口等待消防车辆,为消防车辆指示去火灾地的道路。

(二)财产安全

1. 校园盗窃的形式

1) 内盗

内盗是指由学校内部人员实施的盗窃行为。内部人员主要指学校的教职工、教职工的家属、临时工,以及曾经在学校工作、学习但已离职、退学、被开除学籍的人员。因为这些人员正在或曾在学校内部工作,对学校内部情况有所了解,因此这些人员作案的成功率较高,作案方便和隐蔽。

2) 外盗

外盗是指校外社会人员在学校实施的盗窃行为。外盗的作案人利用学校管理上的漏洞,冒充学校人员或以找人为名,甚至翻墙混入校园内,盗窃学校和师生的财物。这类人员作案一般会随身携带作案工具,如螺丝刀、钳子、塑料插片等。

3) 内外勾结盗窃

内外勾结盗窃是指学校内部人员与校外社会人员相互勾结,在校内实施的盗窃行为。这类案件的特点是:学校内部人员与校外社会人员有一定的利害关系,往往结成团伙,里应外合,在校园内实施盗窃,形成盗、运、销一条链,特别是内部人员在作案后蒙混过关,为同伙"遮风挡雨"、通风报信。

4) 监守自盗

监守自盗是指学校内部管理或保管人员利用职务上的便利条件秘密窃取自身管控的钱、财、物。该类案件的特点是:作案人将自身工作管辖范围内的钱、财、物占为己有,却对外宣称被盗了,是一种掩耳盗铃、自欺欺人的盗窃行为。

案例分析5-3

西安某大学学生公寓9号楼于2014年3月、4月两个月内各发生一起盗窃案件,共计被盗13部笔记本电脑以及移动硬盘、手机、现金等物品,价值四万余元,在学生中造成极大的影响。案件发生后,学校保卫处配合公安机关通过大量扎实细致的调查工作,在5月3日查获盗窃嫌疑人陈某,先后在电子市场、邮政局及陈某住处追回被盗笔记本电脑12部、手机2部及移动硬盘、现金等物品。陈某系该校大学生,利用上课时间停留在宿舍内,选择的作案地点都是同学离开时走廊窗户未关的宿舍,他在进入宿舍后选择盗走同学放在桌子上、床上的笔记本电脑、手机等贵重物品。

2. 校园诈骗的手段

1) 当面诈骗

当面诈骗即行骗者借助一定的身份、借口与受害人进行交流后实施诈骗,主要表现为以下几种：

（1）假冒身份，博取同情。在这类诈骗中，行骗者往往会冒充学生，利用大学生的善良、同情心理取得信任，从而骗取钱财。行骗者一般会冒充外地某知名大学的学生，谎称自己与同行的同学、老师走散，恰好手机没电、身无分文，或者发生意外、生病等急需用钱来实施诈骗。

（2）推销类诈骗。行骗者利用学生购物经验少，容易陷入购物陷阱的缺点，通过花式推销产品和服务进行诈骗。比如，低价销售与面额悬殊的电话卡、上网卡、文具等，这种情况易发生在新生入学期间，目标多为大一新生。

（3）冒充高人，赢得好感。这类诈骗通常有一个比较长的过程，行骗者往往用不同的招牌和迷人的头衔赢得大学生的好感，进而实施诈骗。

（4）虚假招聘，变相诈骗。行骗者通常利用即将毕业的大学生急于就业的心理，或以高校学生因经验少且又急于赚钱补贴生活所产生的顾虑为切入点，采取先给福利后收押金或者下放代理权激励学生加盟、给在校生提供勤工俭学机会并就此机会收取就业押金或培训费等方式实施诈骗。

案例分析 5-4

2013 年 8 月 24 日，西安某高校新生报到期间，嫌疑人何某潜入学生公寓楼，自称是学校工作人员，按照学校与电信部门的合作协议，每个新生都必须办理充值电信卡，并称此卡以后上课期间要使用，骗取十余位学生三千余元现金，后被警方抓获。何某被抓获后，经查其推销的所谓充值电信卡都是电信部门早年的产品，根本无法使用。

2）通信诈骗

（1）遇险电话。行骗者一般会冒充各种身份，如冒充同学、朋友、辅导员、班主任或医务工作者等，谎称被冒充者出现生病、车祸等意外，或违法犯罪等情况急需用钱，要求家长立即汇款。

（2）中奖诈骗。行骗者一般会编造各种中奖、幸运活动抽奖、代开发票等信息，然后以收取中奖手续费、税费、管理费等为借口，要求对方先行支付一些费用，一旦费用到账，就迅速消失。

（3）消费陷阱。行骗者一般谎称机主名下的某张银行卡或信用卡在异地某商场消费，而且消费金额高昂，引起机主的恐慌后，诱导机主说出自己的银行卡号、密码及身份证号码等信息，并引导机主按照一定步骤将现金转移至"安全账户"。

（4）恶意骚扰。行骗者一般电话响一声后立即挂断，当机主在不明状况的情况下回拨时，行骗者就通过主叫付费的方式获得高额的电话费。

案例分析 5-5

2017 年 3 月 6 日，某大学学生小苑在咖啡店接到一个自称是淘宝店家的电话，说小苑刚购买商品时付款出现了异常，要把货款退还给小苑，并发了一条短信链接给小苑，让小苑按照里面的提示操作。小苑点击进入网页后，输入了自己的身份证号、银行卡号和密码以及银行短信验证码，操作完后，小苑的手机收到了一条银行扣款 11 489 元的短信，她才发现自己被骗了。

3）网络诈骗

（1）中奖诈骗。这种诈骗方式与通信诈骗中的中奖诈骗基本一致，区别在于行骗者通过电子邮件、网络聊天工具、网页弹出窗口等形式告知中奖消息。

（2）网购陷阱。随着网上购物的不断发展，越来越多的人选择在网上购物。然而，由于目前我国有关电子商务的法律法规尚不完善而且维权困难，有些不良商家通过以次充好、山寨仿制等方式骗取钱财。

（3）困难求助。行骗者盗取受害者网络聊天工具（如QQ、微信等）的账户名称、密码后，就以受害人的名义给通讯录里的好友逐一发送求助信息，以欠别人钱、钱包丢失、银行卡冻结等为借口要求好友汇款到指定账户。

案例分析5-6

2017年9月，电视剧《那年花开月正圆》热播。蔡同学为抢先追剧，四下寻求办法，偶然间通过贴吧发现只需几十元钱，便可获得资源。随后，蔡同学与"卖家"取得联系。在支付过程中，该"卖家"称网络出现故障，无法收到付款，并"贴心"地向蔡同学发来付款二维码，蔡同学扫码后发现自己账户内的1300元被转走了。在同"卖家"沟通后，对方再次以网络故障为由，发退款二维码，急于追回钱款的蔡同学急忙扫码，而后发现银行卡内剩余钱款全被转走。蔡同学再与"卖家"联系时，发现已被拉黑，这时的蔡同学才意识到被骗了。

（三）人身安全

1. 交通安全

高校交通现状主要包括以下几个方面。

（1）道路建设速度跟不上时代变化引起的实际需求。全国大部分院校历史悠久，布局基本上是传统型，以前受技术、资金、设计观念等的限制，学校对道路的设计、规划、建设不够科学合理。校园内基本上没有划分机动车道、非机动车道、人行道等，机动车、非机动车、行人混在一条路上，因此，校园道路狭窄是导致交通安全隐患突出的一个重要因素。而现在很多高校都在扩建或者建设新校区，道路变宽、变长、变多，这是逐步好转的一面，但大多数道路在建设时呈网状，两侧岔道口、畸形交叉口等较多，校园道路呈网状也十分不利于交通安全。还有部分高校在建设道路时，只注重主干道建设，不注重次干道、支路建设，使得在上下课等高峰期间人流过于集中，导致主干道拥挤，次干道、支路无法行车。

（2）校园交通工具种类、数量逐年增多。近年来，随着社会经济的发展和人们生活水平的不断提高，校园每年的机动车新增数量为数十辆甚至上百辆，有的高校教学区和生活区、家属区难以分隔，教职工家属的交通工具混在其中，更是增加了交通管理的难度。另外，高校在施工期间，人员多、车辆多而杂，也使得高校存在交通安全隐患。

（3）校园内交通管理不完善。我国现行交通法规对高校道路交通安全管理的职权、行驶速度、处罚细则等均无明文规定。特别是涉及高校内交通事故由谁处理，对高校内的路标、速度、违章、违法等，没有做出硬性规定。校内交通基本上都是由高校自主管理，而保卫处没有处理和处罚校园内交通违法违章行为的权力，只有交通管理部门有处理交通违法违章行为的权力，但实际上，交警一般不会主动进校执法，致使校园内的交通违法违章行为得不到有效管理。部分驾驶员不服从保卫人员的管理,已严重威胁校园交通安全。

(4)学生的校园交通安全意识淡薄。现代大部分校园交通安全宣传教育仍不到位,而学生缺乏社会生活经验,交通意识淡薄:相当一部分学生属于"低头族",边走路边玩手机或者戴着耳机听音乐等,从不观察周边的交通环境,更有甚者走出校园也是如此;行人和自行车、电动车、摩托车等在校园内不按规则行走和行驶,人车混行、机动车与非机动车混行、随意穿行;部分学生在校园内驾驶二手车(电动车和摩托车),车辆的安全性能差;还有极少部分学生在校园内飙车(主要是摩托车)、酒后骑车等。

案例分析 5-7

2018年6月,华中某大学大二学生杨子(化名)亲身遭遇的一幕,让她至今都觉得有些后怕。当天晚上天空下着雨,学校的主干道上挤满了行人和车辆,她骑着电动车回宿舍。途中,另一辆电动车迎面疾驶过来,对面骑车的男生单手打着伞,由于视线模糊,避让不及,两车撞在了一起,所幸人没有大碍。

2. 体育运动安全

1) 科学运动,预防运动伤害

在进行体育锻炼前,做好充分的热身活动,预防运动损伤的发生,同时提高肌肉的温度和体温,增加血流量和肌肉供氧量,加快物质代谢和能量释放。运动前热身不仅能够提高神经系统的兴奋性,使大脑皮质保持活跃,而且能使大脑皮质处于最佳的兴奋状态,从而使人更好地投身于体育锻炼中。

2) 讲究运动卫生

饭前饭后不立即进行剧烈运动。饭前剧烈运动会使胃肠蠕动减弱,消化液分泌量减少,使胃肠的消化和吸收功能下降;饭后剧烈运动会造成消化器官的相对"缺血",易使人出现心脏、血管系统的不良症状。

3) 大小运动量相结合

交叉大小运动量进行身体锻炼,不仅能提高效果,还能防止伤害事故。因此,不要连续几天进行大强度运动或大运动量锻炼。

4) 常见体育运动损伤的症状及处理

(1)扭伤:在间接外力作用下,使关节发生超长反转活动而造成的关节内外侧部分纤维断裂,易发于膝、腕、手掌、腰椎和脊椎关节部位。扭伤时可以冷敷,具体步骤是:将毛巾蘸冷水,拧干后盖在伤处。也可以用冷水淋洗伤部。冷敷可以每隔3～4小时做1次,每次敷5～8分钟。

(2)擦伤:在跑、跳或者进行其他全身性运动时,因摔倒后与粗糙的物质发生摩擦而导致的表皮或者真皮损伤,常伴随损伤创面的渗血或者肿胀。处理方法是:先止血,轻度擦伤的渗血数分钟即可自行停止;重度的、大范围的擦伤要立即送医院包扎处理,在送医院途中,要设法止血、减少出血量。

(3)骨折:在跑、跳或者进行其他全身性运动时,因用力过度或受到外力影响而导致的骨骼断裂。处理方法是:先把伤者放平,固定伤肢,采取保暖措施,在移动伤者时动作要缓慢轻柔,然后迅速送医院处理,切忌盲目翻动伤者的身体。

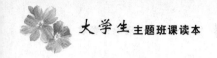

案例分析 5-8

浙江某大学二年级男生,在课外活动期间到田径场进行体育锻炼。田径场的北侧有高低杠,该学生在无人保护的情况下爬上低单杠,将低单杠当作钢丝,在上面走动,结果身体失去平衡滑下低单杠,摔断了两根肋骨。

3. 认清"黄赌毒"的危害,远离"黄赌毒"

1) 认清"黄赌毒"的危害

"黄赌毒"指卖淫嫖娼、贩卖或者传播黄色信息,赌博,买卖或吸食毒品的违法犯罪现象。在中国,"黄赌毒"是法律严令禁止的活动,是政府主要打击的对象。大学生沾上"黄赌毒",不但违反了校纪校规,而且触犯了法律,对自己、对他人、对家庭、对社会都将造成严重的危害。

(1) 严重损害身心健康:大学生身体发育已趋于成熟,性意识已经觉醒,如果整天寻求欲望的满足,极不利于健康成长;赌博往往是在夜间,打乱人的生物钟,加重了身体的负荷,加之长时间保持精神高度集中,极易导致心理和精神疾病;毒品被称为"魔鬼",吸毒极易上瘾且戒断很难,吸食毒品使吸毒者表现为长期具有睡眠障碍、激素水平紊乱、肝功能下降,更有甚者直接导致意外死亡。

(2) 传播疾病:据调查显示,吸毒为中国 HIV 患者感染的主要途径,其次为性传播和母婴传播。吸毒不仅可能导致艾滋病,还有可能引起或者传播病毒性肝炎、结核病、心内膜炎、细菌性肺炎等疾病。"黄赌毒"毫无疑问是人们健康的杀手。

(3) 导致学业荒废:大学生的人生观、世界观、价值观还未定型,大学生对"黄赌毒"的抵抗力还不够,一旦沾染"黄赌毒",便难以脱身,理想和理智的防线崩塌,轻者不思进取、想入非非,丧失学习兴趣,重者沉迷其中不能自拔,完全放弃学业,以至于在原始欲望的支配下成为社会发展的负面因素。

(4) 诱发犯罪:"黄赌毒"不仅会造成人肉体和精神上的伤害,使人陷入难以解脱的痛苦中,而且会诱发多种犯罪,从而在更大范围和程度上危害社会和国家。涉黄需要黄资,好赌需要赌资,吸毒需要毒资,而大学生经济来源有限,很可能走上盗窃、抢劫、诈骗、贩毒、卖淫,甚至杀人等犯罪道路。

案例分析 5-9

2015 年 11 月,重庆市公安机关在重庆某大学抓获一名专门盗窃学生财物的大学生。犯罪嫌疑人金某于 2008 年以优异的成绩考入大学。2012 年因迷上赌博,金某的学业一路下滑,最终因未做毕业设计而留级一年。因沉迷赌博,2013 年金某竟旷课一学期,最终被学校退学,只取得肄业证书。退学后的金某回到家乡,从 2013 年 4 月到 6 月,他在一所中学复读 3 个月后再次参加高考,最终以 598 分,超过分数线 30 分的优势考回原来的学校原来的专业。再次回到学校后,金某下决心痛改前非、戒掉赌瘾。遗憾的是,金某没能坚持多久,又沉迷于赌博之中。以优异的成绩考入名牌大学的名牌专业,本是一件让不少同龄人羡慕的事情,可是,这番波折并没有唤回金某已经迷失的心,他又走进了赌场,沉迷其中,不能自拔。

2) 树立正确的人生观,抵制"黄赌毒"

"黄赌毒"已经成为目前我国校园文化建设中的一个突出问题,要遏制和消灭这一丑恶社会现象,必须在思想上高度重视,运用教育、法律、行政等多方面的举措构建和谐美好的校园文化氛围,为大学生塑造纯净的校园。学校要不遗余力地开展大学生思想道德教育,提高大学生抵御"黄赌毒"诱惑的能力,使学生认识到"黄赌毒"在高校蔓延会严重影响学习,腐蚀心灵,甚至会带来牢狱之灾和生命危险,给自己和整个社会带来的危害和损失是无法估量的。抵制"黄赌毒",大学生要做到以下几点:

(1) 不看、不传,更不能贩卖、走私、制作黄色淫秽物品。大学生应洁身自爱,读好书,结好友,积极参加健康有益的文体娱乐活动,做一个心理健康的人。

(2) 充分认识到赌博的危害,分清娱乐和赌博的界限。

(3) 不结交有吸毒恶习的朋友,不轻易接受别人送吸的香烟,绝不因为好奇而尝试吸毒。

(4) 多了解关于"黄赌毒"的法律法规,要知道绝不能触犯法律的底线。

3) 关于惩治"黄赌毒"的法律法规

《中华人民共和国刑法》第303条规定:"以营利为目的,聚众赌博或者以赌博为业的,处三年以下有期徒刑、拘役或者管制,并处罚金;开设赌场的,处三年以下有期徒刑、拘役或者管制,并处罚金;情节严重的,处三年以上十年以下有期徒刑,并处罚金。"第347条规定:"走私、贩卖、运输、制造毒品,无论数量多少,都应当追究刑事责任,予以刑事处罚。"对吸食、注射毒品的违法人员处以拘留和罚款;吸毒成瘾者进行强制戒毒。大学生应该充分了解从事"黄赌毒"就是违法犯罪,必将受到法律的严惩。

抵制"黄赌毒",需要各个部门的配合。学校宣传部门要调动一切媒介,选择典型案件予以曝光,充分发挥舆论监督和宣传的作用;保卫部门要加强校园治安环境的治理;纪检、监察部门要严肃处分参与、纵容、庇护"黄赌毒"活动的党政干部,严防教师和领导干部违法违规行为的发生。全社会联合整治校园周边环境和校园文化环境,才能有效减少"黄赌毒"问题对大学生的危害,使大学生健康成长。

三、如何预防和应对安全隐患

(一) 防火

1. 学生宿舍防火

在宿舍,学生应自觉遵守宿舍安全管理规定,做到不乱拉乱接电线;不使用电炉、电热杯、热得快、电饭煲等电器;使用台灯、充电器、电脑等电器要注意发热部位的散热;室内无人时,应关掉电器和电源开关;不在宿舍使用明火和焚烧物品。

2. 教室、实验室、教研室防火

在教室、实验室、教研室学习或工作时,一定要严格遵守各项安全管理规定、安全操作规程和有关制度;使用仪器设备前,应认真检查电源、管线、火源、辅助仪器设备等的情况,使用完毕后应认真进行清理,关闭电源、火源、气源、水源等,还应清除杂物和垃圾;尤其是使用易燃易爆危险品时,更要注意防火。

3. 图书馆防火

禁止携带火柴、打火机等进入图书馆,禁止吸烟、乱丢烟头等;做好线路维护,安装烟火报警装置。

4. 计算机房防火

计算机房发生火灾,主要是由于计算机设备过多、线路老化或超负荷、电源短路、明火引燃杂物或电线等引起的。因此,计算机房的设备线路要使用匹配的型号,设备要经常维护,同时严禁吸烟以排除隐患,离开时注意切断电源。

(二) 防盗

1. 随身带钥匙,随手锁门

为避免财产损失,针对溜门盗窃的特点,学生要养成随身带钥匙、随手锁门的好习惯,既对自己负责,也对他人负责。

2. 贵重物品随身携带

学生在日常学习、生活和文体活动中要时刻保持防范意识,针对"顺手牵羊"盗窃的特点,在公共场所不要将自己的物品随便放在某处就离开,贵重物品更要随身携带或交给信任的人看管,不给不法分子可乘之机。

3. 宿舍钥匙不随便借给他人

学生都有自己宿舍的钥匙,针对利用钥匙入室盗窃的特点,学生平时要保管好自己的宿舍钥匙,不要为了方便把钥匙放在门框顶,更不要把钥匙随便借给他人。

4. 贵重物品不要炫耀

学生不要将贵重物品和大量现金带到学校,即使带到学校,也不要炫耀。平时学生要爱护监控设施,不要乱动或有意遮挡楼道内的摄像头。

5. 银行卡密码不要泄露

学生不要用自己的生日日期作为银行卡密码;不要将银行卡的密码告诉同学和朋友;让同学或朋友陪同自己到自动取款机取款时,不要让同学或朋友看到自己输入的密码;自己的银行卡和钱包不要随意放置,不要随身携带大量现金,只带足够的零用钱。

(三) 防诈骗

1. 提高防范意识,学会自我保护

学生要积极参加学校组织的法制和安全教育活动,多知道、多了解、多掌握一些防范知识,这对自己有百利而无一害。

2. 提高自我修养,不做马虎之人

在日常生活中,学生要做到不贪图便宜、不谋取私利;要提高警惕性,不轻信花言巧语;不要把自己的家庭地址等信息随便告诉陌生人,以免上当受骗;在发现可疑人员时要及时报告;在上当受骗后更要及时报案、大胆揭发,使不法分子受到应有的法律制裁。

3. 交友谨慎,避免以感情代替理智

对于熟人或朋友介绍的人,保持基本信任,但不要轻易相信,要学会"听其言,迹其行,察其所能",用理智正确判断一个人的言行与性格。

4. 同学之间相互沟通、相互帮助

有些学生习惯把个人之间的交往看作个人隐私,一旦上当受骗,无法查处。有些交往关系,在自己认为适合的范围内适当透露或公开,是保障安全的需要。

（四）逃生

1. 火场逃生

1）立即离开危险区

生命受到威胁时立刻明确自己所处环境的危险程度，以便采取正确的逃生措施，同时要立即停止一切工作，冷静判断火势情况，争分夺秒设法脱险，快速使用相应逃跑措施和方法逃离火场。

2）保持镇静，明辨方向

突遇火灾时，首先要强令自己保持冷静，撤离时要注意朝明亮处或空旷的地方跑，往下面的楼层跑。发生火灾时，要根据情况进行选择，进入相对较安全的楼梯通道（建筑内一般都会有两条以上的逃生楼梯作为安全通道），通道或安全出口被烟火封闭时，应选择与火源相反的方向逃离险境。火势较大无法利用消防楼梯逃出时，可考虑利用建筑物的阳台（如安全可靠，在火场逃生时应充分利用）或利用水管等建筑的突出物等滑下，或借不高的窗口、屋顶攀到周围的安全地带。

3）简易防护，掩鼻匍匐

火场中的烟雾含有很多有毒有害的成分，可用湿毛巾、湿口罩捂住口鼻，做好个人防护，以防止烟雾中毒，预防窒息。如果出口被火封住，冲出危险区有危险，则可以往身上浇冷水，或者用湿床单、湿棉被将身体裹住，有条件的可以穿阻燃服，然后迅速离开危险区；若无水，使用干毛巾、干口罩也可以，在穿过烟雾区时应尽量压低身体或爬行，千万不能直立行走，以免因浓烟窒息。

4）寻求暂时避难，等待救援

在所有通道都被烟火封锁又无人救助的情况下，应积极寻找暂时避难所。利用设在电梯间、走廊末端的避难间或卫生间，躲避烟火的侵害。若发现有烟进入室内，应关闭迎火的门窗，打开背火的门窗，用湿毛巾、湿布等织物堵住漏烟的缝隙，或水浸湿棉被，蒙上窗户，然后不停地向高温处或地面洒水，淋透房间，以延缓火势蔓延，防止烟火渗入，同时用湿毛巾捂住口鼻，做好个人防护，坚持到救援人员或逃生机会的到来。

5）传送信号，寻求帮助

被困在火场无计可施时要尽量待在阳台、窗口等易于被人发现和能避免烟火近身的地方，防止房屋塌落砸伤自己。在白天，可向窗外晃动鲜艳的衣物发出求救信号；在晚上，可用手电筒不停地在窗口闪动或敲击东西，便于消防人员发现并实施救援。

6）缓降逃生，滑绳自救

高层、多层建筑发生火灾，通道全部被火封锁时，可迅速利用身边结实的绳索，或将窗帘、床单、被褥等撕成条，自制简易救生绳，用水打湿后，将其拴在牢固的窗框、床架或其他物件上，从窗台或阳台沿绳滑到下面的楼层或地面逃生。

口诀：明辨方向，临危不乱；保持镇静，迅速撤离；不入险地，不贪财物；简易防护，掩鼻匍匐；善用通道，莫入电梯；避难场所，固守待援；传送信号，寻求援助；火已及身，切勿惊跑；缓降逃生，滑绳自救。

2. 突发事件逃生

1) 避开危险点

危险点包括：有易燃易爆物品的场所，如乙炔站、电石库、液化气站等；存在有毒物质的场所；旋转的机械或零部件，如齿轮、砂轮、主轴等附近；起重吊运、交叉作业场所；高温、高热的物体或空间内；带电设备、设施；无防护措施或防护措施不可靠的高处；人员拥挤的庙会、广场、剧院等场所；大型演唱会、赛事靠近台前的位置，如看台、围栏处；商场、超市打折、抢购或免费发放纪念品的地点；出口不足或出口设置不符合安全要求的场所等。

2) 留心出口

进入不熟悉的场所，首先观察好离自己位置较近的出口和其他出口，发生紧急情况时不要往人群拥挤的地方去，尽可能事先了解建筑结构以及各个安全通道，便于节省遇到突发事件时的逃生时间。

（五）自救

1. 火灾自救

1) 隔离法

燃烧必须有可燃物，根据这个道理，使着火物与未着火物隔离，可防止燃烧范围扩大；迅速将着火部位周围未着火的物质搬迁转移到安全处，或将着火物质转移到无可燃物的地方；关闭燃烧气体（液体）的阀门，断绝气体（液体）来源；用沙土等堵截流淌的燃烧液体；用不燃或难燃物遮盖受火势威胁的可燃物等。虽然实际灭火时使用隔离法有一定的难度，但它是控制火势蔓延的一种好方法。

2) 窒息法

根据可燃物起火时需要空气中的氧气等氧化剂的特点，灭火时可采用捂盖的方式，阻止或隔断新鲜空气进入燃烧区，也可用氮气、二氧化碳等不燃气体降低燃烧区的氧气浓度，使燃烧因缺氧而停止。对于封闭着火的空间，如炒菜时油锅起火，只需用锅盖盖住就能灭火；使着火的空间充满惰性气体、水蒸气；用湿棉被、湿麻袋等捂盖已着火的物质；向着火物上喷射二氧化碳、氮气、干粉、泡沫、雾状水等。窒息法实用性很强，简便易行，灭火迅速。

3) 冷却法

由于可燃物起火必须达到相应的着火温度，灭火时只要将水、泡沫或二氧化碳等具有冷却降温和吸热作用的灭火剂直接喷洒到着火物体上，使其温度降低到燃点以下，火就会熄灭。比如用大量的直流水喷射着火物，不间断地向着火物附近的未燃烧物喷水降温。这种方法在扑救寝室火灾时较常用，也很有效。

4) 抑制法

抑制法是一种化学灭火方法，通过干扰抑制，中断燃烧的链式反应。如：向着火物上直接喷射卤代烷、干粉等灭火剂，覆盖火焰，中断燃烧。抑制法灭火效率高，但化学灭火剂缺乏冷却、覆盖和渗透作用，当着火物体表面的火焰被扑灭后，往往会因为阴燃或余热又达到燃点而复燃。

2. 落水自救

1) 保持镇静和清醒

如果不习水性，则应迅速采取自救措施。头后仰，口向上，尽量使口鼻露出水面以保持呼吸,不能将手上举或挣扎,以免身体下沉。会游泳的人如果肌肉疲劳、肌肉抽筋,也应采取上述自救办法。

2) 放松身体

及时甩掉鞋子,扔掉口袋里的重物,但不要脱掉衣服,因为衣服会产生一定的浮力。如有人跳水相救,自己要尽量放松身体,不可紧紧抱住施救者,否则,可能使两人同时丧命。

3) 及时排出腹腔内的积水

被顺利救上岸后,如果处于清醒状态,应立刻平躺,请求他人帮忙按压胸腔(心脏上方肋骨中间位置),逼吐出落水时不慎呛入的积水;若情状较为严重或者在场无人懂得施救,则需他人帮忙拨打120或者直接送入医院。

3. 燃气泄漏自救

1) 保持冷静,当机立断

立即关闭燃气总阀门,切断气源,迅速打开窗户通风,把泄漏的燃气排出去。注意:若窗户是金属材质的,则不可开启,以免产生静电而引起爆炸。

2) 立刻寻找灭火方法

如果起火,根据火势采取相应措施。火势较小时可以将毛巾或抹布淋湿盖住着火点,较大时远离火源,并迅速关闭阀门或切断电源。关闭阀门时注意防止烫伤;灭火过程中,注意不要把燃气瓶弄倒,以免造成爆炸危险。

3) 及时通知燃气公司组织人员进行抢修

不能用自己家里的电话报警,也不可在屋里打开手机、开灯和打开电器开关,更不能使用明火,以免发生爆炸。

4. 地震自救

1) 关于避震的"三要三不要"原则

(1) 要因地制宜,不要一刀切:发生地震时,因为每个人所处的现实状况各不相同,因此采取的避震方式也有可能不同。比如,是跑出室外还是在室内避震,就要看客观条件:住平房还是住楼房,地震发生在白天还是晚上,房子是不是坚固,室内有没有避震空间,室外是否安全等。

(2) 要行动果断,不要犹豫不决:避震成功与否取决于瞬间,不容瞻前顾后、犹豫不决。有的人本已跑出危房,又转身回去救人,结果不但人没救成,自己也被埋压。想到别人是好的,但必须先保护好自己,这样才有可能更好地救助别人。

(3) 要听从指挥,不要擅自行动:地震发生时房屋随时有可能倾塌,这时擅自行动,盲目避震容易被坠落的天花板或者其他器物砸中,还有可能陷入塌陷的地板之中,所以当地震发生、摇摇欲坠时必须听从冷静沉着的人的指挥。若是一个人,则应当机立断,迅速寻求当下最好的躲避点。

2) 避震要点

震时就近躲避,震后迅速撤到安全的地方,是应急避震较好的办法。因为震时预警时间很短,人又往往无法自主行动,再加之门窗变形等,从室内跑出去十分困难;如果是在楼房里,跑出去几乎是不可能的;若在平房里,发现预警现象早,室外比较空旷,则可力争跑出震区。

(1) 躲避位置的选择:选择室内结实、不易倾倒、能掩护身体的物体下或物体旁,空间小、有支撑的地方;室外远离建筑物,开阔、安全的地方。

(2)躲避的正确姿势:趴到坚实的遮挡物下,将身体重心降到最低、脸朝下,不要压住口鼻,以便呼吸;蹲下或坐下,尽量蜷曲身体;抓住身边牢固的物体,以防摔倒或因身体移位,暴露在坚实物体外而受伤。

(3)采取有效方式保护身体的重要部位:保护头颈部,低头,用手护住头部和后颈;将身边的物品,如枕头、被褥等顶在头上;保护眼睛,低头、闭眼,以防异物伤害;保护口鼻,可用湿毛巾捂住口鼻,以防吸入灰、土、毒气。

(4)在避震的过程中避免其他伤害:不要随意使用明火,因为空气中可能充溢着易燃易爆气体;要避开人流,不要乱挤乱拥,无论在什么场合,如街上、公寓、学校、商店、娱乐场所等均如此,因为拥挤不但不利于脱离险境,反而可能因跌倒、踩踏、碰撞等而受伤。

3)在不同场所的应急措施

(1)室内(家里、宿舍等)避震措施:躲到低矮牢固的家具边、有支撑物的房间,如卫生间内承重墙墙角、避震空间。

(2)室外、空旷地带避震措施:立刻观察周围地段,选择平整无坑洼的地点抱头蹲下,在室外时绝不可以选择靠近建筑物的墙边,也不可以蹲在有明显地下水道、管道旁的位置。

(3)发生地震时禁止躲避的位置或采用的方法:不要滞留在床上;不能跳楼;不要到阳台上去;不要到外墙边或窗边;不要到楼梯去;不要乘电梯,如果震时在电梯里,应尽快离开,若电梯门打不开要抱头蹲下,抓牢扶手;不要到处乱跑;不要到楼道等人员拥挤的地方去。

专题六
塑造阳光心态
构建幸福人生

塑造阳光心态是综合素质提升的重要组成部分,是学生构建幸福生活、适应社会发展的重要保障。大学生需要了解阳光心态塑造的基本理论知识,提升自我心理调适能力,学会正确对待压力与挫折,学会创造和享受幸福生活。

教学目标

使学生了解塑造阳光心态的基本理论知识,引导学生学会塑造阳光、幸福的良好心态。

教学重点

(1) 帮助学生理解阳光心态的内涵。

(2) 引导学生塑造阳光心态。

(3) 助推学生享受阳光生活,争当阳光使者。

一、阳光心态

(一)何为阳光心态?

1957年11月17日,毛泽东在莫斯科大学大礼堂接见中国留学生和实习生的时候,意味深长地说:"你们青年人朝气蓬勃,正在兴旺时期,好像早晨八九点钟的太阳。希望寄托在你们身上。"根据毛泽东的这一番话,我们很自然地会想到,如果说青年人犹如初升的太阳,那么支撑他们健康成长的应该是有效提供正能量的阳光般的心态。

心态是人的观念、动机、情感、兴趣等的综合体现。心态对人的思维、选择、言行都具有导向和支配作用。

阳光心态意指阳光般的心态。从心理角度来看,阳光心态是指鞭策自己、战胜自己的心理素质,是一种积极的认知模式和人格特征,是一种健康、平和、宽容、大度、崇高、自信、积极的心态,是一种化尴尬为融洽、化压力为动力、化痛苦为愉悦的心态。

(二)阳光心态的结构和内涵

1. 自我认识的内涵

积极的自我是建立在对现实自我全面客观认识基础之上的一种积极态度。苏格拉底有一句名言:"认识你自己"。认识自己的意义就在于,强调人的地位,强调心理精神的作用。认识自己是完善人格的核心内容,对个体的心理和行为起着内在的、全过程的调节作用。正确认识自己并非易事,人的自我认识有一个发展和完善的过程。

1) 正确认识自己,就要对自我有清晰的认知

首先,应当认识到自己是一个具有意识的生命体,即自己可以认识自己;其次,应当认识到自己是一个具有一定智力又能理性思维的个体,即自己有能力客观地、正确地认识自己;最后,应有对自己独特的自我认识,即认识自己独特的地方。这个认识过程从生命体的共性出发,到人类的共性,最后回到个体。人是有意识的,且每一个人具有与他人不同的意识,这些各不相同的意识就是每一个独一无二的自我所在,包括性格、能力、经验、爱好、思想、行为、情感世界等。

2) 正确认识自己,就要坦然面对人生,科学认识人生道路

人生就是不断学习、不断认识、不断选择、不断作为、不断改变的过程,这也就决定了人

生的道路是曲折的、不平坦的,人生的航船也并不是一帆风顺的。不能因事业不顺、生活坎坷、深陷逆境等而垂头丧气,也不要怨天尤人,更不要自暴自弃,因为人生的道路是可以改变的,遇到的困难是可以克服的。

3) 正确认识自己,需要客观、正确地评价自己

一个人对自己的才貌、学识、成绩、贡献、自己在别人心目中的地位等,常有评价过高或评价过低的情况。如果对自己的评价过低,看不到优点,夸大缺点,怀疑自己的能力,容易产生自卑感;如果对自己评价过高,便容易眼高手低、目中无人,产生骄傲自大的情绪。骄傲、自卑都是不良的自我概念,对个体的成长危害极大。只有形成积极的自我概念,才能客观公正、实事求是地认识和评价自己,既相信自己是有能力的、有价值的、重要的,又能看到自己的缺点和不足,努力提高和完善自己。

4) 正确认识自己,不畏人言,做自己该做的事

人云亦云,被别人的言论左右,是没有主见的表现,也是人生成功的大忌,其实质就是没有正确地认识自己,不相信自己,也未能表达真实的自己。一旦认准了奋斗的目标,就要聚焦自己的动能,全力以赴地去拼搏,做好自己该做的事。

2. 主观幸福感的内涵

关于幸福的含义,各个学科领域的学者有自己独到的见解,不同的心理学家也分别对主观幸福感进行了自己的阐释,学者普遍认同美国积极心理学家迪纳的观点。迪纳认为:"主观幸福感专指评价者根据自定的标准对其生活质量的整体性评估"。根据这个定义,主观幸福感应该具有以下特点:

(1) 主观性,即评价者评价幸福与否的标准是自定的,而非他人的客观标准;

(2) 稳定性,主观幸福感反映的是个体长期的情感反应和生活满意度;

(3) 整体性,这一术语综合评价对情感反应的评估和认知判断。

每个人在现实生活中,对自己的生活质量都有满意与否或有多满意的不同评价,这些不同的评价与个人对自己生活质量的期望值有关,因此,主观幸福感是由包括动机、欲望、兴趣、认知、情感等心理因素与外部诱因交互作用而形成的一种复杂的、多层次的心理状态。

主观幸福感有多项衡量指标,概括起来主要包括三个:积极情感、消极情感和生活满意度。其中生活满意度是衡量主观幸福感的关键性指标。作为认知因素,它是更有效的肯定性衡量标准,是独立于积极情感和消极情感之外的另一个因素。

对主观幸福感影响因素的探究从来没有停止过。早期的研究者们发现,人口统计项目如性别、年龄、收入、智力水平等和外在的环境因素对主观幸福感均有影响。而迪纳等学者通过研究发现,个体内部的建构决定生活事件如何被感知,从而决定个体的幸福体验。迪纳等人提出了"人格-环境交互作用模型"。人格影响情境,从而增强或削弱主观幸福感。在人们做选择的过程中,不同的人格特质决定了不同的行为方式,例如,外倾者倾向于经历积极生活事件,而内倾者倾向于经历消极生活事件。不同的选择最终决定了个体的主观感受。

3. 心理韧性的内涵

平静生活人人爱,而意想不到的挫折和逆境带给人的冲击不亚于遭遇一场地震。地震和挫折、逆境带来的都是不愉快的体验,但正如地震是地球运动不可缺少的部分,人在一生中必然会与各种各样突如其来的挫折、逆境、压力、困难"狭路相逢",连幸运儿也不会例外。

理解压力背景下哪些因素在起作用,一直是心理学研究者们关注的重要课题。早期

的心理健康专业人员接受(假设)并坚持认为每个遭受过可怕经历的人,必定在感情上受到创伤。心理韧性研究最初就是以探讨导致个体"消极适应结果"的风险因素为主,包括研究消极的自我概念、家庭功能失调、社会支持缺失等。

学术界在对心理韧性的界定上一直都有很多争议,至今都未能达成一致意见。整理各派观点之后得出,研究者对心理韧性的理解大致可以分为以下三类:

(1) 以能力界定心理韧性,心理韧性是指一种能够从痛苦的经历中恢复,甚至获得力量和成长的能力;

(2) 将心理韧性作为个人经历(适应过程)来看,心理韧性是动态的,可视为在保护因素的支持下,个人恢复正常生活的重整过程;

(3) 将心理韧性看作"适应的结果",心理韧性是在困难状态中的正常发展。

综合各研究者研究心理韧性时强调的重点,心理韧性是一种个体的能力、潜能或品质,通过个体与环境的交互作用,产生良好的适应结果。因为心理韧性,个体身处逆境和被问题困扰时,能够持之以恒,迅速复原并超越,最后取得成功。

4. 乐观与希望的内涵

积极心理学研究积极的情绪体验,情绪体验按照时间状态的不同可分为针对过去的积极情绪体验、针对现在的积极情绪体验和针对将来的积极情绪体验三种。针对将来的积极情绪体验主要有乐观与希望。

1) 乐观

当评价者把某种社会性的未来或物质性的未来期望为社会上需要的、对他有利的或能为他带来快乐的,那么与这种期望相关联的心境或态度就是乐观。可见乐观具有两个主要特征:

一是乐观非客观存在,是主观心境或态度,与个人的期望密切相关,即对同一客观事件,个人的期望不同可产生不同的主观心境或态度,所以那些将事件评价为社会上需要的、对他有利的或能为他带来快乐的人,对这一事件持乐观的态度,而那些将事件评价为社会上不需要的、对他无利的或不能为他带来快乐的人,对这一事件持悲观的态度。

二是尽管乐观是指向未来的,但它会对现在或今后一段时间内的行为产生一定的影响。

乐观是建立在假设基础上的一种认知判断的结果,更是一种主观愿望的结果,这种建立在愿望基础上的结果实实在在地影响着我们今后一段时间内的行为。

积极心理学创始人塞林格曼认为,一个人选择乐观还是悲观,取决于其解释问题与挫折是采取乐观的归因方式,还是悲观的归因方式。乐观产生健康、康复、精神,而悲观导致相反的结果。对事件的解释方式是后天习得的,人们可以通过学习,由悲观的归因方式转向乐观的归因方式,这就是习得乐观。学会乐观能保护青少年免受抑郁和焦虑的侵袭,而且乐观与成年人的幸福密切相关。

2) 希望

希望在心理学研究者眼中分歧较大,具体表现在希望到底应该划归情感领域还是认知领域。不过随着研究的深入,更多的研究者认为希望既包含认知成分,也包括情绪成分。斯塔茨等人就认为,希望是一种情感性认知。从情感的角度看,希望被个体预想的积极情感与消极情感之间的差异左右,即预想中的积极情感大于消极情感时,个体产生希望,且差异越大,希望越大;预想中的积极情感等于消极情感时,不产生希望;预想中的积极情感小于消极情感时,产生与希望相反的情感——失望,且差异越大,失望越大。从认知的角度看,希望是个体的预期与预期背后隐藏的愿望之间的联系,是建立在认知基础上的,即个体对预期中的成就与其获得成就的愿望强度之间的关系会产生一种认知,伴随着这种认知产生的一种调节力量就是希望。希望是一种朝向目标的思想,这种思想包括途径思想(即个体能寻找到实现愿望目标的途径)和意志思想(即个体认识到在实现愿望目标的过程中需要有意志力)两部分。据此定义不难看出,目标对个体必须是有意义的,这样才能促使个体产生希望;目标要么是积极的,使个体想要接近,要么是消极的,使个体想要逃避;目标既要有一定的实现难度,又要有实现的可能性。

虽然乐观与希望是针对将来的积极情绪体验,但乐观和希望与针对现在和过去的积极情绪体验有着密切的关系。对过去生活的满足感很可能促使个体对未来充满希望,现在有心流体验的人也可能对过去不满意,对将来失去期待而变得不乐观;当然也可能过去虽有不满意但现在快乐,并且看好将来而变得乐观。

满意地体会过去、快乐地感受现在和满怀希望地面对将来,是一种理想状态。

5. 感恩与宽恕的内涵

1) 感恩

"感恩"的拉丁字根为gratia,意指恩惠、令人愉快。所有源自gratia的字和词都与仁慈、慷慨、礼物、给予和接受之美等有关。在线牛津英语大辞典把"感恩"定义为:感谢的特质或状态;收到对方善心的一种温暖的感觉,并愿意做一些回报。由这两个定义可知,感恩是一种美德,是促使社会更加美好的元素之一,而且发生在特殊情境之下,涵盖情绪、行为倾向两个层面。在思想的长河中,感恩有长期的历史,但在心理学研究中,感恩仅仅有短暂的历史。心理学领域仅在近二十年来开展对感恩的研究,然而感恩的思想早已通过哲学的探索、宗教的熏陶根植于人心,对人类的思维及言行有莫大的影响。

2) 宽恕

"宽恕"在东方与西方的哲学论述以及神学上的探讨,都有着悠久的历史渊源。"宽恕"源自希腊文,意指改变对加害者的态度,从怨怒转变为原谅的心路历程。在中国,"宽恕"的"恕"字由"如""心"两字组合而成,宽恕指的是为了求得集体和谐,得饶人处且饶人的情操。换句话说,在个人利益从属于社会利益的集体主义文化中,宽恕是做人的基本道理。在儒家思想的传统价值里,宽恕如《大学》所云,"是故君子有诸己而后求诸人,无诸己而后非诸人",是一种推己及人的君子行谊。

在探究实证之余,积极心理学家开始思索宽恕概念性界定的理论基础所在。

解释宽恕概念的理论假说是利他主义。利他主义强调一种在无任何报酬的期待下自愿去帮助他人的情感动机,也就是一种"忘我精神"的发扬。根据这种忘我精神的学理基础,宽恕可以解读为一种有利于社会的积极正面信念。

宽恕信念是出现伤害事件后,受害者原谅与饶恕侵犯者,或侵犯者自己检讨错误,通过原谅自我来使自己的心灵得到释放解脱的心理状态。通过实证研究,认为存在三种类型的宽恕:角色期待宽恕、利己的宽恕和内部的宽恕。角色期待宽恕仅有表面上的宽恕,但受害者并没有真正宽恕侵犯者,其仍旧感到恐惧、焦虑,并对侵犯者心怀憎恨。利己的宽恕也有明显的宽恕行为表现,但这种行为伴有敌意,宽恕被受害者作为体现道德优越感的手段,受害者之所以宽恕侵犯者是为了向人们展示自己宽宏大量的气度。内部的宽恕是一种真正的

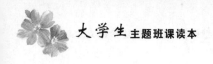

宽恕形式,受害者将对侵犯者的憎恨变为对其的仁慈和爱心。这种宽恕是主动的、积极的、发自内心的。

6. 心流的内涵

美国心理学家契克森米哈赖在他的《心流:最优体验心理学》中讲述了这样一个故事:

有一个乞丐在路边坐了30多年,一天,一个陌生人经过,这个乞丐机械地举起他的旧棒球帽,喃喃地说:"给点儿吧。"陌生人说:"我没有任何东西可以给你。"然后他问:"你坐着的是什么?"乞丐回答说:"什么都没有,只是一个旧箱子而已,自从我有记忆以来,我就一直坐在它上面。"陌生人问:"你曾经打开过箱子吗?""没有",乞丐说,"有什么用?里面什么都没有。"陌生人坚持:"打开箱子看一看。"乞丐这才试着打开箱子,这时令人意想不到的事情发生了,乞丐充满了惊奇与狂喜:箱子里装满了金子。

有些拥有健康、美貌、金钱、权力以及许多其他东西的人,就像故事中的那个乞丐,没有找到真正的财富,当然不会有真正的幸福,因为他们不知道,自己不仅已经拥有了所有这些,还拥有了比这些更为珍贵的东西,那就是心流体验。

契克森米哈赖发现,幸福并非瞬间发生,它与运气或概率无关,用金钱买不到,也不能倚仗权势巧取豪夺,它不受外在事物的操纵,而是取决于我们对外界事物的阐释。我们对生命的看法,是由许多塑造经验的"力量"汇集而成的,每股"力量"都会留下愉快或不愉快的感受。对于大多数"力量",我们难以控制,如身高、长相、气质等,但有些时候我们会觉得能够主宰自己的命运,如在千钧一发之际成功逃生,成功放好最后一块积木,通过精妙的例子浅显而生动地让人理解了复杂的科学原理等,在这些时刻人们会感到幸福!契克森米哈赖把这种能自行决定生命内涵的参与叫作"最优体验"。当一个人产生"最优体验"时,他的心中澄明无碍,将个人精神完全投注在这项活动上,纯粹无私,不掺杂任何其他祈求。契克森米哈赖把这种情绪体验命名为"心流"。

契克森米哈赖将"心流"定义为:人们对某一活动或事物表现出浓厚的兴趣并能推动个体完全投入某项活动或事物的一种情绪体验。同时,他认为,"心流"一般是个体从当前所从事的活动中直接获得的,回忆或想象等不能产生这种体验。人们进入"心流状态"时会产生"心流体验",完全被所做的事深深吸引,自身的兴趣完全融入其中,专注在自身注意的事情上,并且丧失其他不相关的知觉,就好像被活动吸引进去了一般。当人们处于"心流状态"下时,因为过于关注、浑然忘我而无暇去思索其他问题,自我意识消失,感觉时间过得特别快或特别慢。

综上,阳光心态的内涵包含六个方面:能正确认识自我,悦纳自我;积极情绪多于消极情绪,有较强的主观幸福感;具有面对困难与挫折的勇气,有一定的心理韧性;乐观,对生活与未来充满希望;懂得感恩与宽容他人;活在当下,拥有较多的心流体验。

二、塑造阳光心态,享受阳光生活

(一) 正确认识自我,悦纳自我

一个人成长的前提就是了解自己、接纳自己,进而认识别人、接纳别人。在团体心理咨询中促进成员自我探索,深化自我认识,以形成健康的自我形象,增强自觉能力,是培育阳光心态最主要的课题之一。

课堂活动 6-1 人际关系中的我

1. 活动目的

了解"三个我"之间的关系,学会协调"自我",懂得沟通的重要性。

2. 活动准备

事先完成练习"人际关系中的我"(见表 6-1)。

表 6-1 人际关系中的我

人际关系中的我		自己想象	真实了解
他人眼中的我	父亲眼中的我		
	母亲眼中的我		
	同学眼中的我		
	老师眼中的我		
	朋友(恋人)眼中的我		

3. 活动步骤

步骤1:分组,以6～8名学生为一组,每人带上填好的表——人际关系中的我。

步骤2:小组交流分享练习中的内容,并思考以下问题:

(1)"自己想象"和"真实了解"两者内容有没有差异?为什么会不一致?是什么原因造成的?(思考沟通的重要性)

(2)"他人眼中的我"(社会我)、"现实中的我"(现实我)和"理想中的我"(理想我)之间是否协调和谐?若不协调和谐,则找出差异所在,尝试找出原因,并思考如何调整。

4. 活动点评

不必期望"三个我"之间百分之百协调一致,这是不实际的期望,只会导致负面的影响。

课堂活动 6-2 人生最重要的时刻

1. 活动目的

协助组内其他成员明确以往的经历对当前生活的影响,并对自己的情绪做出正确的处理。

2. 活动步骤

步骤1:学生闭目、安静,然后回忆自己人生中最快乐(或最悲哀、最痛苦)的时刻或事件。

步骤2:静思5分钟,睁开眼睛,讲述自己的经历,其他成员协助讲述者界定他此时此刻的内心感受,并分析快乐或痛苦的原因,帮助他认清过去的经历对现在生活的影响,探索每个人目前不同的生活处境与问题。

3. 活动点评

练习可能触及学生内心深处的感受,所以要预备充分的时间,适当处理和协助学生解决情绪问题,避免任何负面的影响。

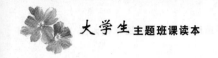

课堂活动 6-3　火光熊熊

1. 活动目的

明确自己的价值观,理解他人的价值观。

2. 活动准备

纸、笔。

3. 活动步骤

步骤1:分组,以6~8名学生为一组。

步骤2:教师告诉大家,现在你的宿舍正在被烈火吞噬,情况危险,时间只够你冲进火海取出三样东西,你会选择哪三样?先后顺序是怎样的?为什么选择这三样?它们对你而言有什么价值?还有没有重要的物品不在抢救之列?为什么?

步骤3:给学生一定的思考时间,然后学生将自己的答案写在纸上。

步骤4:在小组内交流,告诉其他成员这样选择的原因。

(二) 提升心理韧性,积极应对挫折

导致不良后果发生的可能性提高的因素,也就是阻碍心理韧性发挥作用的因素主要是破坏性或失调性经历,如酗酒、吸毒、身体创伤、压力大、倦怠、不良健康状况、受教育程度低、失业等。要想提高心理韧性,不能忽视这些因素的影响。

只有少数人具有与生俱来的心理韧性,其余的大多数人只是具有复原的潜能。人的一生是一个不断面对压力、应对压力的过程,事情的发展往往不是取决于处境,而是取决于个体对此做出的反应。简而言之,遭遇创伤之后如何开始新生活,取决于个体的心理韧性——既可以以否认、抗拒抵抗正在发生的变化而使得生活更艰难,也可以适应变化和不断转变。

对于一些人来说,在多数情况下采用的是一些预定的行为或思想,有高度心理韧性的人能够从许多不同的想法和回应组合中进行选择,显现其迅速应变的潜能。另外,机会因素、以往经验、游戏心态可能也意味着有心理韧性的人将采取与以前同样情况下很不相同的行动。

心理学家发现,在人的一生中,人脑一直保留着重新组合的可塑性能力。艾尔·赛伯特认为,心理韧性优势的发挥分为五个阶段,每个阶段都建立在前一个阶段的基础上。

阶段一:保持健康、能量的可持续性,在最糟糕的时期保持积极。正确认识自己的情绪反应和态度是这个阶段的重点。

阶段二:改善自己分析性、创造性和实用性解决问题的技能。

心理学研究表明,积极回应意想不到的逆境能够提高心理韧性。因此焦点应该在"如何解决面临的问题"上,如果总把自己看作"受害者",则于复原和发展无益。

阶段三:加强自尊、自信和自我认同。挫折和创伤毁坏的不仅是生活状态,更重要的是打击了自信,削减了安全感。因此,加强内省,在进行心理韧性训练时有意识地加入自我认同、自尊和自信的内容,例如将听到的"你能够做到"转化为"我能够做到"。关注、认可、积极反馈、感谢、赏识等都可以提高复原能力。

阶段四:开发高心理韧性者具有的特别素质和技能。好奇心、社会责任心、自我管理学习的能力、希望和乐观、正面思考等都能提高心理韧性水平。

阶段五:磨砺"意外发现珍奇"的才能,将不幸和变故转变成幸运与财富。这是一种能快

速接受和顺应新事物的发展,不但不惧怕任何打击,更有"让自己引导事情朝有利方向发展"的能力。在活动中不但要引导学生体会到,如果能在挫折事件中发现有价值的东西,这件事情往往就不会显得像一开始那么糟糕,还要让学生明白"意外发现珍奇"也是一种创新,是一种心理韧性发展到高级阶段的综合能力的显现。

个体通过不断了解和学习适用于自己的最佳方法,都能够形成具有自己独特之处的心理韧性。重要的是,个体试图从逆境中反弹而做出的各种努力将使隐藏的、未被发现的能力和优势显现出来,最终将破坏性的经验转换成生命中发生的最好的事情之一。

课堂活动6-4 两粒沙

1. 活动过程

步骤1:阅读故事《两粒沙》。

两 粒 沙
第 一 粒 沙

贝生活在海里,平静度日。太阳出来的时候它最高兴了,因为可以在暖暖的阳光下张开壳吐泡泡。这天,它照例在太阳下打开壳,深吸一口气,准备开始度过一天中最美好的时光。突然它感到有东西被吸到了身体里,在软软的身体上有个硬硬的东西,很难受。原来是一粒沙。它想动一动把那粒沙弄出去,可只要一动就疼得厉害。它把壳合起来,不敢再动。

贝开始分泌黏液。它想,如果有黏液湿润,可能会比较容易将沙粒弄出去吧。可虽然有了黏液,沙粒还是固执地留在贝的身体里,纹丝不动。贝想,也许是不够湿润吧,还有,这些黏液好像让自己不太痛了,于是贝继续分泌黏液……日子一天天过去,黏液没有把沙粒弄出去,而是把沙粒一层一层地包裹起来。每天,贝都分泌黏液包裹沙粒,却似乎忘了当初分泌黏液是为了把沙粒"赶"出去。渐渐地,被黏液包裹的沙粒越来越像贝的一部分,它的存在不再让贝痛苦。

日子一天天过去。有一天,一位渔人把贝带到岸上,当他打开贝壳的时候,被眼前的场景惊呆了,一粒光彩夺目的大珍珠静静地躺在贝壳里!原来,当初的沙粒在黏液的层层包裹下,变成了珍珠。人们在赞美它光彩夺目的同时,也在思考,什么样的贝才能孕育出这样美丽的珍珠啊?

第 二 粒 沙

一位勇士发誓要排除万难去攀登一座高峰。从良好的身体条件、过人的勇气和毅力来看,他是最佳人选,于是,在众人期待与敬仰的目光中,他出发了。在登山的途中,险峻的山势没能阻止他前行,疲惫、饥饿和寒冷没能使他畏惧,恶劣的气候没能使他退缩,他仍旧朝着自己的目标努力着。

不知何时,他的鞋里落入了一粒沙子。起初,他是有时间将那粒沙子从鞋里倒出来的,但是他并没在意。随着路程的增加,那粒沙子钻进勇士的皮内,勇士越走越觉得磨脚。最后,每走一步都伴随着锥心刺骨的疼痛。勇士终于意识到这粒沙子的危害,把沙子取了出来,但脚已被磨出了血泡,伤口很快感染化脓了。最后,为了保住脚,他别无选择,只好在成功唾手可得的时候遗憾而归。

步骤2:主持人引导思考:

(1) 这个故事让你想到了什么?

(2) 你觉得是贝与你更相似,还是勇士与你更相似?

(3) 生活中,你最近一次遇到的"沙粒"是什么?你是怎样处理的?效果如何?

(4) 你处理"沙粒"的方式会让你成为珠贝还是勇士呢?

(5) 在思考了现实问题之后,简单描述最近一次遇到的"沙粒"和你的处理方式,并请同伴为自己打分。

(6) 你的同伴怎样认为?他们有什么好建议?

(7) 如果同伴的建议值得采纳,你觉得当务之急是做些什么呢?

步骤3:主持人总结:

沙粒如同生活中突然出现的挫折和困难,人人都会遇到。你不能决定"沙粒"什么时候到来,也不可能预测它会对你做些什么,但你能够决定自己用什么样的态度对待它,你的态度决定了将来是望山垂泪还是因"珍珠"而骄傲。

2. 活动点评

(1) 故事补充:可以将两粒沙的结局隐藏,或增加"沙粒的独白",让学生补充,补充出来的答案往往更能反映学生的行为倾向,在引导学生反思的时候更接近学生真实的现实生活。

(2) 故事分析:在分析故事的时候,引导学生思考为何勇士会失败,根本原因是什么;如何像珠贝一样,将痛苦和逆境变成巨大的财富。

(3) 活动拓展:可以让学生从已处理完毕的不愉快事件中找出一件,分析以前处理这件事情的心路历程、得与失,结合所学知识进行总结和评价。

课堂活动6-5　生死对话

1. 活动目的

通过情境练习,体会作为当事人和旁观者的不同心境,在了解当事人需求的前提下,提供相应帮助。

2. 活动步骤

步骤1:导入情境。

(1) 利用最近发生的重大灾难事件导入话题。

(2) 回答问题:生命意味着什么?

(3) 用事实带入话题——灾难不可避免,有的后果比较严重。

步骤2:利用空椅子技术,与死者对话。

(1) 情境引导:你认识的一个人失去了生命,意味着你们之间永远不可能回到从前。也许你还有些话没来得及说,例如感谢、抱歉,也许你想让他知道你的计划……如果世界上有这样一面镜子,可以让你重新看见他,你会对他说什么呢?

(2) 情境布置:两把椅子相对而放,其中一把始终空着,代表失去生命的人,在"死者"的对面放置另一把椅子;在自愿的原则下,随机选择学生扮演不同角色,如扮演"死者"的父母、子女、同学、朋友、老师、知己……

请扮演各种角色的学生轮流坐到"死者"面前,把自己想说的话对着代表"死者"的空椅子说出来。例如:没有机会说出口的遗憾与抱歉,一起度过的快乐时光,死者让人赞赏的品质,死者曾经对自己的关爱与帮助,单纯的震撼与惋惜……

注意:在生者对着"死者"讲述的过程中,其他人不能干扰。

步骤3：每个生命都是顽强的，生命的诞生是打败了成千上万的竞争者才赢得的胜利。

你如此，你的同学如此，你父母朋友都如此。生命从来都既脆弱又顽强。一旦诞生，便跨出了迈向死亡的第一步。只是我们不知道每个生命会在哪里止步、因为什么原因止步。因为意外最擅长"偷袭"，让我们损失惨重，也往往让我们措手不及，还有好多话要说却没有说，悲痛之余的遗憾和内疚折磨着心灵。今天的场景，其实是一个"告别"，不是遗忘，而是通过这个形式，结束遗憾，让生活继续下去。

步骤4：二次倾诉。如果你愿意的话，可以再次坐到空椅子对面，和他聊一聊你对将来生活的看法。（在参与者完成二次倾诉之后，主持人最好上前拥抱每个参与者，给予无声的安慰和鼓励。）

3. 活动点评

在用重大灾难事件导入主题时，多用自然灾难事件，例如唐山大地震、印度洋海啸、汶川地震等，也可适当利用战争题材和恐怖主义事件，但相对来说，战争题材容易造成偏题和歧义，要慎重使用。

在"对话"中，也许会出现沉默现象，不要简单认为这是阻抗，可以将之看作另一种形式的"对话"，主持人可以从表情和动作中做出判断，也可以在对话结束之后，加以询问。

（三）科学管理情绪，增强主观幸福感

幸福是一种主观感受，不同的人有不同的幸福观。乞丐因得到一枚硬币而感到幸福无比，百万富翁虽然腰缠万贯，但未必感到幸福。因此，提升主观幸福感是调节个人生活的一个重要手段。

在诸多影响主观幸福感的因素中，内因是最为重要也是起着根本作用的因素，即大学生的内部归因模式、认知模式对主观幸福感的影响不可忽视。大学生处于人生发展的重要阶段，他们的情绪感知能力较强，但情绪控制能力相对较弱，容易产生消极情绪，影响对生活幸福的体验；同时他们对客观世界有强烈的求知欲和探索欲，正处于人生观、价值观、世界观形成的重要阶段，在此过程中，若没有合适的信息引导，他们就容易走向极端，形成错误的观念和信念，从而导致情绪的极端化，大大削弱主观幸福感。因此有必要通过科学的途径，提升学生的积极情绪，并使其管理好消极情绪。

"情绪ABC理论"认为，情绪困扰产生于我们对事物常有的一些不当看法，A代表诱发性事件，B代表人们针对此事件产生的看法，C代表人们的情绪和行为结果。通常认为，A直接导致了C，有高兴事就喜，有伤心事就悲，这是人之常情。对同一件事，不同的人会有不同的情绪体验。同样被企业裁员，一个人可能伤心欲绝，另一个人则可能一笑置之。为什么会这样呢？因为在A与C之间，B在发挥作用。对客观事物的看法，对人的情绪有决定性的影响。一个人不善于控制情绪，就是因为B的作用发挥得不好。

课堂活动 6-6　心理剧："老太太的忧愁"

1. 活动目的

了解情绪与认知的关系，初步了解"情绪ABC理论"（时间：约10分钟）。

2. 活动步骤

步骤1:事先把"两位老太太的对话"发给两名学生,让他们做好表演心理剧的准备。

步骤2:主持人说明场景,让两名学生表演。

步骤3:两位学生表演完毕后,所有学生讨论,对于同样的情况,为什么从不同的角度思考问题,会带来不一样的情绪?

步骤4:主持人总结情绪和认知有关的概念,介绍艾利斯的"情绪ABC理论"。

老太太的忧愁

老太太1有两个女儿,一个在卖太阳伞,另外一个在卖雨鞋。老太太无论是阴天还是晴天都愁眉不展、唉声叹气的。另外一位邻居老太太2见到这种情况,就主动问其原因。

老太太2:老姐啊,你为什么每天都愁眉不展、唉声叹气的?你有两个女儿,都很孝顺,也都有自己的生意,你生活上应该没有什么烦恼才对啊。

老太太1(愁眉不展,唉声叹气,望着天):你不知道我心里的担忧啊!就因为两个女儿都很好,所以我希望她们每天都能够生意兴隆。但是,你看这天!如果是晴天,卖太阳伞的女儿生意就会比较好,但是卖雨鞋的女儿门庭冷落;而雨天则刚好相反。所以我每天望着天,不知该盼望它是晴天好还是雨天好,所以我每天都很担忧啊,唉!

老太太2:哦,原来是这样子啊,呵呵,你为什么要愁呢?你为什么不换个角度想想呢?如果是晴天,那你应该感到高兴,因为卖太阳伞的女儿生意会很红火;如果是雨天,那你也应该开心,因为你的另一个女儿生意会很好。

老太太1(深思,若有所悟):对哦,我怎么没想到呢,好,以后不会担忧了。

课堂活动6-7 情绪遥控器

1. 活动目的

让学生觉察自己常见的消极情绪,帮助学生进行理性情绪自助训练,认识自己和他人的非理性观念,并寻找替代性的合理认知。

2. 活动材料

"情绪遥控器"练习表(见表6-2)。

3. 活动步骤

步骤1:让学生分组围圈而坐,教师下发"情绪遥控器"练习表,让学生填写练习表的前三栏:在"烦恼的事"一栏最多写出三件最近比较困扰自己的事情;在"情绪脸谱"一栏针对每件事,画出相应的表情,表示这件事情引起的情绪;在"我思我想"一栏针对每件事,挖掘情绪背后的认知,写出对这种情绪的看法。

步骤2:学生都写好后,在小组内交流;主要依照填写的内容,讲讲最近都有什么烦心事,所引起的情绪是怎样的,情绪背后的想法是什么。

步骤3:每个学生在自己的练习表上完成"找错误"和"情绪遥控器(找积极的理由)"部分,即寻找自身的非理性观念,并尝试用理性和积极的认知替代。

步骤4:每个学生将自己完成的练习表向左传,同时会接到右边传来的练习表,每个学生帮助其他学生补充后半部分,重点填写"情绪遥控器(找积极的理由)"部分。

步骤5：依此类推。活动过程中,每位学生将为小组中的所有人"找错误"和寻找合理认知。

步骤6：分享体会和感受。注意：这个活动一方面可以发挥团体的力量,让每个学生的问题获得多个解决方法,另一方面又让学生实践了理性情绪自助训练,练习发现非理性观念,并尝试寻找合理观念来替代。

表6-2 "情绪遥控器"练习表

烦恼的事	情绪脸谱	我思我想	找错误	情绪遥控器(找积极的理由)	目标
例：没钱		别人都看不起我	"都"太泛化和绝对	金钱不是友谊的基础,没钱的时候刚好能鉴别谁是真朋友	

课堂活动6-8 动作影响情绪

1. 活动目的

学会运用肢体动作改变情绪状态(时间：约10分钟)。

2. 活动步骤

步骤1：请大家全体起立,然后坐下;再次请大家全体起立,不过这次的速度要比刚才快10倍,然后坐下;第三次要求比第二次再快10倍。

步骤2：问大家是否有一种振奋的情绪。

步骤3：请大家抬头看天花板,张开嘴巴大笑三声,保持现在的样子,张开嘴巴,看着天花板,然后要求大家想一件人生中最悲伤的事情(这时,人是很难体会到那种痛苦的,因为人的身体此时处于亢奋状态)。

步骤4：持续15秒,然后请大家回到自然状态。

步骤5：主持人将声音放低,要求大家慢慢地把头低下来,请大家回忆令自己特别快乐、特别开心的事情(这个时候人处于一种低沉的状态,很难真正体会到快乐)。

步骤6：持续15秒钟,然后回到自然状态。

步骤7：主持人提问,当你想悲伤的事情时,你当时的体会如何?当你想快乐的事情时,你当时的体会又如何?你是否理解动作影响情绪?如何在生活和工作中用动作来改变情绪?

3. 活动总结

人的身心是互动的,当我们的情绪出现问题时,我们可以用动作来改变我们的情绪、控制我们的情绪。

(四)培养对生活的乐观与希望

一个人选择乐观还是悲观,取决于其解释问题与挫折是采取乐观的归因方式,还是悲观的归因方式。乐观产生健康、康复、精神,而悲观导致相反的结果。我们对不同的情境已经形成了自动化的反应,我们需要有意识地培养自动化反应的习惯,从而形成新的、更有效的方法去解释生活中的事件。西格蒙将归因风格理论融入"ABCDE认知疗法"中,他认为学会乐观最根本的办法就是了解你的ABC,即识别和评估不幸(accident)、信念(belief)和结果

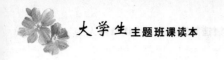

(consequence),然后通过与自己的悲观思想争辩(debate),激发(effort)成功的动力和行为。用ABCDE认知疗法能有针对性地改变悲观思想,并且通过管理自我对话,将自己的态度转向乐观。

研究发现,孩子在校时的学习成绩与其希望水平中等程度相关。这说明希望水平的高低对学生的成绩是有影响的。洛佩兹曾在一所中学开展了一个"希望导航项目",用以提升学生的希望水平。这个项目的做法:一方面让参与项目的学生阅读一些高希望孩子的故事,另外一方面把学生组织成各种"希望伙伴",特别是让具有较高希望水平的孩子与低希望水平的孩子相互结成伙伴,这其实是为了给低希望水平的孩子寻找一个现实的直接榜样,从而使他们能够直接面对高希望。在此过程中,还组织学生参加诸如制定目标、目标定位讨论、寻找实现目标的技能技巧等训练。

课堂活动6-9 还原基本法

1. 活动目的

学会辨别"实际看到的(事实)"和"以为是真实的事物(臆想)"之间的区别。在把握事实的基础上决定处理事情的方式,改变消极、糟糕、阻止积极精神力量发挥的信念,建立新的积极信念,学会区别事实真相和扭曲的认知,练习用事实真相来看待问题。

2. 活动材料

每人一张活动卡,人物照片数张(可以是班上任何人的生活照或明星、广告人物等的照片)。

3. 活动步骤

步骤1:"福尔摩斯"环节。

人们对于将要发生的事情常有各种不同的看法,这就是为什么我们有许多不同的臆想。但是一般都会承认事实,也就是被证明发生过的事情。如果你做决定的时候,相信了那些凭借臆想推测出来的信息,会有什么后果呢?

(1) 观看照片,请参与者描述,并记录描述内容。

(2) 分析刚才的描述中,有哪些是事实,有哪些是臆想。

步骤2:阅读《智子疑邻》。

有个人家里的斧子不见了,主人想,一定是被邻居偷了。于是他仔细观察,发现邻居表现不正常,从神态到一举一动,怎么看邻居都像偷了斧子。后来他在自己家里找到了斧子,再看邻居时,怎么看邻居都不像是偷斧子的人了。

提问:

(1) 这个情境中的事实是什么?

(2) 这个情境中的臆想是什么?

(3) 事实和臆想之间的区别是什么?

(4) 事实和臆想会给人带来什么结果?

步骤3:分辨练习。

要分辨事实和臆想有时不困难,因为会有线索词提示。但只有注意听,才能将臆想和事实分辨出来。请把下面的陈述句改写成事实陈述句。

专题六 塑造阳光心态 构建幸福人生

(1) 我的爸爸(妈妈)不喜欢我,即使我用尽全力,也不能使他(她)满意。

(2) 我的老师很聪明,又很有名气,她从不让我忘记这一点,她老让我觉得自己很傻,也许,我真的很傻……

(3) 我小时候和姥姥住在一起,周围都是老人家,因为她从不和年轻人来往,她根本不能理解我。

你也可以运用这样的方法,仔细想想,在你的现实生活中观察到的东西,哪些是事实,哪些是臆想。寻找类似的例子,并把它改成现实陈述的表达方式,这个时候再做决定,相信会恰当得多。

4. 活动点评

在"福尔摩斯"环节中呈现照片时,必须保证学生之间不能交流,在"福尔摩斯"环节可以使用著名的连环漫画广告加强效果。本活动最难的部分是"分辨练习"环节,在这个环节中,主持人要指导学生顺利完成观念和表达方式的转变。

课堂活动6-10 乐观有妙招

1. 活动目的

通过活动,了解学生常用的自我调节方式,并评价是否恰当;让学生明白,每个人快乐和乐观的方式不同,相互借鉴能够发现自己的思维误区和盲点。

2. 活动材料

活动卡(每人一张),妙招卡(每人一张)。

3. 活动步骤

步骤1:阅读故事《对的窗户》。

一个小女孩趴在窗台上,看窗外的人正在埋葬一只可爱的小狗,不禁泪流满面,悲恸不已。她的祖父见状,连忙引她到另一个窗口,让她欣赏他的玫瑰花园,果然,小女孩一扫愁云,内心顿时明朗起来。老人托起孙女的下巴说:"孩子,你开错了窗户。"细细想来,我们的人生之旅不也是常常开错了"窗"吗?

步骤2:自我反思练习。

练习A:回想最近生活中发生的一件令你记忆最深刻的积极事件,如学习成就、家中喜事等;当你清晰回忆这件事的具体细节后,尽最大努力真实回答以下问题,详细描述此事件,包括你在事件前中后的感受、想法、行为,也可包括此事件涉及的他人的感受、想法、行为。

- 哪些可能原因促使了此事件的发生?
- 这些原因中哪些在你的掌控之中?
- 这些处于你掌控之中的因素是如何发挥作用的?
- 你认为哪些因素是你无法控制的?
- 你认为促使此事件发生的外部因素对此事件有多大程度的影响?
- 在你找出的这些外部因素中,是否存在你本来可以控制的因素?如有,该如何控制?
- 对于那些你未控制的因素,为什么你认为自己不需要去控制它们?
- 你认为此事件以后会再次发生吗?

• 在影响此积极事件的因素中,你认为哪些会一直存在且日后能为你所用,哪些只在这次出现?

• 在影响此积极事件的因素中,你认为哪些会在日后其他情境中继续有用,哪些只在与本次情境非常相似的情境中发挥作用?

• 如遇类似情况,你会采取什么不同的做法?

练习B:回想最近生活中发生的一件令你记忆最深刻的消极事件,如考试失败、家中祸事等;当你清晰回忆这件事的具体细节后,尽最大努力真实回答以下问题,详细描述此事件,包括你在事件前中后的感受、想法、行为,也可包括此事件涉及的他人的感受、想法、行为。

• 哪些可能原因导致了此事件的发生?

• 这些原因中哪些在你的掌控之外?

• 这些处于你掌控之外的因素对此事件有多大影响?

• 你认为哪些因素是你自己造成的?

• 你做出了哪些决策和行动来阻止此事件?

• 你认为哪些决策和行动特别有效?

• 你觉得自己犯了哪些错误?

• 你本来可以怎样预防此事件发生?

• 总体来说,在所有影响因素中哪些你可以更好地控制?如果控制得好,结局如何?

• 你认为此事件以后会再次发生吗?

• 在影响此消极事件的因素中,你认为哪些会一直存在,哪些只在这次出现?

• 在影响此消极事件的因素中,你认为哪些会在日后其他情境中继续对你产生消极影响,哪些只会在与本次情境非常相似的情境中出现?

• 如遇类似情况,你会采取什么不同的做法?

步骤3:妙招大收集。

(1)参与者在自己的妙招卡上收集"自我反思练习"环节面对情境的妙招。如考试失败:考试之前未听妈妈劝告吃了好多冰激凌导致发烧腹泻,考试时头昏脑涨,以后在考试之前一定要保持良好的身体状态。

(2)记录和分类。将参与者的乐观妙招记录下来,根据观念改变、生理调节、暗示等进行分类。

(3)使用权衡利弊的方法对各种效果进行讨论。根据学生收集的妙招进行积极的反馈,同时给出建议(主要补充学生没有讲到的一些妙招)。

4.活动点评

(1)与故事《对的窗户》类似的故事有很多,可以请同学讲述类似的故事。

(2)在"自我反思练习"环节,如果主持人有真实的实例或学生愿意提供自己的实例,可以考虑让大家共同反思一个实例。

(3)"妙招大收集"环节实质是"头脑风暴",如果有可能,主持人在记录妙招时就有意识地进行分类,这样能够节省时间。

(4)在权衡利弊的时候,使用列表的形式,这样条理会更加清晰。

专题六 塑造阳光心态 构建幸福人生

课堂活动6-11 希望的主题曲

1. 活动目的

从对"希望"的表述反观参与者对自身状况的不满意程度。通过分析是"对自己的愿望"还是"对他人的愿望",引导参与者理智分析自己的抱怨和不满,学习如何将消极想法转换成积极想法,特别是"主题曲"的转变,很重要。

2. 活动材料

活动卡(每人一张)。

3. 活动步骤

步骤1:我的愿望和目标。

在活动卡上写下目前你的各种愿望和目标,例如:我希望我不感到孤独;我希望我的体重更标准一些;我希望爸爸能够多理解我一些。

步骤2:愿望分类。

看一看你的愿望,把它们按照"对自己的愿望"和"对他人的愿望"分成两类,用不同的颜色或者符号标识。

步骤3:改变自己容易还是改变别人容易?

在平时的生活中,你想的和做的多数是改变自己还是改变别人?成功了吗?

步骤4:主持人引导。

把改变的希望寄托在改变他人上,就如同将开启自身快乐的钥匙交到了他人手上,别人要你喜,你就喜,要你哭,你就哭,你真的愿意这样吗?如果不想这样,你可以怎么做呢?由学生分享。

步骤5:我的主题曲。

改变别人的人,生命中的主题曲是这样唱的:……改变自己的人,生命中的主题曲是这样唱的:……

步骤6:最重要的,不是你按照别人的期望生活,而是按照你自己选择的方式生活。

我们要明白的是,你有选择生活方式的权利,他人同样也有。"钥匙"应掌握在每个人自己的手中,不要把控制权轻易地交出去。当你具有选择和创造自己生活的勇气时,你也将担负起对自己的责任,这样不论成败都能够充实地生活,因为你的生命不是由他人操控的。这一切都需要我们对生活有足够的勇气,以面对我们命运中的未知数。

4. 活动点评

(1)"我的愿望和目标"环节可以嵌入对自我进行"整容"的活动。

(2)"愿望分类"是进行主题曲变更的基础。

(3)在进行"我的主题曲"环节之前也可以加入"你……"和"我……"句式的替换练习。

(五) 创造心流,活在当下

人进入心流状态时,必须投注全部精力,意念完全协调合一,丝毫没有无关的念头或情绪,此刻自我意识已消失不见,但感觉比平日强烈,时间感也有所扭曲,只觉得时光飞逝。一

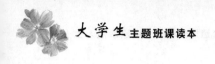

且整个人的身心都发挥到极致,不论做什么事都会价值百倍,而且生活变得有目标。在身心合一、专注的情况下,生命将获得极致的发挥。

处于心流状态下,我们并不会觉得快乐和幸福,因为要体验快乐和幸福,内心必须专注如一,这样又会使注意力脱离手边的工作。如运动员在比赛中若分心感受获奖的快乐与幸福必然出现严重的失误,攀岩者举步维艰时要是分心感受幸福则可能葬身万丈深渊。只有在完成任务之后回顾当时发生的事,才会对这种极佳的体验心生感激,感到快乐和幸福。虽然快乐与幸福不一定来自心流体验,如爱好、运动、电影、社交活动、学习、工作、饮食、美容、家务、电视、闲逛、休闲都能够获得快乐和幸福,但许多消极的快乐需要借助外在环境才能产生,一旦类似的外在环境消失,快乐也立即消失。唯有来自心流体验的快乐才持久,有益于个人意识的拓展与成长。

无论做什么事,能一面乐于其中、一面不断成长,就是最佳状态。所以我们有必要采取一定的措施提升心流体验。

1. 确定清晰的目标

确定清晰的目标,才能持续投入精神力量,获得循序渐进的经验感受。要为自己追求的幸福确立一个目标系列,包括远期、中期、近期目标。按照目标倒推法,像绘制组织结构图一样在远期目标的框架下设立中期目标,再将每个中期目标分解成更多的近期目标。在面对这些目标时,我们不仅需要对自己达到目标的能力充满乐观,而且要将目光放在达到目标前的那些障碍上,除注意到通向目标的障碍外,还要投入更多的精神力量考虑和实施达到每个近期目标的步骤。

2. 即时回馈

行为主义者的研究提示我们,即时回馈能迅速强化个体的行为,而大多数人常将回馈的给予权放在别人身上,所以常常感受不到期望的回馈。事实上,个体自己才是对自己行为能最直接且及时提供回馈的人,所以人们应适当调整对自己行为反馈的期望,以使自己获得更多的心流体验。当然,我们同样也需要来自对我们来说重要的人的积极反馈。

3. 全神贯注,尽全力接受挑战

一个简单的办法是:想象你正在从事一项你最喜爱的活动,全部精力都放在活动中,你要漂亮地完成这个活动,要求你的每个动作、回应完全进入这个活动情境,让自己完全沉浸在这种情境中,陶醉在这种感受中。如滑雪,想象你从山坡上呼啸而下,全神贯注于自己的每个动作、滑板方位、刮过脸颊的逼人寒气,你非常清楚任何疏忽都可能导致失败甚至受伤,在这种全神贯注下,你滑得顺畅无比,真希望自己永远这么滑下去,让自己彻底陶醉在这种感受中。

课堂活动6-12　绝技会演

1. 活动目的

通过每个学生展示自己擅长的智力玩具(或其他技巧型玩具)的玩法,体验和交流心流体验,让学生在生活中有意识地使用这类活动来提升自己的生活品质,并鼓励学生尝试玩其他类型的新玩具,体验更多不同类型活动带来的心流体验。

2. 活动材料

主持人准备自己擅长玩的需要技巧的不同类型的玩具,如魔方、九连环、空竹、溜溜球等3~5件,请学生自带自己擅长玩的一件智力玩具(不限类型,但要求是需要一定技巧才能完成的单人游戏玩具)。

3. 活动步骤

步骤1：主持人统计已将玩具带来教室的学生数量和不同类型玩具的数量，视情况分组。

主持人提示："我们家里有不少的玩具，但只有极少数的玩具深深地吸引着我们，当然除网络游戏外。今天带来的玩具都是大家擅长玩的，每个玩具都需要掌握较高的技巧才算真正会玩。首先我们要组织一场绝技会演，不过在会演之前先要进行一个选拔赛，请各组每个同学在自己组内向其他组员介绍自己的玩具以及所需的技巧，然后向其他组员表演自己的绝技。"

步骤2：学生分组在组内完成各自的绝技说明和绝技表演，待都完成后，主持人请各组成员谈自己在组内表演绝技的感受，与全班同学交流；主持人引导学生仔细体味刚才表演绝技时的那种感受，并尝试描述给同学听，然后谈谈自己生活中哪些时候最想表演这种绝技，以及为什么这种绝技让自己感觉更好。

步骤3：每组选一个学生为全班同学表演，并请观察的学生尝试学习表演者的绝技；请学习者为全班表演刚学习的新绝技，并谈谈自己表演新绝技的感受。

4. 主持人总结

每个人都有自己擅长的东西，这就是你们的绝技。在自己擅长的活动中，每个人都会被深深地吸引，全神贯注地投入。新绝技的学习也让一些同学感受到了这点，这种感觉似乎很容易产生啊！只要我们在活动中投入精力，相信这种感觉就会越来越多地产生于我们的生活和学习中，这就是心流，心流越多，我们的生命就越流畅，我们就越能够感受到自己的力量。

(六) 培养感恩与宽恕之心

1. 培养感恩之心

根据感恩的结构，首先，从态度上，让学生意识到别人对自己的爱和付出，通过讲故事、小游戏等容易让学生理解和接受的方式，让学生意识到父母的养育之恩、师长的教导之恩、为我们提供稳定和美好生活的祖国之恩等。其次，推荐、引导学生阅读有关亲情、感恩等内容的作品，这样做所带来的效果往往胜过老师空洞的说教。最后，把内心的感恩付诸行动，引导学生从每一件小事上来表达对父母的感恩，比如，在学校里好好学习，少让父母操心；在家里帮助父母做些力所能及的事情。

2. 培养宽恕之心

著名教育家苏霍姆林斯基有句名言："有时宽容引起的道德震动，比惩罚更强烈。"教育是对生命个体的尊重与唤醒，是对人内在潜质的开发与拓展，它应该让孩子像野草一样自由生长。这种生长，需要一种平和的心境、一种智慧的胸襟、一种独特的魅力，即宽容。首先，要让学生认识到"人无完人"这一事实，学会容忍他人的缺点和错误；其次，引导学生换位思考，站在对方的位置思考，设身处地地为对方着想，这样生活中的许多矛盾就都容易化解了；再次，重视解决问题的意识，而不是使问题激化，鼓励学生独辟蹊径地解决问题，以创造性的方法解决问题，可以让学生在平时留意自己有创意的解决问题的方式，并固定时间进行分享和讨论；最后，鼓励学生多与人交往，与人为善，在交往中学会沟通，通过沟通解决矛盾。

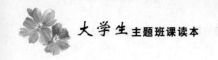

课堂活动6-13 成长的代价

1. 活动目的

引导学生以感恩的心回报父母,拥有积极向上的人生态度;感受自己成长过程中父母付出的心血和努力,学会从点滴开始,回报亲情。

2. 活动材料

空白卡片100张,感恩存折人手1张,嘉奖令及荣誉证书若干。

3. 活动步骤

步骤1:课前,将学生分成五组左右。

步骤2:成长的代价。

主持人发给每组同学一些空白的卡片,要求每组同学集体讨论,计算出自己成长所需要的成本,并一一写在卡片上。例如:奶粉和纸尿裤的费用,不断更新的玩具、衣物,父母的细心照料,上幼儿园天天接送,父母每天精心准备的早点和晚餐,日益增加的零花钱,上各种辅导班、特长班的费用,父母省吃俭用为你买的电脑或手机,父母日渐衰老的面容等。

步骤3:我成长的代价。

主持人鼓励各组汇报讨论结果,注意引导学生不仅仅看到成长过程中父母付出的金钱,更应该看到他们付出的心血。

步骤4:比一比。

各组将本组的成长卡片贴在黑板上,比一比哪一组同学想到的成长代价最大,用心感受父母给予我们的爱。

步骤5:主持人总结。

父母在我们的成长中付出了很大的代价,不仅仅是金钱,还有青春、健康,我们是父母爱的结晶、爱心培育的"作品",正是他们的精心呵护,让我们的生命如此健康、美丽。

步骤6:阅读故事《妈妈和七个女儿的故事》。

从前有位母亲,她有七个女儿。有一次,母亲有事到一位远房亲戚家住了一个星期才回家。当母亲走进家门时,女儿们十分亲热地围了上来。大女儿说:"我思念您,就像种子盼望阳光一样。"二女儿说:"我等您,就像干旱的土地盼望甘霖一样。"老三说:"我想您都想哭了,就像幼小的雏鹰想念老鹰一样。"四女儿抢着说:"没有您我非常痛苦,就像蜜蜂没有花儿一样。"老五低声说:"我梦见了您,就像玫瑰花梦见露珠一样。""我望眼欲穿地张望您,就像夜莺张望樱桃园一般。"六女儿说道。只有小女儿什么也没说,她为母亲脱下靴子,并为她端来一盆洗脚水。

思考:故事中的女儿们是怎样表达对妈妈的爱的?谁的做法最可贵?

主持人总结:对父母的感激,并不一定要用言语来表达,有时候实际行动更重要。

步骤7:感谢你,我最爱的人。

学生讨论:假设你的父母就站在你的面前,你想对他们说些什么?你能够以怎样的实际行动回报父母的养育之恩?

主持人总结:因为爱,世界从未孤独。感恩不在时间,不是等到父亲节才记起父亲最爱的茶叶,不是等到母亲节才送上一枝鲜花,不是到了感恩节才明白,有些事我需要去感恩。感恩不在形式,一张证书、一次聊天、饭后的散步、一个电话、一个拥抱、分担一些家务、多些节约少些浪费……哪怕只是一个健康、活泼、孝顺的你,都足以让父母感到快乐。

步骤8:感恩存折。

设计一份"感恩存折",学生帮助父母做了力所能及的事,就可以让父母记录在"感恩存折"上。"感恩存折"记满之后学生就可以拿到学校换取一张"嘉奖令",集满五张"嘉奖令"就可以获得"家庭礼仪小标兵"一星级荣誉称号并获得荣誉证书。

专题七
网络如山勤思为径
信息似海安全作舟

21世纪是一个充满竞争的时代,我国正处于大数据时代下的变革时期,社会已经进入以互联网为标志的信息时代,互联网以丰富的内容、广阔的视野、便捷的方式,呈现给人们一个美妙而又精彩的世界,互联网已经成为当代人们不可或缺、不可替代的实用工具。有了互联网,我们可以查阅资料、增长知识、浏览国内外大事,开阔视野。互联网的使用可以说已经改变了整个世界的沟通格局,在教育领域也产生了新时代下的"化学反应"。网络对于教育事业来说是一把"双刃剑",若使用不当,则会给学生带来诸多不良的影响,造成严重的后果。因此,我们要引导学生养成健康上网、文明上网的网络使用习惯,让网络成为学生成长成才的助手,而不是扼杀其前途的"毒瘤"。

教学目标

通过学习,使学生对网络的利弊有较为全面的了解和认识,引导新时代大学生主动养成良好的网络使用习惯,提升网络安全意识。

教学重点

(1)对当前的网络环境进行较为详尽的介绍,帮助学生深化对网络环境的认识。

(2)引导学生正确使用网络,共同营造"绿色上网、文明上网"的网络环境。

(3)提升学生的网络安全意识。

一、网络是一把锋利的双刃剑

随着信息化进程的不断深入、互联网的迅速发展以及全球一体化进程的推进,网络这一人类伟大的发明正在对人们学习、工作、生活的方方面面产生重大的影响。高校是网络应用和发展的前沿,大学生接触网络的机会远远多于社会其他人群。网络给大学生的生活和学习带来了极大的便利,给大学生活带来了广泛的乐趣,大学生可以在网络世界中享受科技文明所带来的前所未有的便利和快乐。作为科学技术的"双刃剑",网络的负面影响不容忽视。它给人们带来了方便,同时它的安全隐患日渐凸显,黑客对网络的攻击,计算机病毒对互联网的威胁,犯罪分子借助互联网进行的高科技犯罪,反动、暴力、非法和欺诈性信息在网上的泛滥,计算机信息的窃取、改变、伪造,以及网络诈骗、网络诚信缺失等问题严重影响了人们的安全。

作为高端知识人才,大学生的网络素养和防范意识不仅仅关系到个人的成长,更关乎社会的稳定。但部分大学生的网络安全意识淡薄、防范意识不足,导致他们不能很好地应对网络突发事件,使得高校网络安全事件频发。目前,网络安全教育已经成为高校学生安全管理的重要组成部分。

二、大学生网络安全问题

(一)网络失范

网络失范,也可称为网络道德失范。首先就"失范"一词而言,字面上的意思就是失去规范,不能够严格地要求自己。在学术界,"失范"被社会学家杜尔克姆定义为,因缺乏社会规范或者社会规范变化多端而导致无法正常指导社会发展的一种混乱情境。道德失范,相应地就是社会中基本道德的缺失和不健全,导致道德调节自身的功能弱化,使个体出现无法依据道德规章制度行事,从而导致道德失常的一种状态。网络道德失范则指的是,因为网络社会中基本道德规范不能有效运行,人们的网络行为违背网络社会的行为规范,致使网络社会陷入混乱。网络作为一个相对虚拟的信息平台,一些抵制力、意志力薄弱或者道德操守标准相对较低的高校学生,容易在网络中做出有违网络文明要求的网络失范行为。

但是这里要注意一点,网络道德失范并非意味着网络里的所有人,都存在失范的行为,它是由网络中的一些个体做出的一类特殊行为,并通过各种各样的表现方式呈现在网络世界里。但是由于网络传播范围广、传播速度快,即便只是小部分的个体做出的行为失范,也会在网络社会里造成极大的影响,甚至还有人跟风失范,以至于对社会生产和人们的生活都造成严重的影响。

网络已经成为目前世界里不可分割的一部分,网络社会也时时刻刻影响着现实社会的运行和发展。大学生作为我国培养的高层次人才,应该拥有健全的道德品格和良好的道德修养。但是现实中,大学生作为网络的重要参与者,深受网络失范现象的影响,现实中存在着大量的大学生网络失范事件。

当前高校学生网络失范的原因主要有以下几个。

1. 道德认知不够清晰

随着经济全球化的进程不断推进,生活国际化的步伐不断加快,"地球村"的构想在新媒体连接下逐渐实现,不同国家、地区人民的距离不断拉近,极大地推动了世界各国在思想、文化、经济等各个方面的交流互鉴与友好往来。网络为大学生道德教育提供了新的内容、环境、平台,同时网络环境下多元文化的传播与道德观念的汇集交织,致使大学生的道德认知受到了干扰和影响。大学生处在一个心智尚未完全成熟的阶段,自控能力较差,信息辨别能力不强,网络虚拟环境下每天所包含的信息内容是丰富且复杂的,西方思潮的不断冲击,以及一些"黄赌毒"等不良信息,严重干扰了大学生的道德认知。部分大学生因为受到这些思想和文化的长期影响,而出现了道德认知水平的弱化。

2. 无法有效甄别各类信息

网络环境下大学生每天都处在一种信息接收与传递的状态,这些信息中大部分是积极向上、传递正能量、弘扬主旋律的,但是还存在一些虚假信息、垃圾信息、淫秽色情信息,这些信息极具诱惑性且外表十分华丽,它们如同糖衣炮弹一般侵蚀着大学生的思想,对大学生产生了不良影响。网络环境中大学生面对各种信息时总是保持着强烈的好奇心和探索欲,在鱼龙混杂的新媒体环境里,他们每天自觉或不自觉地浏览着各种信息。及时关注和掌握各种最新消息,是新媒体环境下大学生融入社会的重要渠道和方式,对每天涌来的海量信息的甄别是大学生必须具备的能力,也是当前网络环境下大学生应该掌握的一项技能。而实际情况是,有一部分的高校学生在面对明知有害的信息时,因抵制不住诱惑而选择了认同此类消息并参与相应的行为中,产生了道德失范行为。网络就像一个大熔炉,这个大熔炉里的信息良莠不齐,健康信息、积极信息、虚假信息、诈骗信息、色情信息并存,道德意志薄弱、自我抵制能力较差的大学生容易被不良信息的华丽外表迷惑,加上一些利益诱惑,容易彻底沦陷进去。长期接触这些不良信息,对大学生身心健康和个人发展都是十分不利的。

3. 信仰缺失

大学阶段是高校学生世界观、人生观、价值观发展并逐渐成熟的关键阶段,不能忽视的是有一部分学生对道德信仰问题感到十分迷茫。道德信仰追求的是善,是一种坚定的信仰。我国坚持以社会主义核心价值观为共识重塑道德信仰,这是我国大学生应有的道德信仰,应该成为大学生日常生活价值判断的标准。然而网络环境下,大学生面临外来文化、多元思潮的影响,西方推崇的个人主义、自由主义等多元价值标准对大学生产生了较大影响,是造成大学生道德选择困惑和出现道德信仰迷茫的重要原因。

2014年5月4日,习近平总书记在北京大学师生座谈会上指出:"青年的价值取向决定了未来整个社会的价值取向,而青年又处在价值观形成和确立的时期,抓好这一时期的价值观养成十分重要。"在这个思想和价值多元化的时代里,大学生应该坚持对社会主义核心价值观的笃行,守住最基本的道德规范,避免陷入道德认知危机中。

4. 道德意志不够坚定

道德意志是指人们在完成道德义务过程中所表现出的实践精神,这种实践精神包括了坚定道德信仰、克服困难、抵御外界诱惑等。网络时代的到来丰富了大学生的日常生活,同时新媒体虚拟世界中的娱乐特别是网络游戏,致使部分意志薄弱的大学生沉迷其中,沦为网络的"奴隶",那些长期沉迷网络游戏、沉迷观看网络视频、沉迷浏览各种垃圾信息的大学生,容易出现精神空虚和身体素质下降等问题。

(二)网络成瘾

在当今大数据时代下,网络与教育事业是密不可分的。从学校教育来看,我国正从传统式教育逐渐转型,教育改革正朝着新时代逐步发展,由传统的课堂式教育,逐渐引入网络教育、远程教育,甚至开启了世界性的高校联合办学新思路;从学生的学习方式来看,从传统的研读教材、学校图书馆借阅学习资料,到当今逐渐兴起的网络数字化图书馆、网络学习平台、网络学习资料下载,甚至可借阅到世界各地不同学科不同专业的学习资料;从教育管理来看,学校管理从传统的上下级领导分层管理,到当今辅助的网络自动化管理,通过网络大数据收集学生与教职人员的个人身份信息,并组建学校统一的网络管理平台。

网络时代造就了更新、更快、更科技的年代,其优势不言而喻。网络普及之后,带给我们的是无限的便利和数据爆炸带来的信息财富,网络让我们"睁眼看世界",让我们的学习不限量,以其价值最大化来满足人们工作、学习和生活所需。"学习"这件事再也不是老师与学生之间两点一线的关系,而是打开了教育领域国际化的大门,"学习"不再有阻碍,不受学校选课的限制,甚至变得没有国界,也增加了学生的主动性和自主学习的兴趣。但网络在发展的过程中表现出了许多问题,仅对各大高校学生来说,网络除了能够丰富生活、改变学习途径、增加学习资源、开阔学生眼界,使得各领域学术得以交流,碰撞出知识的火花,使学习变得容易、轻松、有趣味外,也导致部分大学生利用网络的便利条件沉迷于学习以外的事情,例如,沉迷于网络的虚拟世界,旷课,逃课。沉迷网络导致学生养成不健康的生活习惯,不吃不喝不睡觉,长此以往就会影响学习成绩,造成心理不健康,这些情况在心理学上称为"网络综合征",这种"网络海洛因"使部分学生成了学校、社会的问题青年,给他们的家庭带来严重的创伤,严重阻碍了学生的健康发展。

1994年,美国心理学家金伯利首先提出了网络成瘾的概念。网络成瘾(internet addiction disorder,IAD),又称网络成瘾综合征,临床上指患者对互联网过度依赖而导致的一种心理异常症状以及伴随的一种生理性不适。有学者认为,网络成瘾是由于重复地使用网络而导致的一种慢性或周期性的着迷状态,并且带来难以抗拒的再度使用的欲望,同时,对上网带来的快感一直存有生理及心理依赖。也就是说,因为网络的许多特质带给使用者快感,而这些愉悦的体验很容易重复获得,使用者便在享受这些快感时渐渐失去了时间感,一方面逐渐对网络产生依赖,另一方面沉迷和上瘾。简而言之,网络成瘾属于过度使用网络导致的一种精神行为障碍,分为网络游戏成瘾、网络色情成瘾、网络关系成瘾、网络信息成瘾、网络交易成瘾。

最初,大众对网络成瘾问题的关注多集中于青少年,由于过度依赖和沉迷网络而引发的逃学、犯罪、自杀等现象屡见于媒体报道。2008年11月,原北京军区总医院制定出《网络成瘾临床诊断标准》,并通过专家论证,为网络成瘾的预防、诊断、治疗及进一步研究提供了依据。网络成瘾也由此作为正式界定的疾病种类被纳入了临床诊断体系。根据《网络成瘾临床诊断标准》,网络成瘾的病程标准为平均每日连续上网达到或超过六小时,且符合症状标准已达到或超过三个月。网络成瘾的判定依据包括:①对网络的使用有强烈的渴求或冲动感。②减少或停止上网时会出现周身不适、烦躁、易激怒、注意力不集中、睡眠障碍等戒断反应,上述戒断反应可通过使用其他类似的电子媒介,如电视、掌上游戏机等来缓解。③下述五条至少符合一条:为达到满足感而不断增加使用网络的时间和投入的程度;使用网络的开始、结束及持续时间难以控制,经多次努力后均未成功;固执使用网络而不顾其明显的危害性后果,即使知道网络使用的危害仍难以停止;因使用网络而减少或放弃了其他的兴趣、娱乐或社交活动;将使用网络作为一种逃避问题或缓解不良情绪的途径。

网络的匿名性、廉价、简易操作、参与互动、娱乐性等对年轻人来说有着致命的诱惑力,网络可以说是年轻人所追求的"乐土"。越来越多的大学生因沉溺于网络而患上了网络成瘾综合征,他们整天沉迷于网络虚拟的世界中。然而,过度使用和依赖网络无疑有损大学生的身心健康,荒废其学业,使其精神萎靡,过度消费自己的生命,辜负学校和家长对他们的期待。同时,沉溺网络世界更是让大学生错过了完成社会化与塑造健康人格的关键时期。蹉跎的光阴一去不复返,网络消耗的是对未来的期望,磨灭的是个人的意志,阻挡的是实现价值的脚步,丢失的是承担社会责任的勇气和担当。因此,当代大学生应理性看待网络,认识到过度使用和依赖网络对身心健康造成的严重伤害。

案例分析7-1 15岁孩子沉迷网络游戏脾气暴躁

李维(化名)今年刚满15岁,3年前,他第一次被同学带进网吧,从那时起,他开始沉迷于英雄联盟、穿越火线等各种网络游戏,游戏以外的事情,他都毫无兴趣。

刚进初中时,李维的学习成绩在班上属中等水平,沉迷网络游戏后,他一有时间就上网,学习成绩直线下降,每次考试都是倒数第一、二名。慢慢地,父母发现李维的脾气也变了,要么不说话,要么大发雷霆;在学校里,他与同学不再有任何交往,一旦同学和他有亲密的动作,他便大发雷霆,甚至动手打人。

去年,李维有几次在外面网吧通宵打游戏,回来后,对母亲的关心置之不理。今年上半年他休学在家,最疯狂的时候可以连续几天不洗脸不吃饭,每天玩累了就睡觉,醒来了就继续玩。父母一控制李维的上网时间,他就会失去理智,对父母拳脚相向。

(三)网络受骗

网络诈骗是指以非法占有为目的,利用互联网,采用虚拟事实或者隐瞒事实真相的方法,骗取一定数额的公私财物的行为。随着大学生网络使用的普及,网络诈骗在校园中的发生率有不断上升的趋势。因此,为了免受伤害,大学生在日常网络使用中要提高警惕,避免成为犯罪分子网络诈骗的受害者。

大学生在使用网络的过程中,由于安全防范意识薄弱,常常成为网络诈骗的受害者。大学生网络受骗主要在以下几个方面表现比较突出。

1. 网络聊天受骗

犯罪分子利用网络平台,在上网聊天时寻找目标实施诈骗、抢劫、强奸等犯罪活动。大学生的防范意识不强,在聊天过程中,常常会泄露大量的个人信息,成为犯罪分子的目标,关于大学生因网络聊天而受骗的案例也屡见不鲜。

2. 阅读信息受骗

国内外敌对势力利用网络的开放性,在网络上刊载大量具有反动性、煽动性和低级庸俗的内容,通过网络大量宣传西方腐朽文化和思想等。大学生由于生理、心理等因素,世界观、人生观和价值观尚处于发展期,可塑性强,容易受到外界社会思想的冲击。如果大学生在网上长期得不到先进思想文化的正确引导,长期受西方文化影响和不良思想的侵害,就会因丧失正确的世界观、人生观和价值观而误入歧途。

3. 网络交易受骗

近年来网络购物发展迅速,已经成为大学生购物的一种潮流性选择,大学生也占据了网络消费群体中的很大比例。但是,由于对计算机和网络缺乏了解,很多大学生对于网络购物的安全知识了解甚少。在网络购物过程中,一些学生被骗,泄露自己的个人信息,从而造成财物的损失。网络交易诈骗的主要方式具有多样性,且具有一定的迷惑性,大致可分为传销类、购物类、色情类、中奖类等。

4. 网络贷款受骗

网络贷款也称网络借贷,是指在网上交易平台办理个人质押贷款业务,借入者和借出者均可利用网络平台实现借贷的在线交易。近年来,不良网贷事件频发,有不法分子借助校园贷款平台招募大学生作为校园代理,并要求发展学生下线进行逐级敛财,此为"传销贷";有些不法分子利用大学生的求职心理,以贷款购物刷单获取佣金名义进行新型诈骗,此为"刷单贷";还有些不法分子打着金融创新旗号的"培训贷",实为"校园贷"的新变种,专门坑骗涉世未深的大学生;更有甚者,不法债主通过要挟借贷者以裸照或不雅视频作为贷款抵押证据,进行"裸贷"。

2017年上半年,教育部、银保监会、人力资源部联合印发了规范校园贷款管理的文件,这个文件明确要求取缔校园贷款这个业务,任何网络贷款机构都不允许向在校大学生发放贷款。

案例分析7-2 校园贷典型案例

- 2016年上半年,南京陈同学受诱惑驱使从事"刷单"购手机,不料在成功分期购买手机后,实际使用方拒不分期付款并消失。
- 2016年11月,福建漳州大二学生因参与不良校园网贷欠下百万元债务跑路。

• 2017年2月,吉林破获涉150余大学生传销式敛财类校园贷诈骗案,主人公小郑以兼职代理身份发展下线并进行逐级提成。

• 2017年3月,福建某大学生通过校园贷小广告借款800元,不料在利滚利的情况下背负的债务近20万元。

• 2017年4月,广州某教育机构以"培训课程费"为由诱骗大学生参加"即分期"贷款,致使270名学生惨遭诓骗。

(四)网络犯罪

网络犯罪是指以计算机设备及互联网为犯罪工具,侵害他人的行为。在多数情况下,大学生是网络犯罪的受害者,但不可否认,当前也有部分大学生主动或被动地成为网络犯罪的实施者。当前,存在于我国高校中的网络犯罪行为大致可分为以下几种形式。

1. 制造或传播计算机病毒,对他人计算机端口实施黑客攻击行为

近几年,大学生危害计算机网络信息安全的案件有所增加,社会危害性大,危害结果难以预料。大学生实施危害计算机网络信息安全的犯罪主要有两种形态:一是未经许可非法入侵计算机信息系统进行破坏,使其无法正常运行,这就是通常所说的黑客行为;二是制造并传播计算机病毒。计算机病毒具有潜伏性、隐蔽性、可激发性和传染性,通过网络可以不特定地传播,对计算机网络信息安全危害巨大,轻则造成数据丢失、局部功能损坏,重则造成计算机系统瘫痪,甚至造成局部或区域性信息网络的瘫痪。

2. 利用网络窃取账号、个人信息等相关资料

网络本身不可避免地存在一些缺陷和漏洞,这为网络犯罪提供了可乘之机。有的大学生窃取他人的网上账号,用他人的网上账号进行网上充值、网上购物等个人消费活动;有的大学生为了个人利益,不顾后果,利用网络窃取他人隐私信息并售卖。

3. 利用计算机网络制作、复制、传播、贩卖淫秽色情物品

此类大学生网络犯罪案件在近几年增长速度较快,并由以尝试为主逐渐向以牟利为主转变。有的大学生在网络上建立色情网站或制作色情网页,在网上制作、复制、传播、贩卖淫秽色情电影、表演、动画等视频文件、音频文件,以及淫秽图片、电子书刊、文章、短信等。

4. 利用网络散布反动言论

网络信息量巨大,传输快捷,但内容良莠不齐,一些腐朽没落的思想文化混杂其中。大学生思想活跃、富有朝气,但世界观、人生观和价值观尚未完全成熟,对网络信息文化的判断能力较弱,易受某些反动政治观点的影响。有的大学生在不经意间成为反动言论的传播者;有的大学生由于不能正确看待社会经济发展中存在的一些矛盾和问题,对学校、社会或者他人产生不满情绪,在网上进行反动宣传活动;此外,有极少数大学生由于加入了某些非法团体,利用网络进行煽动颠覆国家政权、推翻社会主义制度等违法犯罪活动。

案例分析7-3 网络犯罪典型案例
江苏徐州"神马"网络盗窃案

2014年3月19日,江苏徐州警方联合腾讯雷霆行动成功捣毁了一个以"下订单"为名,通过向多个网店店主的手机植入木马、拦截网银短信进行网络盗窃的犯罪团伙,在14省抓获涉案犯罪嫌疑人37名,瓦解了一个完整的"写马—免杀—种马—洗

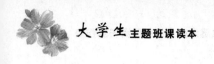

钱—分赃"黑产犯罪链条。该案受害人达261名,涉案金额2000余万元。

广州"1101-黑客"银行卡盗窃案

2014年5月,广州警方成功破获了一起利用黑客技术对银行卡实施盗窃的特大案件,抓获犯罪嫌疑人11名。经调查,该团伙通过网络入侵的手段盗取多个网站的数据库,并将得到的数据在其他网站上尝试登录,经过大量冲撞比对后非法获得公民个人信息和银行卡资料数百万条,最后通过出售信息、网上盗窃等犯罪方式,非法获利1400余万元。

浙江湖州"5·15"诈骗短信案

2014年5月,浙江湖州警方摧毁了一个群发诈骗短信的犯罪团伙,抓获犯罪嫌疑人18名。经调查,自2012年以来,该团伙由组织者联系诈骗上家人员接收群发诈骗短信业务,再用电话、网络等渠道将任务派单给下家,由下家通过群发器、SIM卡和电脑等设备,累计群发中奖等网络诈骗短信上亿条,非法获利300余万元。

三、发挥主观能动性,提高网络安全意识

(一)培养网络道德意识

当代大学生大多是独生子女,自小受到良好的家庭保护,较少接触社会,虽基本上都已成年,但社会意识不够,加上大学生正处于身体心理上的发展成熟阶段,而网络空间又是一种相对虚拟的空间,使得高校学生容易被诱惑而误入歧途。因此,高校学生要自觉培养良好的网络道德意识,明确是非观念,进行自我认识。

1. 提升知辨能力,树立正确的价值观

大学生要提高道德认知水平。道德认知是人们对社会道德现象、道德规范及其执行意义的认识,反映人们对是非、善恶、美丑的认识和评价。大学生要提升网络道德水平,就要有正确的认识,提高道德认知水平才能有效判断网络活动是否存在道德失范行为,哪些网络行为是不应该盲目模仿的。道德认知是形成思想品德的基础,在我国,大学生要不断深化学习贯彻社会主义核心价值观,严格按照社会主义核心价值观的标准要求自己,明确网络交往的道德规范,从本质上提升自己的道德认识。同时,大学生不应因为网络环境的相对虚拟性和隐私性,而降低和改变自己的道德标准和道德行为规范。

大学生要提高科学文化知识水平。提高科学文化知识水平意味着大学生要通过学习科学文化知识来丰富自己的知识储备,只有这样,在遇到不良信息和不道德行为时才可以用科学的手段和方法辨认出,才能用科学的眼光判断出不真实和不科学的因素,从自我做起,切断虚假信息传播的途径,不迷信,不封建,摆脱不良诱惑,并通过自己的努力对他人起到警示作用,帮助身边的人不受侵害。

2. 不断提高自律水平,提升防范能力

大学生应培养自我警示能力(简称"自警能力")。培养自我警示能力,意味着大学生在进行网络活动时要时刻警示自己,避免出现网络道德失范行为。自我警示是自我教育的重要途径,大学生可以通过设立座右铭、加强意志力锻炼、增强责任意识来提升自我警示能力,帮助自己自觉遵守网络道德规范和网络法律法规,自觉地将外在的网络道德规范内化为自

己的自觉行动,更好地约束自己不道德、不文明的网络行为,做到"从心所欲"而又"不逾矩"。

大学生应增强自律意识。增强自律意识,意味着大学生在进行网络活动时要有严格约束自己行为的意识。也就是说,大学生要提高自我控制能力,洁身自好,在没有社会和他人监督的情况下,仍然能保持清醒,自觉遵守网络道德规范,严格遵守网络秩序,按照正确的伦理准则行事,使自己远离网络中不良信息的侵扰。

3. 锤炼自我道德意志,培养社会责任感和社会使命感

高校大学生作为我国社会主义事业的建设者和接班人,是未来国家发展的依靠力量、科技进步的中坚力量,必须明确自己担负的责任和使命,不断提高道德义务认识,树立崇高的理想信念,有意识地培育自己抵制外界诱惑、明辨是非的能力,以此来提高自我要求,增强法律道德意识,做到独善其身。

(二) 防范网络成瘾

大学生自我素养的提高是网络依赖干预对策最重要的方面,只有立足于"内因",其他一切措施才会起作用,因此应当注重大学生自我素养的提高。学生个人在高校教育管理下,不仅要增长科学文化知识,更要加强自我认知、自我约束能力的提高,为将来平稳地走向社会打下坚实的基础。

1. 增强自我约束能力,自觉规范网络行为

自我约束、立德修身是先贤所推崇的高尚品质。自我约束能力是指自制力、自控力、自律力。自我约束能力在每个人的成长中都起着至关重要的作用,自我约束能力强的人,会自觉提高自我修养,对自身行为和思想进行自我约束、自我监督、自我教育,不断自我完善,从而达到至善、至仁、至诚、至道、至德、至贤,实现自我价值。摆脱网络依赖,学生应从日常学习和生活中的点滴做起,在周围同学和老师的监督下,逐渐增强自我约束能力,将注意力集中在学习和其他有益身心健康发展的方面,从而达到自觉规范自身网络行为的效果。

2. 培养健康兴趣爱好,积极参与集体活动,提高社交能力

一个人拥有健康的兴趣爱好是其养成高尚品质的一个积极因素。大学期间学业比较轻松、压力比较小,因此大学生可以利用空闲时间发展和培养其他方面,如音乐、美术、舞蹈等方面的兴趣。兴趣使人有开阔的思想境界,同时也对人格健康具有重要的促进作用。在发展新兴趣的过程中,大学生不仅可以充分利用空闲时间而避免将空闲时间浪费在玩手机和游戏这样的事情上,还可以锻炼自身的综合能力,扩大交际圈,认识各种有趣的人,由此获得身心的满足和愉悦,从而日益热爱生活,并降低了患心理疾病的风险,也避免了借助网络来麻痹自己空虚的灵魂。除了精神方面的排遣外,大学生还可以加强身体健康方面的兴趣。

集体活动中,为了实现一个或大或小的目标,全体成员出谋划策、共同合作,这是一个互相交流、互相配合,自我价值和集体价值得以共同实现的过程,无形中提高了参与成员的协作能力、社交能力、沟通能力等。有网络依赖行为的学生积极参与集体活动,融入集体,建立自己的社交圈,有利于形成开朗健康的性格,变得乐于与人交流,提高社交能力,不断进步,从而脱离网络。

3. 确立人生目标,做好职业生涯规划

在大学阶段,每个学生都应该思考关于未来的问题。首先第一步就是想清楚自己的目标。人生目标是一个人对自己人生各个方面的计划和设想,以期实现一定的人生价值。确

立人生目标,会对大学生产生激励力量,促使大学生制定学业规划,从而努力提高自身各方面的素质。很多大学生之所以迷茫、困惑,是因为他们没有自己的目标,有目标却缺乏行动。因此在大学阶段,一定要制定一个适合自己的目标,除此之外,还要给自己制定一份职业生涯规划书,用于指导自己的大学生涯。

在确立目标这个层面,其实是有区分的,作为学生,要学会将目标细化,先给自己一个宏观的人生计划,然后在这个宏观图景中摸索出微观元素,即学会制定一个个小目标。具体来说,大目标可以是未来自己的职业构想;而小目标是实现这个大目标而做的具体事情,比如,学什么专业,培养什么兴趣,掌握哪些技能。为了实现这些小目标,一步步努力,投身实践,才能在大学阶段不断得到提升,在面临毕业的时候,也就不会纠结与迷茫,由于顺利完成了大学的铺垫工作,所以在毕业后能及时投身工作,熟练掌握基本技能。

4. 正确面对压力,提高辨别是非的能力

人生的压力无处不在,而矛盾在一定条件下可以相互转化,正确面对,压力会转化为动力。大学生处在身心发展的特殊时期,面对来自各方面的压力,例如家庭环境的不和谐、学业问题、经济压力、人际关系压力、就业压力等,部分学生会产生不平衡、抑郁等心理问题,容易沉溺在网络世界中寻求安慰。因此,大学生,尤其是有网络依赖行为的学生,应当提高抗压能力,乐观积极地面对压力,遇到问题沉着冷静地解决,从自身出发,强大内心,不断克服自身的缺点和不足,完善自己。同时,大学生应提高辨别是非的能力,不被网络中的虚假信息欺骗,不被反动势力、暴力组织利用。

5. 注重情感交流,寻找现实情感支持

大学是一个人一生中相当关键的时期,这个时期,个体会面临很多复杂的人际关系,且与人交往的一些经验将会为以后的社会交际奠定基础。大学生要懂得与父母时常沟通,经常打电话问候父母,多与父母分享自己的学校趣事,并和父母交流下他们对自己未来的期盼,分享自己的迷茫和困惑,这样不仅可以减轻父母的担忧与牵挂,还可以使自己与父母的关系更亲近,及时获得父母的帮助。大学生在重视亲情的同时还要重视师生情,把老师当作朋友。大学生在遇到问题和困难要懂得向老师求助,与老师商量对策,通过和老师的情感交流,舒缓内心压力和焦躁。大学生还不能忘记朋友和同学,因为彼此年龄相仿,在沟通上更容易产生共鸣,可以共同分享喜怒哀乐,一些难以和家人、老师启齿的困惑可以寻找朋友的帮助。另外,大学生一定不能以旁观的态度对待身边的同学,而是在发现他们有困难或者疑惑时,及时伸出援手,帮助他们走出困境;对身边情绪突然有异常反应的同学,要及时规劝和开导,同时尽可能地帮助他们正确宣泄情绪。

大学生在成长发展过程中,不可避免地会面临很多问题,在这么多问题的困扰,大学生一定要学会自我成长、自我安慰和自我鼓励,而非沉溺于网络虚拟世界、寻求短暂的心理麻痹。拥有健康的心态是赢得美好未来的前提和基础。

(三)提升自我保护意识,预防网络诈骗

当前,网络陷阱越来越多,并且诈骗手段还在不断升级变化之中,犯罪分子纷纷把目光转向了大学生。当代大学生要不断提升防范意识,提高防范网络诈骗的基本能力,使网络骗子无机可乘,陷阱自然就失效了。同时,一旦发现自己可能上当受骗,要立即向公安机关报警,以便及时破案,把损失降到最低。预防网络诈骗的常见方法有以下几种。

1. 关注相关动态

网络的功能日新月异,大学生要经常关注新闻,关注民警的提示,对翻新的犯罪手段有必要的了解,这样才能在面对犯罪分子诱惑的时候,心里有所准备。大学生要多了解有关不当网络传播的事件与案例,思考不当网络传播对自己的学习与生活产生的不良影响,并引以为戒、吸取教训、保持警惕,避免成为不当网络传播的受害者。

2. 勿轻易相信他人

大学生在网上交友、交易、咨询的过程中,要提高警惕,不要因为对方是"网络熟人"或者是"网络当红卖家"就轻易相信对方。大学生交友时要有分寸,涉及经济和个人信息的话题要避开;要仔细鉴别,不要轻易与网友见面。如果不能确定对方的身份就不要深交,没有完全的把握,无论在什么情况下都不要与之见面,即便有把握,也要加以防备,在人多的公共场合或有人陪同的情况下见面。

3. 勿贪图便宜

很多大学生上当受骗的主要原因是贪图便宜。虽然网上的东西一般比实体店的东西要便宜,但对价格明显偏低的商品还是要提高警惕,这类商品往往是骗局的"诱饵"或者假冒伪劣产品。俗话说,天下没有免费的午餐。不要相信网上的所谓"让利销售""中奖""礼品"等,要提高警惕,抵制诱惑。

4. 安全汇款

进行网上交易,应使用比较安全的支付方式。调查显示,80%以上的网络诈骗是因为没有通过官方支付平台的正常交易流程进行交易。所以,在网上购买商品时要仔细查看,不要嫌麻烦,首先了解卖家的信用值,再看商品的品质,同时还要货比三家,最后一定要采用比较安全的支付方式。

5. 有意识地培养自己对网络信息的鉴别能力

浏览网上信息,要查看其来源,对于小道消息或反动言论要有鉴别能力,不要轻易受人煽动。对于网页,一旦发现域名多了后缀或被篡改了字母,一定要提高警惕,特别是对于那些要求提供银行卡号与密码的网站更不能大意,一定要仔细分辨,严加防范,以避免不必要的损失。

6. 勿随意透露个人信息

抵制和谴责窥探、传播他人隐私的不良和不法行为,同时要提高自我保护意识,注意妥善保管自己的私人信息,本人身份证号码及银行卡号和密码等不要向他人透露,并尽量避免在网吧等公共场所使用网上电子商务服务,不要轻易在网上发布个人信息,更不要把重要的个人信息提供给别人,特别是陌生人。对重要的网络资料做好保存、保密、备份与安全维护工作,电脑上安装必要的防火墙软件,做好必要的安全设置,一旦这些资料不慎泄露,要尽力追查泄露源和泄露方式,迅速采取应对措施,防止泄露范围和泄露程度进一步扩大,造成更严重的后果。

7. 不信谣,不造谣,不传谣

不参与或者尽力制止传播、炒作与散布谣言、侮辱性和攻击性言论、虚假信息、小道消息,在网上发表言论要客观、公正、谨慎,用词要得当,方式要温和,防止不当言行对当事人造成伤害和损失。

同时,还要自觉抵制有关迷信、色情、消极、无聊、暴力恐怖、怪异等低俗和极端的内容,做到不浏览、不保存、不参与、不传播、不沉迷;要自觉做到不制造、不传播、不阅读垃圾邮件,积极举报网上垃圾邮件的侵权行为,抵制恶意的网络投票、调查;不参与所谓的"人肉搜索",不把自己身边的人或所了解的现实中的其他人的信息在网上随便发布和宣扬,以防止被不法分子或别有用心的人利用。

专题八

诚以立身
信以立德

诚信是中华民族的传统美德,人无诚信,无以立身;国无诚信,无以邦交。诚信是社会主义核心价值观的重要内容,也是高等院校道德教育的核心内容。如今大学毕业生的就业形势不容乐观,而虚假失信的行为会严重影响大学生的形象,必然导致其就业与进入社会困难,对其进一步成长、成才带来不利影响,甚至会使大学生产生严重的挫折感,得不到社会的认可。而诚信使大学生具备了为人处世的基本内在品质,为其顺利进入社会,从而为在许党许国、服务人民中建功立业奠定了良好的基础。当下大学生诚信价值观的培养主要表现在学业、交往、经济、考试、职业诚信等方面。

教学目标

构建大学生诚信教育体系,利用课堂教学使大学生学习与诚信相关的知识,围绕诚信教育举办校园活动以营造诚信氛围,运用学校日常管理强化大学生的诚信理念,通过家校合作共同培养学生的诚信意识,利用互联网等新媒体加强诚信教育。

教学重点

(1) 培养在校大学生恪守诚信的良好品格,促进大学生不断提高自身的综合素质。

(2) 通过分析大学生诚信缺失的主要表现,促进学生自我教育、自我审视,提升学生的道德修养,帮助大学生塑造诚信、自律的品格。

一、诚信的意义

诚信是中华民族的传统美德,大学生的诚信意识、诚信行为、诚信品质关系到良好社会风尚的形成,关系到社会主义和谐社会的构建,更在一定意义上关系到中华民族的未来。处于教书育人环境中的大学有义务引导大学生自觉加强诚信道德建设,把诚信作为高尚的人生追求、优良的学习品质、立身处世的根本原则。

诚信是大学生做人之本。诚信是大学生树立理想信念的基础,一个没有良好诚信品德的人,不可能有坚定的理想信念;一个在平时不讲诚信的人,在关键时刻不可能为崇高的理想信念做出牺牲。大学生只有养成诚实守信的道德品质,才能真正忠诚于国家和民族的事业,坚定在中国共产党的领导下走中国特色社会主义道路、为实现中华民族伟大复兴而奋斗终生的理想信念。

诚信是大学生全面发展的前提。大学生只有以诚实守信为重点,加强思想道德修养,讲诚信、讲道德,言必信、行必果,诚心做事、诚实做人,言行一致、表里如一,自觉端正态度,坚守道德规范,才能不断提高思想道德素质、科学文化素质和健康素质,实现全面发展。

诚信是大学生进入社会的"通行证",对其进入社会有直接影响。大学生只有树立诚信为本、操守为重的信用意识和道德观念,努力培养诚实守信的优良品质,奠定立足现代社会的道德基石,才能成为高素质人才,承担起社会责任和历史使命。所以,诚信是大学生做人的基本品质,是在社会交往中获得成功的基本条件。

二、大学生诚信缺失的主要表现

(一) 学业

1. 大学生学业诚信缺失的主要表现

1) 逃课、迟到和早退

因为大学课堂环境相对宽松,更多的时候靠的不是老师和班委的严格管理,而是学生本人的自觉。尽管课堂考勤成绩计入学分,很多学生仍觉得大学里随随便便逃一节课无所谓,在上课时迟到和早退更是无关紧要。有些学生为了更好地完成自己的人生规划,积极担任学生干部,参加一些社会实践和培训来充实自己,当与上课发生冲突的时候,就以自己的认识为标准,选择逃掉自己认为不重要的一些课程。

2) 作业抄袭

都说自古以来"天下文章一大抄",有许多大学生以此为借口,抄袭成性,惰于思考,不专心学好自己的专业,不钻研学术,而是取巧投机、贪图玩乐。这些学生为了在大学校园里"补一补"在中学没有过的轻松和玩乐,宁愿通过花两三分钟百度或者抄袭同学完成作业,也不愿多花时间去认真完成作业。

3) 学术造假

在大学毕业之际,毕业论文成了大学生拿到毕业证的最后一道门槛,但由于毕业论文的写作是在大学生活的最后一个学期,而这个学期大部分学生面临着毕业实习、就业等众多压力,因此对于毕业论文的写作就显得无能为力。在这样的情况下,出现了论文抄袭、论文代写等学术造假行为。而学术造假的主要方式,就是先选几篇文章,然后从中复制和粘贴有用的部分,换一种表达方式将复制的段落和句子重新写出来,最后加上一些自己的观点甚至复制其他人的观点,"成功"完成一篇毕业论文的"创作"。

案例分析 8-1

2017年,西北某大学一名博士研究生和一名硕士研究生被开除学籍,原因是论文抄袭。他们在被导师批评教育后,仍不悔改,上交的修改版论文抄袭痕迹依旧很重,查重率高达58%,于是该校学生处商讨后做出了开除学籍的决定。

2. 大学生对待学业应有的学习态度

1) 端正学习态度

大学如同高中一样,也是一所学校,但是是一所特殊的学校,它是高等教育的殿堂,也是寻求知识的场所,它需要学生积极主动地学习知识、研究学问,进而培养分析问题、解决问题的能力。在大学里,有教师的引导、授课,而且这一点是十分重要的;但就学生学习进步而言,主要靠自己去探寻、去钻研、去拼搏,我国谚语"师傅领进门,修行在个人",就是这个意思。

2) 按照大学生活的规律确定长短期目标,制定行动计划和内容

大一应注重对大学的认识以及对未来职业的设想,大二着重基本能力的培养,大三着重就业择业等,当然学习应该一直是最主要的。德国哲学家雅斯贝尔斯在谈及大学观念时,也明确地强调这一点,他说:"大学应始终贯穿这一思想观念,即大学生应是独立自主、把握自

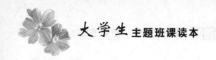

己命运的人。他们有选择地去听课,聆听不同的看法、事实和建议,为的是自己将来去检验和决定。真正的大学生能主动地替自己定下学习目标、善于开动脑筋,并且知道工作意味着什么。"

3)根据学习计划选择学习方式和途径

长期目标因人而异,但一般要经历四个时期:适应期、确定期、冲刺期、毕业期。而在校学习一般处于前两个时期,大一为适应期,要尽快提高人际沟通能力,了解本专业,特别是自己未来想从事的或与自己所学专业对口的职业,简称博业;大二为确定期,以提高自身的基本素质为主,踊跃参加学生会或社团等组织,可以开始尝试兼职、社会实践活动,并考虑清楚未来是深造还是就业,并开始有选择地辅修其他专业的知识充实自己,简称通业。

(二)交往

1. 大学生人际交往诚信缺失的主要表现

1)人际交往虚假

个别同学之间的交往不真诚,做人不诚实,当面一套背后一套,表里不一,言行虚伪,常出现经常承诺,但从不兑现的情况;个人交往中借钱不还,借物不归。在这样的情况下,同学之间很难建立深厚的友谊。

2)恋爱动机不纯

部分大学生把恋爱当作填补心灵空虚的一种方式,抱着游戏的态度追求异性。由大学生恋爱受挫引发的轻生案和伤害案屡见不鲜。不考虑道德责任和爱情义务的恋爱充满盲目性。

3)网络道德缺失

网络是现代社会的一个重要组成部分。大学生可以通过网络查询大量的资料,从而促进自己的学习,也可以通过网络和身边的同学、朋友交流,结识来自五湖四海的人。但是,个别大学生缺乏网络道德,在网络上发布虚假信息,利用网络进行聚众赌博、团体诈骗等,这些忽视网络道德的行为成为当下对社会造成严重危害的主要因素之一。

案例分析 8-2

2016年,女大学生李某通过聊天软件认识了许多网友,并且与他们都聊得很好。渐渐地,她发现和其中一个男孩特别投机,于是就随意约定了一次见面,见面后让她更加心仪这个男孩,因为她发现男孩比想象中好很多,从此网恋就变成了现实中的恋爱。发展成恋爱关系以后,经过长时间的相处,李某发现男孩一直在欺骗她,男孩有许多像这样从网上骗来的女朋友,真相犹如晴天霹雳,李某接受不了这样的事实,之后没有心思做任何事,荒废学业,不再和朋友交流,甚至想要自杀,幸好被舍友阻止。

2. 对大学生人际交往的诚信教育

人际交往诚信中的"信"有两个方面的含义:第一,从行为发起者的角度看,信是"守信",指人的言行诚实无欺,值得信任,说到做到,不妄语;第二,从行为接受者的角度看,信与怀疑、猜忌相反,是指相信、信任他人,并敢于相信自己看准的人和事。与其他领域中的诚信相比,人际交往诚信显现出以下三个特征:

1)情感性

诚信程度与个人所建立的人际关系密切相关,受这些关系的影响,这实质上就是这些关系中所包含的情感因素在起作用——情感的亲疏厚薄直接决定着信任的有无和强弱。人们一般家族血缘关系为核心建立与家族血缘关系之外其他人的社会联系。在人际交往中,一般是关系越靠近家族血缘关系的中心,就越容易被人们接纳,也就越容易形成合作、亲密的人际关系,人际交往中更能相互信任,以诚相待;越是远离家族血缘关系的中心,就越容易遭到排斥,越容易形成疏远、有隔膜的人际关系,也就越难以避免人际交往中的相互猜忌和欺骗。

2) 非功利性

由于人际交往一般主要在具有血缘或拟血缘关系的亲戚朋友之间进行,因此其功利性不像经济领域和政治法律领域中的交往那样明显和强烈。相应地,人际交往诚信的功利色彩也就不那么浓厚,在某些情形下,甚至根本不带功利色彩。

3) 基础性

在各类交往中,一般人际交往是最普遍的、最基本的。因此,人际交往诚信在各个社会领域的诚信中是最基础的。可以说,人际交往诚信是经济诚信和政治法律诚信的基础。诚信是做人的基本准则,是人之为人的基本道德品质。先从"成人"的角度来阐述诚信的价值,然后把"成人"与"成事"相联系,在全社会普及诚信观念,才有可能杜绝经济活动中的造假卖假、随意毁约等各种违法行为,才有可能消除政治法律领域中权钱交易、贪污腐败等危害社会的现象。

一个讲诚信的大学生具备立身处世的基本内在品质和较强的外在人际吸引力,诚信为大学生取得成功创造重要条件。诚信为人是走向成功之路的必要条件,新时代的大学生在思想和行动方面都应该走在前列,去思索,去感悟。一个人的成功必须具备天时、地利、人和三个因素,而人和是最关键的。一个人的成功离不开良好的人际关系和团结一致的团队精神,大学生在走向成功的道路上,必然要协调好上下级及周围人际关系,或者工作单位以外的人际关系,在人际关系中任何一环出现问题,获得成功都会变得更难。

(三) 经济

1. 大学生经济诚信缺失的主要表现

1) 故意拖欠学费

虽然各高校中常有学生因家庭经济拮据一时交不起学费的情况,但拖欠学费者还在少数。近年来出现个别学生为了吃喝玩乐,或者为了攀比,把学费当作消费资本,恶意拖欠学费的情况。他们在事后一般不敢告诉家人,编造借口搪塞学校及家人两方,或者干脆以学费高为借口不断要求家人给予更多的金钱填补空缺,这种行为给高校正常的学费收缴增加了很多困难。

2) 骗取国家助学贷款

国家助学贷款、国家助学金是国家为帮助家庭经济困难的学生完成学业而采取的资助政策,有个别学生家庭经济并不困难,但是为了满足自己的消费,篡改或隐瞒家庭经济情况,伪造贫困证明,骗取并挥霍国家助学贷款、国家助学金,这种做法使真正经济困难的学生得不到资助,严重阻碍了国家资助政策的贯彻执行。

3) 恶意违约

常见的经济信用违约情况有三种:

(1) 个别学生使用银行信用卡消费,银行不催款,学生就不主动还款,越消费,数额越大,拖欠时间越久;

(2) 购买通信公司优惠电话卡打长途电话,打光就扔,不顾个人信用欠费情况,明知无法注销也不予偿还;

(3) 签约国家助学贷款的学生,毕业后不主动还款,需要银行和学校催还款。

4) 还贷信用差

助学贷款是国家为缓解高校贫困大学生求学压力而设置的一种无担保的信用贷款。从近些年来看,这一政策的实施的确帮助一些贫困学生渡过了难关。随着高等教育改革的进一步深化,贷款不仅帮贫困学生解决了经济问题,而且培养了学生自强自立、讲究信誉的美德。但是,个别学生不按贷款合同还贷,给学校的管理工作增加了难度,也给银行的信贷工作蒙上了阴影。

案例分析 8-3

"为什么我递交的信用卡申请被拒绝?"这是李先生在农业银行申请信用卡未成功时产生的疑惑。其实,李先生的条件并不差。他毕业于中国某名牌大学,并考取了国家公务员,刚刚毕业的他正打算开创自己的事业,不料却在申请信用卡这件小事上遇到了麻烦。原来,李先生在就读大学期间为减轻家里的负担,办理了助学贷款,李先生与银行约定就业后会按期偿还贷款本息,但工作后,粗心的他忙于事业,竟忘记了偿还贷款,导致自己被纳入了中国人民银行征信中心的"黑名单"。

2. 对大学生经济诚信缺失的原因分析

诚信缺失是当前我国一个突出的社会道德问题,在大学生中也普遍存在。大学生经济诚信缺失主要体现为拖欠学费、骗取国家助学贷款、恶意违约消费、还贷信用差等情形。仅从大学生在国家助学贷款中的诚信缺失来看,主要原因有以下几个:

(1) 从现象上看,借款学生违约的原因是多方面的:有的是因就业形势严峻未及时找到工作,缺乏稳定的收入来源而无力还款;有的是因为缺乏信用观念或信用观念不强,没有意识到问题的严重性而忘了还款(包括工作单位变动后不主动及时告知银行);有极少数是恶意逃废银行债务,毕业后故意留下错误的地址和电话。

(2) 从品质和思想上看,借款学生违约的情形也很复杂,大多数学生并不缺乏诚信的品质,可是这种品质没有很好地展现出来。他们的合同意识还不那么强烈,对法律文件的严肃性缺乏足够的认识,因此还贷协议并没有引起他们足够的重视,他们完全没有意识到违约所产生的经济后果和法律后果。可以说,他们的一般诚信意识还没有转化为现代社会的商业信用意识,他们内在的诚信品质还没转化为现代社会中的商业信用行为。

(3) 从个人法律意识看,大部分学生要么不知道或者没注意银行规定的还款日期,等把本息打到银行时,已过了银行要求的还款日期;要么只偿还了本金而忘了还利息。也有的大学生因继续攻读博士学位,或者暂时没找到工作,一时还不了款而又没有及时联系银行协商。总之,他们心中缺少信用"这根弦"。少部分学生需要强化其信用观念,并把这种观念付诸自身具体的经济活动当中。

同时,有相当一部分学生的诚信品质是不完整的或有缺陷的,他们与同学、亲戚、朋友在经济上很讲诚信,也就是说在"熟人社会"讲诚信,但是,在与集体或国家在经济上就不是这样了,他们认为欠集体或国家的钱不是欠某个人的钱,不得罪具体的个人,还不还没有什么关系,甚至在某种程度上有"捞便宜"的想法。这些学生看重具体的个人之间的道德关系,而对个人与集体或国家之间的道德关系不太在乎,他们没有认识到个人与组织(集体、国家)是不可分离的,任何个人都是组织中的人,对组织的损害也就是对个人的损害。这部分学生需要纠正认识偏差,正确对待群己利益关系,否则可能在失信方面越陷越深。极少数学生有恶意逃废债务的企图,对这部分学生,除加强诚信教育外,更要依法追究其法律责任。

(四)考试

1. 大学生考试诚信缺失的主要表现

1)小抄作弊

大学校园中考试作弊是每个班级考试时经常发生的失信行为,例如带纸条、接收短信、抄袭前后桌,甚至打手势、交换试卷。尽管每到期末,学校总是要求学生签考试诚信承诺书,同时加大作弊处理的力度——轻者提高申请学位的学分绩点,重者勒令退学。但是在考试的时候,作弊现象仍然屡见不鲜。

2)非法手段作弊

有的同学直接找代考或戴上代考机构提供的隐形耳机,在考试过程中收听考试答案。考试作弊改变了勤奋铸就成功的校园秩序,损害了教学者和学习者的利益,可以说是大学校园的一个顽固"毒瘤"。

3)校园替考

校园替考服务存在已久。在大学校园里,大学生将替考者形象地称为"枪手"。最传统的替考方式是"枪手"代替考生进入现场直接答卷,这也是最常见的一种。考生要在报名前事先联系好"枪手",然后"枪手"持印有自己照片的假身份证,以考生的真实姓名、个人资料到现场报名,考试时,"枪手"明目张胆地进入考场替考生考试。

案例分析 8-4

2015年12月24日,在全国大学英语四级考试中,某高校法学专业学生张某使用手机接收答案,答案提供者将答案以数字编码的形式通过短信传递,张某在抄袭答案时被监考老师当场发现。经查,张某由于马上就要毕业,还没有通过全国大学英语四级考试,担心不能拿到学位,并且用人单位对其提出明确要求,不通过全国大学英语四级不予接纳。该生通过网络寻找全国大学英语四级考试答案提供者,将600元以银行转账的方式转到对方账户,对方承诺在考试开始后50分钟内将所有选择题答案以短信的方式传递给张某。事后,张某受到了开除学籍的处分。

2. 大学生考试诚信缺失的危害

1)个人危害

考试作弊对学生自身发展是极为不利的。表面上看,这样做不用苦读,就可以顺利过关,但最终会导致学生形成投机取巧、不劳而获的侥幸心理,形成弄虚作假、冒险走捷径的不良习惯;如果作弊败露,学生会受到学校各种严厉的惩处,轻则作弊事件被记入个人履历档案,降低个人信用,影响以后的工作与生活,重则挂科留级、无法毕业或者开除学籍。

2)社会危害

陶行知先生早在一百多年前就痛斥过考试作弊这一不端行为,他认为,作弊是欺亲师、自欺、违校章、辱国体、害子孙,作弊成风的民族是没有希望的民族。陶先生的言辞至今仍然掷地有声,值得所有的学子认真反思。考试作弊,不学无术而又想蒙混过关,会严重破坏公平竞争的原则,违背道德诚信原则,养成懒学、怠学的不良习气,败坏学风校风,从而影响学校教育教学的水平和质量,最终导致我国高等教育难以培养合格人才的严重后果。

3) 法律后果

教育部规定由他人代替或者代替考生参加考试的,一律取消本次考试所有科目成绩,并视情节轻重同时给予暂停参加高考、各种国家教育考试1至3年的处理,相关处理记入考生诚信档案。对参与作弊的在校大学生,还将按照《普通高等学校学生管理规定》给予开除学籍处分,构成犯罪的,由司法机关依法追究刑事责任。

(五) 职业

1. 大学生职业诚信缺失的主要表现

1) 求职简历造假

由于大学生的数量增多,就业压力大,有些大学生为了谋求一个好的工作岗位,在求职简历上伪造荣誉,夸大自己的能力,使得求职简历水分很大,用人单位为了求证,还得花费大量的人力和物力。

2) 伪造证件,篡改成绩单

为了出游享受半价,更换学生证上的照片;为找工作,篡改成绩,买假英语证书、计算机证书、学位证、毕业证;为出国留学,模仿导师笔迹签名等。

3) 协议违约

在择业过程中,大学生不履行就业协议或合同的行为时有发生。大学生一遇到接收单位就草率签约,遇到更好的单位就随便毁约,将严重影响高校的声誉和用人单位的招聘工作。

案例分析 8-5

小张是某高校毕业生,2015年12月,与一家自己比较满意的公司签订了"高校毕业生就业协议"。协议签订以后小张没有再找别的工作,开始撰写毕业论文,做一些其他的毕业工作和就业准备工作。正式毕业后,小张签了另一个公司的合约,造成了两岗就业情况,小张认为自己和第一个单位签订了三方协议,所以没有什么关系,但此事被两家公司知晓后,两家公司同时解雇了小张,小张也因此在寻找就业的路上被许多其他公司拒绝。

2. 对于大学生职业诚信的教育

大学生职业失信不仅加大了学校的培养成本,也增加了用人单位的招聘成本和大学生的就业成本。对于求职简历造假者、伪造职业证件者、实习时违约者,即便拥有再高的学历、能力,许多企业在招聘时也会坚决地将其拒之门外。就业失信现象在打击企业对大学毕业生的信心的同时,也严重影响了我国高校毕业生就业率。大学生讲职业诚信,也是对自己的职业生涯负责。大学生应对自己提出以下要求:

1) 认清自身实力,努力提升自我

该如何提升自身职业诚信的素质,是摆在每个高校毕业生面前的现实问题。在求职时,大学生首先应认清自身的实力,正视自身的缺点。面对用人单位,一方面尽力展现自己的优点,另一方面也不避讳自身的缺点,并表达自己积极改正缺点、努力工作的决心,用诚信、勇气等良好的品格去打动用人单位。当然,学生在校期间应该认真学习对口专业,做好职业规划,努力提升自我职业素质,培养综合道德素质、人文涵养,积极参与团队活动,培养个人参与团队合作的能力等,补齐自身的短板,增强就业信心,这样职业失信的情况也将大大减少。

2) 摒弃攀比心理,脚踏实地地进步

有些毕业生在找工作时一味追求物质待遇,重地位、重名利,缺少吃苦精神、奉献精神。事实上,学生应脚踏实地,认清个人能力,降低期望值,在找寻工作时虚心学习求得进步,切忌好高骛远、对自身期望值过高。有文凭不代表就一定有水平,有学历不一定有能力,能够大学毕业说明自身已经具有一定的学习能力和专业理论基础,但个人实践能力还有待提高。因此,学生不应为了盲目追求高薪工作岗位而弄虚作假,而应脚踏实地好好书写自己的人生简历。

3) 清晰定位目标,认真选择就业单位

"失业大学生为什么不能填补连年的用工荒?"这是新浪"新闻观察"根据市场调查提出的疑问。大学生就业后失业的原因不仅存在于外部社会,还存在于大学生自身,"有业不就"这种择业观念就是其中之一。"宁要发达城市一张床,不要经济欠发达地区一栋房"。在"北上广"等一线城市,大学生人才供过于求,竞争激烈;而在二、三线城市特别是三线以下城市,大学生人才供小于求,难以满足市场需求。毕业大学生在这样的环境下,应当根据自身实力,认真选择就业单位,一旦选定,便为自己的选择负责而不是事后犹豫不决,频频违约。

三、注重自我诚信教育,提升自身道德素养

(一) 增强自身的责任意识

1. 提高责任认知水平

社会学家戴维斯说,责任感是应该做(或承担)的事情勇于面对,值得做(或承担)的事情和有必要做(或承担)但可以不做(或承担)的事情也视为自己应该做(或承担)的事,每个人都肩负着责任,对工作、对家庭、对亲人、对朋友,我们都有不同的责任。在现在的社会环境下,大学生要积极端正对自我责任的认识,不能一味地追求自身的利益,更不能因为自身的利益而损害他人的利益;要坚定自己的理想并为之努力奋斗,在奋斗的过程中不断学习。

2. 提高自身文化修养

有些大学较注重专业,忽略了开设传统文化课程。如果学校没有开设传统文化课程,大学生可以自主从图书馆借书学习。例如《史记》《论语》《资治通鉴》等,都是大学生必读书目。大学生应养成良好的读书习惯,用传统文化来充实自己。当代大学生也可从我国传统文化中养成严以律己、宽以待人的好德行,关爱家人,善待朋友,爱护学校,博爱社会。

3. 为自己树立榜样

为自己树立的学习榜样,不一定是接触不到的社会知名人物,也可以是自己崇拜的老师和学长,或是身边能激励自己的同学,学习他们身上的优点,改善自身的缺点,从而不断完善自己,培养自己的责任心。

4. 增加自身实践经验

学生要学会遇事站在他人的角度着想。在班里可以多开展一些活动,大家共同组织,在

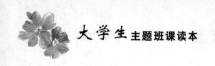

锻炼自身责任感的同时,促进班级的团结友爱,并使学生在活动中感受集体荣誉,体会自己的价值,体验和学习承担社会责任。

(二) 培养知行合一的自律品格

1. 培养道德自律

古人云:"才者,德之资也;德者,才之帅也"。大学生是未来的国之重器,不仅要学习现代科学知识,培养专业技能,而且要有高尚的道德情操。因此,大学生要学会做人,学会做事,注意从点滴小事做起,坚持高标准严要求,讲文明礼貌,遵纪守法,克服不良的习惯,重视自身的道德修养,做一个人格高尚、品行端正、有较高文明素养的大学生。

2. 培养时间自律

科学分配和利用好时间,是提高学习效率、降低学习成本、挖掘人生潜能的关键。大学里自由支配的时间较多,学生必须对时间进行合理的安排和计划,对每月、每周、每天的时间都要有一个安排,使时间得到合理有效的使用,不能无目的无计划或盲目学习,而要用"一万年太久,只争朝夕"的精神,珍惜大学分分秒秒的宝贵时光。

3. 培养学习自律

与紧张的高中学习环境相比,大学的学习环境相对变"软",老师的督促少了,家长的叮嘱少了,自学的时间多了。学习自律要求学生转变学习态度,由"要我学"变为"我要学",自觉学习,自我施压,增强学习的动力。

4. 培养生活自律

生活自律要求学生做到生活上自立,学会安排自己的生活,养成有规律、有秩序的生活习惯。"凡事预则立,不预则废",做事要有计划,事后要有总结,不能想做什么就做什么,生活杂乱无章,没有头绪。做事不要拖拉,要雷厉风行,今日事今日毕,不拖到明天。

5. 培养交友自律

孔子曰:"独学而无友,则孤陋寡闻。"交一个知心的高品位的朋友可以使人学到很多有益的东西,素质得到提高;交一个不好的朋友,不仅学不到有益的东西,而且有可能感到不快、产生烦恼、遇到麻烦,甚至受到伤害。因此,交友要有选择性,尽量多结交知识渊博、素质高、人格高尚的人,少结交酒肉朋友,不结交品行不佳的人。

6. 培养消费自律

大学生消费资金主要来源于家庭收入,有些学生申请了国家助学贷款等,但大多数学生是纯消费者。谚语道:"吃饭穿衣量家当。"有的大学生为了减轻家庭的经济负担勤工俭学补贴生活,也有些大学生花钱大手大脚。大学生应及时度量自我消费水平与工作价值水平,不要攀比和盲目消费。

(三) 强化诚信的正能量

1. 从个人意识做起

学生应重视自己的信誉,重视诚信教育,加强信用观念、信用意识、信用道德。学生只有做到讲诚信、讲道德,言行一致、表里如一,才能不断提高自身的素质修养,实现全面发展。

2. 从身边小事做起

古人有云:"勿以善小而不为,勿以恶小而为之。"诚信也是如此,学生对生活中的点滴小事都应做到诚实守信,从思想上牢记树立诚实守信的世界观和人生观,并将之付诸日常生活中。学生不仅应在现实生活中做到诚实守信,在网络世界中也是如此,要对自己的言行负责任。

3. 从重视承诺做起

学生做出承诺时应慎重,只做出在自己能力范围内的承诺。一旦做出承诺,学生要竭尽全力去完成,做一个信守承诺的人。学生应坚持实事求是,说老实话,做老实事,当老实人,不弄虚作假,不做表面文章;应恪守诚信守则,遵守法律法规和社会公德,培养良好的道德品质。

案例分析8-6 湘环诚信教育轶事:"迟到"二十一年的还款

"我说了,不要了,我帮助困难学生从来没记账,也从来没想过让他们还钱,但绝不能让他们辍学!"2017年5月23日上午9点,邓振球老师一边推却着湖南环境生物职业技术学院院长左家哺递过的学生通过微信转来的钱,一边着急地重复说道:"再者,也没这么多啊,只有800多。""这是学生托我还给您的,奉还的是学生久久不能忘的心意,也是学生的诚意! 您拿着吧!"在左院长的劝说下,邓老师极不情愿地接下了钱。

时间回到1993年秋天,桑植县阆小平同学来到湖南林业高等专科学校(湖南环境生物职业技术学院前身)学习林学专业,由于家庭贫困交不起学费,他面临着辍学危机。时任林学系主任、业已58岁的邓振球老师毫不吝啬地从自己微薄的工资里拿出钱来帮他缴纳学费。此外,邓老师还经常关心资助他平常的生活,大学三年里共给予阆小平同学800多元。

800多元在1993年是什么概念? 当时副教授的月工资也只有200多元。"邓老师非常非常关心我们学生,像我这样被邓老师关心的还有很多,我们毕业了他还经常打听我们毕业后的工作、生活情况,我们非常感激他,想念他。"现已在桑植县林业局工作的阆小平激动地在电话里说。"邓老师自己生活并不富裕,养育了五个子女,两个女儿身体也不好,生活非常俭朴,常年穿着的是解放鞋,洗得灰白灰白的,但帮助我们时很是如此慷慨,这份情,这份爱,这份教育,我们永远铭记在心,"阆小平补充着说,"像邓老师这样关心学生的老师还有很多,这些老师就是我们的又一个父亲母亲。"

其实,阆小平1996年毕业参加工作后,在1997年就先后两次给邓振球老师汇款还账,可那时邓老师已经退休并离开学校,居住在祁东大女儿的家里,没有收到汇款。但阆小平一直没有放弃联系邓老师的努力。2000年以后,阆小平连续多次委托当地一些到母校读书的师弟师妹打听邓老师的联系方式,却一直没有联系上。直到2017年5月19日,93级林学专业的一些校友回母校聚会,并建立微信联系群。阆小平并没有返校聚会,但他在群里联系上了左家哺院长,又通过左院长终于在5月20日这个有爱的日子里联系上了他敬爱的邓老师……

邓振球老师1959年毕业于长沙林校,在湖南省林业厅造林处参加工作,1960年被推送到北京师范大学生物系就读,1965年到湘潭市一中教书,1981年调至湖南农学院衡阳分院工作,并着手创办生物系,1987年学院改名湖南林业高等专科学校时,他又着手创办林学系,一直到 1995 年退休。无论在哪里,邓老师都是一如既往地乐于助人、工作勤奋,并做出了业绩。

　　树人先立德,做事先做人。这是邓老师在教师工作岗位上恪守了三十余年的人生信条,在以他为代表的那一代教师的言传身教下,一批又一批年轻老师、一代又一代青年学子在湘环这块沃土上茁壮成长。由此,"奉献、诚信、感恩、担当"也成了学院的文化传承,成为学院持续发展的核心竞争力。

专题九

谁言寸草心 报得三春晖

感恩,自古以来就是中华儿女的传统美德,已融入中华儿女的血液之中,备受推崇。古代有卧冰求鲤的典故,充分反映了古人强烈的感恩意识。古代还有举孝廉的制度,该制度进一步促进社会形成一种良好的氛围,这份美德在历史中沉淀。在现代生活中,不断有先进的榜样出现,却也存在许多不足之处。以大学生为例,存在部分大学生漠视亲情、友情、师生情,以自我为中心的现象,这有悖于当今新形势下大力培养德、智、体、美、劳全面发展的高素质人才的要求,不利于大学生的全面健康成长。

教学目标

通过学习,使大学生明白感恩教育的重要意义,学会感恩父母养育、感恩明师指引、感恩朋友帮助、感恩自然滋养、感恩生命、感恩祖国安定。

教学重点

(1) 明确大学生感恩教育的重要意义。

(2) 引导大学生从现在做起,将感恩之情转化为感恩之行。

长期以来,知恩图报被人们当作在社会上立身处世的基本原则,是中华民族的传统美德。作为祖国繁荣富强的后备力量,作为实现中华民族伟大复兴中国梦的主力军,大学生肩负的历史使命十分艰巨。但由于客观及主观多方面原因,有部分大学生自私任性、忘恩负义,只知索取、不懂回报,认为别人对自己的好是应该的,自己无须报答。因此,进一步强化大学生的感恩意识,增强大学生的感恩技能迫在眉睫。在这种情况下,感恩教育应运而生,并被国内很多高校当作开展大学生思想政治教育的新路径。

一、大学生感恩教育的重要意义

"恩欲报,怨欲忘,抱怨短,报恩长。"这句话来自《弟子规》,《弟子规》中的感恩内容是从幼儿时期就开始教授的。可以说,我们每一个人呱呱坠地后,接触的第一门学习课程就是感恩教育。在中华民族的传统美德中,感恩的地位不容撼动,它是大学生思想政治教育的重要内容。对大学生开展感恩教育,可以大力培养大学生的感恩情感,激发大学生对美好事物的追求,唤醒大学生对人性的善良与爱的思考和实践。通过树立正确的教育理念、发挥情感的积极作用、重视人文关怀和加强主体实践,可以帮助大学生增强感恩意识,提升品德修养,实现全面发展。

(一)促进自身全面发展

有位哲人曾经这样说:"感恩即是灵魂上的健康"。感恩教育是一种以人性唤醒人性的教育,它能充分挖掘学生的潜能,唤醒学生对"人之初,性本善"的认同感,以达到增强学生的责任意识、健全学生的人格、夯实学生的理想信念、激发学生的生活热情,以情感滋养学生的心灵、以人性完善学生的人格的教育目的。

长久以来,国家"科教兴国"战略不曾改变。大学生的思想政治素质不仅关乎学生本人的成长成才,而且影响我国教育事业的长足发展,乃至我国综合国力的进一步提升。引导大学生培养高尚品德、塑造完美人格、发展综合素质,具有深刻的人文关怀内涵。大学阶段作为学生走向社会的过渡阶段,是"镀金期",也是"关键期",正确道德品格、理想信念、政治态度的塑造,正确世界观、价值观、人生观的培养,都发生在大学阶段。

当前,我国各个领域的发展和前进都取得了巨大的成就,社会这个大熔炉变得更加复杂,身处学校这个大环境的大学生也同样出现了诸多问题。其中,感恩意识缺失现象日益严重,部分大学生以为别人的付出是理所应当的,不懂感恩,更不报恩,这种错误的思想价值导向正成为大学校园里的一股暗流悄悄涌动着。这值得我们深思,更值得我们警醒。对大学生进行知恩善报的感恩教育,可以提升大学生自身的素质,意义非常重要。

对大学生进行感恩教育,可以激发他们从事感恩活动的内在动力,提升感恩意识,塑造乐善好施、互帮互助、关爱他人、诚信等良好的道德品质,有助于大学生多关注生活中美好的实物,擦亮发现美的眼睛,以一颗善良的心看待别人对自己的关心和帮助,从而促使感恩成为自己的自发意识和主动行为。感恩教育促使大学生拥有健康的心理和处事不惊的心态,在学习和生活中遇到困难和挫折时,不逃避、不畏惧、不低头,能始终保持乐观豁达的态度,想办法解决困难。感恩教育促使大学生做到以责人之心责己,以恕己之心恕人,严以律己宽以待人,学会站在别人的角度看待和思考问题,凡事都能先为别人考虑。感恩教育可以使学生懂得给予是一种快乐,索取是一种痛苦。学生拥有感恩心态,感悟感恩心态,可受益于感恩心态,始终保持新奇、喜悦和蓬勃向上的精神状态,把感恩之情渗透在生活和学习的点点滴滴当中。

(二)传承与发展孝道文化

"孝子之至,莫大乎尊亲;尊亲之至,莫大乎以天下养",孟子的这句话道出了中国古代先贤对感恩的看法和态度,也体现了哲人的世界观和崇高的思想境界。中国是一个有着五千年传统文化的文明古国,作为21世纪的接班人,受家庭、学校、社会多年的教育和培养,大学生应做弘扬孝道、知恩善报的人。在中华民族的传统文化中,儒家文化与道家文化都十分注重对"感恩"的塑造和培养,认为一个懂得感恩父母的人才是健全的人。对大学生加强感恩教育,是传承和弘扬中华民族源远流长的传统美德和风尚的迫切需要。

(三)实现美丽中国梦

伟大的事业源于伟大的梦想。习近平总书记在2012年11月29日参观"复兴之路"展览现场时说道:"何为中国梦?我以为,实现中华民族的伟大复兴,就是中华民族近代最伟大的中国梦。因为这个梦想,它是凝聚和寄托了几代中国人的夙愿,它体现了中华民族和中国人民的整体利益,它是每一个中华儿女的一种共同的期盼。"习近平总书记的深情阐述,道出了"中国梦"最为本质的核心内容。实现民族复兴的"中国梦",当代青年不可能置身事外。中国的未来在于今天的青年人手中,这告诉我们,正确引导大学生感恩教育,对构建"中国梦"尤为关键。"中国梦"呼唤创新的教育,"中国梦"点燃感恩的激情。实现伟大而美丽的"中国梦"需要每一个人辛勤地努力和付出,当代青年大学生尤其肩负着重要的使命。当代大学生要常怀感恩之心,感恩父母,感恩老师,回报社会。在实现中华民族伟大复兴的历程中,当代大学生应该焕发出绚丽的光彩。

(四)构建社会主义和谐社会

和谐社会是我们一直不懈追求的理想目标,也是国家长久以来奋斗的最终目的。实现社会和谐,要有丰厚的物质做支撑,更需要有强大的精神动力做保障。党的十九大报告指

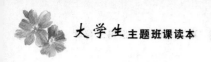

出,要多措并举构建和谐社会,需要动员社会各方的力量,尤其是作为我国人才储备库的大学生,要积极参与到国家社会公共事务的管理当中,为实现社会和谐、人民幸福的美好局面贡献自己的力量。

社会和谐是中国特色社会主义的本质属性。它不仅指人与人之间关系和谐、充满爱心,也指人与自然之间要和谐共生。它是社会发展的基本目标,贯穿实现"两个一百年"奋斗目标和实现中华民族伟大复兴的全过程。高校感恩教育是构建和谐社会的基石,感恩教育可以培养大学生的感恩意识,增进大学生的情感认知,打破人与人之间的道德壁垒,互帮互助,诚信友爱,在校园中跟室友、同学、老师建立一种和睦友好的人际关系网络;同时,有助于大学生克服极端个人主义倾向,增强社会责任感和历史使命感,让他们深刻认识到自己肩上所承担的重任,从而培养出优良的品德意识与良好的品德行为,在全社会营造出相亲相爱、团结互助的良好风尚。

二、大学生感恩意识缺失的表现

(一)漠视父母的养育之恩

认为父母的辛勤培育是理所应当的,错误地认为父母对儿女的付出是一种无私奉献的单向行动。现在的大学生多是出生于和平年代的"00后",从出生开始,既没经历过大的经济波折,也没遇到过任何政治动荡。安逸稳定的成长环境导致有些大学生自私自利,对父母的关心孝顺不够,甚至连父母的生日都不知道,对自己的父母重视不够,认为父母的养育是理所应当的,对父母的爱欣然接受。现在的家庭,一般都由祖父母或外祖父母、父母和一个孩子构成,呈倒金字塔状,六个大人的爱都给予一个孩子。由于大部分父母都有自己的工作,往往将孩子交由祖父母或外祖父母来照顾。传统"隔代亲"的理念根深蒂固,老一辈对孙子辈一味溺爱,没有任何要求,可想而知,这样培养出的大都是"小公主"和"小皇帝"。在这种家庭中长大的孩子,只顾自己,自私自利,有着很强的依赖心理,缺乏应对逆境或者困难的能力,更不懂感恩报恩。

(二)淡忘朋友的帮助之恩

当今的部分高校对人文教育重视不足,普及不够。由于社会中各种思潮的不良影响,加上生活节奏日益加快,高校也好,大学生自身也好,多过分看重经济利益,容易以自我为中心,对自己认识不足,盲目自信,跟别人相处不和睦,导致了感恩意识淡薄。大学生是介于高中生和社会人之间的一个特殊群体,处于人生观、世界观、价值观形成的关键时期,他们对事物的认识往往表现出片面化和绝对化。当代部分大学生感恩意识严重缺乏,他们淡漠社会和朋友的关爱,交朋友只交对自己有用的、可以在学业上或生活上给予自己帮助的人,凡事以利益为重,遇到朋友有难不愿意出手相帮。

(三)淡忘老师的教诲之恩

在学业中,除了父母,老师是学生接触时间最长、为学生提供帮助最多的人。但是,有的学生对老师非但没有丝毫的感恩之心,甚至对老师很不尊重,上课不认真听讲,甚至随意出入教室、随意接打电话,或者干脆旷课。有些学生认为自己是交学费上的大学,老师对自己的教育是理所应当的,这些学生把自己和老师的关系错误地理解为一种利益交换或者合作的关系,对老师的谆谆教诲左耳进右耳出,甚至有时候还表现出反感、对老师不尊敬等情绪和言辞。有的学生甚至认为自己学有所成都是自己的功劳,完全忽视家长和老师的辛苦付出。

(四)淡忘国家和社会的帮助之恩

大学生是国之栋梁,肩负着实现中华民族伟大复兴的艰巨任务,有责任、有义务向世界展现优秀的中华传统美德,彰显中国风范和特色。当今的大学生虽然整体素质较高,但仍不乏部分学生忘记曾经有恩于自己的人,做出一些有违国家和民族利益及尊严的行为,严重损害了社会文明、国家形象。当前社会快速发展,一些人的功利心变得越来越重,社会上道德失范、忘恩负义、恩将仇报的现象屡见报端,长此以往,社会会被贴上自私冷漠的标签。

对国家和社会,大部分的大学生虽然怀有一定的感恩情愫,也有感恩的意识,但一旦涉及自己切身利益,往往把自己的利益看得高于集体利益,这都是大学生感恩意识缺乏最直接的体现。

(五)不珍惜大自然的恩赐

人是大自然创造的奇迹,人类离不开大自然的庇护。但是,随着现代科技的发展,地球上出现了日益严重的生态问题,关注自然、保护自然是每个人的责任。2006 年 9 月 7 日发表的《中国绿色国民经济核算研究报告 2004》指出,2004 年因环境污染造成的经济损失为 5118 亿元,占 GDP 的 3.05%。这些数字给人们敲响了警钟:人与自然必须和谐相处,保护环境人人有责。

三、学会感恩

(一)父母养育之恩

中国是历史悠久的礼仪之邦,孝敬父母是中华民族的传统美德。"百善孝为先",感恩教育首倡感恩父母。因为每个人的生命都是父母血脉的延续,父母给了子女全部的爱,让子女享受到人世间的亲情和幸福。人生在世首先形成的人际关系就是和父母的亲子关系,一个人如果对生身父母都不知感恩,怎么可能处理好与兄弟、亲友、师长、同事、集体、国家的关系?作为子女,应当感激父母的生育、养育、教育之恩,履行对父母的责任和义务。孔子说:"今之孝者,是谓能养。至于犬马,皆能有养;不敬,何以别乎?"意思是子女之于父母仅仅"能养"是不够的,关键是发自内心地尊敬、感恩双亲,敬重父母的权威、价值观念、成就和经验智慧。大学生应当听从父母的教诲,尊重父母的劳动,体贴父母的辛苦,不应与同学相互攀比,苛责父母,更不应荒废学业,违法乱纪,自毁前程,伤父母之心。感恩父母是一种心理情感的境界,孝敬父母是做子女的本分,也是子女报答父母深恩的最好方式。《诗经》中"哀哀父母,生我劬劳",感叹和赞美了父母的养育之恩。唐朝孟郊诗云"谁言寸草心,报得三春晖",更是表达了孝敬父母的渴望。"祭而丰不如养之厚,悔之晚何若谨于前"这一古训督促后辈履行对父母的赡养和孝敬。实施感恩教育,目的是让大学生体悟到来自父母无私的爱,了解在抚养子女的道路上父母的全力以赴,懂得父母赚钱养家的艰辛;引导大学生树立正确的消费观、责任意识、自立意识,克服奢侈、攀比、享乐等毛病;使大学生懂得爱父母、孝敬父母、感激父母。从爱惜自己的身体发肤到保全生命,从服从、理解到努力认同,从立身行道到扬名后世,都是感恩父母。感恩父母的支持,感恩父母的鼓励,感恩父母无私的爱。感恩父母是做人之本。

(二)明师指引之恩

古今中外一切人才的成长都离不了父母,离不开老师。这是因为,一个人只有经过各种层次相当数量的老师的教育,才可能具备成为人才的各种素质。老师教给学生做人的道理,引领学生进入知识的殿堂,为学生释疑解惑。学生的性格、气质、思维方式、兴趣爱好,都或多或少、或深或浅地融入了某些老师的格调。尊敬师长是中华民族的传统美德,也是礼仪规范的一项传统内容。当今社会,尊重老师已成为尊重知识、尊重人才、尊重科学的重要表现,反映着全社会的精神文明水平。然而,在大学校园里,对老师的误解、顶撞和不尊重时有发生;课堂上说话、玩手机时有发生;有些学生与老师擦肩而过不问候,如同陌路人。对老师的答疑解惑,连句"谢谢老师"都不说的学生并不鲜见,更有甚者还会辱骂老师。老师是人类文化的传播者,在人类文化的继承发展中起着桥梁纽带的作用。老师运用多种教育手段,引导学生学习文化知识,帮助学生树立远大的理想,形成高尚的道德品质,养成良好的行为习惯。可以说,学生的成长中无不凝结着老师的辛勤劳动。大学生应该尊重、感激自己的老师,学会尊重老师的人格、尊重老师的劳动与创造。

教育事业是神圣的事业,"春蚕到死丝方尽,蜡炬成灰泪始干",正是对教师工作的生动写照。感恩师长在我国有优良的传统,孔子说:"弟子入则孝,出则悌"(《论语·学而》),即在家里要孝顺父母,在社会上要敬师长。作为深受老师教诲之恩的大学生,更应该热爱、尊敬和感恩自己的老师。中国有句古语,叫"滴水之恩,当涌泉相报",何况中国人讲究"一日为师,终身为父",一个人只有尊敬、感恩指引他前途的老师,才会孝敬父母,报效祖国。感恩师长是基本的做人准则。

(三)朋友帮助之恩

人是社会的细胞,我们生活在社会这个大家庭中,遇到别人有困难时出手援助,在自己遇到困难时也希望得到别人的帮助。"赠人玫瑰,手有余香",对曾经帮助过我们却不求回报的人,我们要有一颗感恩之心。只有学会了感恩,生活才会快乐,才会有真挚的情感。

个体在面对别人给予的恩惠,要给予充分的尊重,从内心深处予以认可,并以一种积极的、正面的肯定行为回报别人的恩情。换位思考,如果个体是给予恩惠的人,在帮助别人解决困难之后,若得不到别人的肯定,有时内心会对自己所做的善事持有一种怀疑态度。久而久之,个体会淡化自己继续行善的动力和热情。因此,大学生要学会感谢他人的帮助之恩。

孔子曰:"独学而无友,则孤陋寡闻。"大学生之间的友谊能促使大学生在学习上相互切磋、在品德上相互激励、在思想上相互启迪。朋友的帮助、理解和支持,可以促进我们学业、事业的发展与成功。正如爱因斯坦所说:"世界上最美好的东西,莫过于有几个头脑和心地都很正直的朋友。"反之,离开了朋友间的经验交流,一切知识的获得、意见的协商、愿望的了解、情感的沟通、需要的满足都很难做到。个人潜藏的能力无法充分发挥出来，更无法发现和培养自己新的能力，在瞬息万变的社会中难以找到生存的空间，成就一番事业的愿望最终也只能是泡沫。友谊是质朴、真挚、纯真的，它是人一生中最重要的财富之一，正如古希腊哲学家伊壁鸠鲁说的那样："在智慧提供给整个人生的一切幸福中，以获得友谊最为重要。"所以，我们要感恩朋友。

（四）自然滋养之恩

在漫长的物种进化过程中，人从自然界中脱颖而出，成为当之无愧的"万物之灵"。无论人如何进化，都改变不了这样的事实：人来源于自然界又依存于自然界，人永远是自然界的有机组成部分。自然是人类的生存之源、衣食之母、道德之父。没有自然的存在、自然的恩泽，人类的一切都无从谈起。正是大自然为人类提供了生存的资源和空间，并使我们的生命得以延续。自然是人类最大的财富，也是人类最值得信赖的朋友。正因为对自然的依赖，人们应该感恩大自然，要记住大自然里的一草一木对我们的恩情，要去保护它们、帮助它们、敬重它们。人与自然之间友好共生一直是中华民族的价值追求，也是每一个正直的人应有的基本品德。从人类所走过的历程来看，人类先民依赖于大自然慷慨的馈赠，始终与大自然和谐共存，随顺自然。

生活在云南丽江一带的纳西人，至今仍然保留着"借柴""借鱼"的良好风俗。纳西人生活在森林资源和动植物资源十分丰富的地区，他们一直恪守着适量获取和去旧补新的道德原则。纳西人把上山"打柴"称为"借柴"，上山打多少柴，就要种上更多的树苗；把到河里捕鱼叫作"借鱼"，鱼"借"来后，要向河里放养更多的鱼苗。只伐不种、只捕不养的人，将被全村人看不起，大家都不愿与之交往。纳西人不论大人、小孩都把保护自然作为自觉行动，而且由村寨德高望重的老人组成"长老会"，长老会制定村规民约并督促实施，还有权对破坏生态行为的人进行惩罚。纳西人这些保持与大自然和谐共处的做法，给感恩教育以很大的启示。要注重对生存环境和自然界的保护与关爱，特别是在我们这样一个人均资源占有率较低的人口大国里，大学生要在思想意识中深深植入生态文明和可持续发展的观念，要有强烈的环境忧患意识，养成高度自觉的资源、能源的勤俭节约意识。只有懂得感恩自然，树立环境保护意识，珍惜资源、爱护家园，才能尊重自然、敬畏自然，与自然和谐相处。所以说，感恩自然是生存之基。

（五）感恩生命

个体的发展受外部环境的影响，并取决于主观因素。要让大学生树立正确的生命价值观和感恩观，使其真正内化为一种信念。这除了需要家庭、学校和社会的共同努力之外，更需要大学生的自我教育、自我完善、自我提高。作为当代大学生，理应具备发展自我、完善自我的能力，为此，大学生要做到以下几个方面：

一是加强锻炼，打造健康体魄。这既是开展自我生命与感恩教育的基础，也是一种生命教育的表现。

二是加强修养，提升人文素质。通过学习领会传统美德、社会主义核心价值观等内容，提升内在修养，塑造良好品质。

三是学以致用，提高认知水平。要做到明辨是非，自觉抵制外部环境不良风气的影响；

要保持自省,不断完善自我认知,合理设定自我角色,不断激励并监督自我;要努力做到身体力行,在日常行为实践中体现正确的生命价值观、感恩观。

(六) 祖国安定之恩

人是社会的人,作为单个的社会成员,我们都生活在相互服务、相互影响的社会大环境之中,都从这个大环境获得了一定的生存条件和发展机会,社会有恩于每个社会成员,如果没有社会成员之间的施恩和感恩,很难想象一个社会能够正常发展下去。孟子曰:"天下之本在国。"北宋范仲淹曾说:"先天下之忧而忧,后天下之乐而乐。"明清思想家顾炎武也说:"天下兴亡,匹夫有责。"社会和祖国给予我们和谐安定的良好环境,我们自然要回报社会,感恩祖国。每个大学生都是社会中的分子,在全面建设小康社会的新时期,个人的积极进取、努力奉献,将推动社会的文明与进步,而社会的发展又为个人的发展提供越来越充分的物质文明和精神文明成果,为个人利益的满足提供机会和条件;个人利益得以实现,个人得到全面发展,反过来又激励人们去维护社会和集体利益。个人利益与集体利益的统一关系,要求我们感恩社会、感悟祖国人民的关爱之情,增强社会责任意识,报效祖国。我们应该怀抱一颗感恩的心,感谢国家和社会提供的优越的学习和生活条件,使我们全身心地投入学习。我们要感谢时代给我们提供了强于父辈的资源、机会和条件,信息化、现代化、全球化给了我们"天高任鸟飞,海阔凭鱼跃"的舞台。我们要感恩自强不息的祖国使我们过上了没有战争、没有贫穷的美好而幸福的生活。懂得感恩社会、感恩祖国的人,才是一个对国家、社会有责任心的人,才会用一颗感恩的心去面对一切,其人生也因此而精彩。因此,大学生要热爱祖国、热爱民族,培育积极健康向上的价值观念,自觉澄清与抵制各种消极、错误的道德意识,坚决同一切背弃道德信义、忘记国仇家恨的卑劣行为做斗争。

专题十
春风化雨 沁润心田

情感是人类精神生活的重要组成部分，健康的情感促进人的发展和完善，情感教育是完整教育的一部分，是教育的内容和目标，是实现立德树人的重要途径。有些大学生受应试教育经历、就业压力和社会大环境的影响，在道德情感方面存在一些缺失，导致道德行为弱化。加强大学生情感教育，应该大力加强大学生的热爱生命教育、父母亲情教育、友情和爱情教育、热爱祖国和家乡教育，以提高大学生各方面的情感素质。

教学目标

通过学习，使学生了解情感及情感教育的内涵及主要内容、情感缺失的主要表现，克服情感困惑。

教学重点

（1）教育学生综合运用好各种情感，避免情感缺失。

（2）引导学生提升自身情感修养，塑造高情商。

一、情感及情感教育的内涵

情感是一种对幸福的感受和对快乐的体验，也是人与生俱来的内在感情，是人对外界刺激肯定或否定的心理反应。情感是一种基础性的因素，它形成于人之初，不断发展为支持人各方面发展的重要支撑点。

情感教育是整个教育过程的重要部分。所谓情感教育，就是关注人的情感层面如何在教育的影响下不断产生新质。针对当代大学生情感发展的特点，情感教育的重点是了解学生的需求，培养学生积极的情感，激发学生的潜能，促进学生进行创造性的学习探究，使学生在学习过程中体验生命的尊严，在成长过程中感受学习的乐趣，共享学习与成长的双重快乐。

二、当代大学生情感发展的新特点

1. 情感需要的多元性

在当今社会变化的形势下，大学生的价值观出现了多元组合，甚至出现了多元价值观并存的现象。越来越多的大学生强调自我与社会融合、索取与奉献融合，兼顾国家、集体和个人利益而又非常注重自我、注重现实。这种成主流状态的价值观直接引起大学生在情感需要上的多元性，绝对权威崇拜、绝对单一的情感需要已被多元的情感需求代替，并形成丰富强烈、纷繁复杂的情感需要结构，既有低层次的与生理、物质相关的情感需要，又有高层次的与心理、精神相联系的情感需要，如满足现代化物质生活的情感需要、进行健康愉悦社会交往的情感需要、享受新奇高雅文化娱乐的情感需要、提升自我学习求知的情感需要、学习专业努力成才的情感需要、归属群体得到爱与尊重理解的情感需要、实现自我的情感需要，等等。

2. 情感体验的矛盾性

大学生处于青春期中后期的年龄阶段，在这一特殊时期除了具有一般青年人的喜怒哀乐外，还因已掌握的知识、阅历等有着丰富的情感和活跃的内心世界，在情感体验上普遍存在矛盾与冲突：理性与情绪之间的矛盾，交往需求与自我封闭之间的矛盾，思想上的主动与行为上的被动之间的矛盾,较强的责任感与较弱的责任心之间的矛盾,等等。这些矛盾与冲突的情感体验交互作用,对大学生的健康成长起到了阻碍作用,长期压抑可能导致心理问题的产生甚至产生过激行为。

3. 社会负面情感的普遍存在性

随着社会变化,生活节奏加快,大学生的压力越来越大。一方面,大学生向往现代生活,积极适应并努力追求现代生活;另一方面,大学生在现代化的社会环境中感到自卑、渺小,对物对人产生巨大的压抑感。因此,大学生的社会性情感在社会的扩展中负荷过重。随着后现代主义文化思潮等的侵袭,这种文化思潮所反映出的注重对文化的直观性体验、表面化追求,而在思想上浅薄、浮躁,造成了大学生情感的混乱、浮躁,同时美化了暴力、复仇、色情、迷信、赌博等不良文化现象,对大学生健康的情感会产生严重威胁。

三、大学生情感缺失的主要原因

大学生情感缺失主要表现在七个方面:缺乏爱心,不会爱与被爱;责任意识不强;不懂感恩;承受挫折的能力差,容易产生心理问题;诚信问题突出,尤其表现在网络中,有欺诈、隐蔽、伪装等行为;理想信念差,迷失自我;贪图享乐,依赖父母,不努力学习,攀比思想严重。大学生情感缺失的主要原因包括以下几个方面:

1. 应试教育的后遗症

在应试教育制度的影响下,家庭和学校成了各阶段学生道德情感教育的"助推器"。数学、语文、英语等学科教育成了青年十八岁以前生活的重心,衡量一个青年重要的标志就是考上好大学。因此,绝大部分青年在十八岁以前除了要学习各门课程外,还把读大学作为奋斗目标。尽管学生到了大学会接触"心理学"和"思想道德修养"等课程,但这些课程往往存在强调理论体系,对道德情感方面突出不够的问题,也正因为如此,学生的学习兴趣较低,在道德认知和行为的表现上也不尽如人意。

案例分析 10-1

2019年4月11日,淮南市公安局民警在巡逻时,发现一名男子躲躲闪闪,民警怀疑他是在逃人员,于是将其拦下询问,发现他的户籍信息已被注销。经调查得知,该男子是一名未能毕业的大学生,9年前因毕业考试挂科2门,拿钱回校补考时又弄丢钱,觉得无脸回家,就在外流浪了9年。民警了解情况之后将其带回家中。在和家人阔别9年之后,男子和母亲见面,家人找了他9年,一见面,他妈妈就哭了,边哭边责问他:"这些年你去哪里了?你的心怎么那么狠?"

2. 心理压力过大的负面影响

当代大学生的压力来自以下五个方面:一是就业的压力,二是家庭经济的压力,三是恋爱的压力,四是社会人际交往的压力,五是学业上的压力。

在当代大学校园,有的学生因为自己所学专业就业形势不好,从根本上丧失了学习动力;有的学生从高中毕业带着对大学的梦想来到大学,特别是农村和偏僻地区的学生希望借此机会改变自己的命运,但是一旦感到就业无望,或者找不到理想的工作,便很快开始消极对待生活;还有的学生感到大学提供的教育不能满足社会用人单位的需求,也不符合自己的兴趣和爱好,因而主动放弃学习。这些来自就业的压力和学校教育的低效导致部分大学生

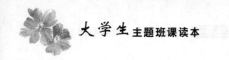

道德情感崩溃,从而产生一系列消极的现象:谈恋爱消磨无聊时光的多,泡网吧聊天的多,逛街的多,考试和写论文作弊的多,花钱追求享受的多,甚至喝酒打架的也比较多。这进一步导致大学生在思想上和心理上难以接受传统的思想政治教育和学校各种善意的管理。

> **案例分析10-2**
> 　　大三学生王某即将毕业。他担心找不到理想的工作,坐在教室里看书时,总担心会有人坐在身后干扰自己,有强烈的不安全感,以至于只能坐在角落或者靠墙而坐,否则无法安心看书。他对同寝室一位同学外放收音机的行为非常反感,有时甚至不能忍受,尤其是睡午觉时总担心会有收音机的声音干扰自己。他睡不着觉,经常休息不好,但又不好意思跟室友当面发生冲突,因为他觉得为这样的小事发脾气,可能是自己的不对。王某很长时间不能摆脱这种心理困境,很苦恼,他的日常生活和学习也受到了严重影响。

3. 不健康道德文化的侵蚀

由于管理不足、自制能力差,学生很容易受社会上各种文化、意识的影响。因此,部分学生将更多的注意力从工作、学习转至娱乐、游玩中,丧失了奋斗的热情和目标。

> **案例分析10-3**
> 　　小常是某重点大学法学硕士应届毕业生,临近毕业,一直没有找到合适的工作,经济上更加捉襟见肘。前不久,小常像往常一样回宿舍,忽然,他发现公寓楼一宿舍房门大开,室内却无人,而且桌面上放着一台笔记本电脑。想到自己近来生活费紧张,小常竟不自觉地走进该宿舍,盗走了笔记本电脑。被抓时,小常懊恼不已:"知法犯法,都是一时糊涂啊!"

四、加强大学生情感教育的对策

(一)对生命的热爱教育及对自身情感的修养

生命是生而为人最宝贵的东西,生命教育是在高等教育阶段帮助学生体会生命的独特性,使学生在校园、社会生活中进一步感知生活活动的实践意义。《热爱生命》是列宁的枕边书,在生命的弥留之际,列宁仍请人为他朗读这本书。生命教育的必要性体现在以下几个方面。

1. 帮助大学生更好地适应社会发展

社会发展、科技进步、文化传承、民族繁荣都基于生命的力量才能得以实现。为了帮助当代大学生更好地理解生命的意义,让他们有更多的力量去面对成长的烦恼与学习的压力,需要通过系统化的生活教育,让他们可以平衡个人欲望与金钱、个人理想与现实之间的关系,进一步强化大爱的生命责任观,更好地适应社会发展。

2. 引导高校教育回归本真

教育不仅仅是传授知识,其本质是为了让受教育者与客观世界产生正确的联结,从而促进社会发展。

3. 满足大学生发展需求

于大学生而言,大学阶段是人生宝贵的体验,随着生理和心理的同步发展,大学生会遇到很多问题和矛盾,这些问题和矛盾很容易导致大学生产生极端行为。实施高校生命教育,基于学生的生理和心理发展实际来加以疏导,将会促使学生朝更加积极的方面转化。

现代社会竞争激烈,大学生面临的学习、生活、情感和就业压力明显增大,由此产生的心理问题明显增多。心理问题已成为影响大学生健康成长的重要因素,要予以高度重视。要积极开展心理咨询工作,有针对性地帮助大学生处理好学习成才、择业交友、健康生活等方面的具体问题,提高克服困难、经受考验、承受挫折的能力,培养良好的心理品质,始终保持积极健康向上的心理状态。

4. 自身情感的修养

大学生在情感修养方面应该做到以下几点:能控制好愤怒与冲动,能理性把握欢乐与兴奋,会释放郁闷,能缓解压抑,能够享受孤独与封闭,能建立自然大方与人交流的心态,具有健康竞争的心态,具有承受失败、困难、痛苦以及悲痛之情的能力。大学应针对大学生对待不公平社会现象的感情抑制和理性选择等诸多具体问题,开展大量细致深入的教育和培训工作。这些教育和培训工作的开展除了依靠心理学的课堂教育和心理咨询以外,还需要融入大量的社会实践活动。

课堂活动10-1　生存选择

1. 活动目的

探讨并澄清价值观,通过交流认清生活中有价值的东西。

2. 活动准备

一份材料及统计表。

3. 活动步骤

步骤1:主持人告诉学生,地球上发生了核战争,人类将要灭亡,幸运的是,一位科学家发明了一个特别的核保护装置,谁能进入其中,谁就能生存下去。现在有10个人——大学老师、大学老师怀孕的妻子、我国著名篮球运动员、12岁的少女、外国游客、优秀的警官、年长的僧侣、流行歌手、著名的小说家和慢性病住院患者,但是核保护装置里的水和食品、空间有限,只能容纳7个人,也就是说,只有7个人能生存下去。请你决定谁应该活下去并说明理由,然后排出先后顺序。

步骤2:每个学生将自己的选择结果及理由记入统计表,并在小组内交流,为了获得小组一致的意见,全组应充分讨论,各抒己见,每个学生可以在讨论后修正自己的意见。

步骤3:每个小组派代表在整个团体中介绍小组的决定及讨论情况。小组成员可保留自己的意见,到团体中再阐明。

注意:这个练习包含着丰富的寓意,充分体现了每个学生的价值观及对未来社会的憧憬或理想;讨论并不要求得出一致的结论,真正的目的在于使学生在讨论过程中了解自己的价值观及他人的价值观,并通过他人的启发,调整自己的认识,认清生活中重要、有意义的是什么。

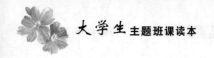

课堂活动 10-2 墓志铭

1. 活动目的

协助学生反省个人价值观,了解自己的人生目标。

2. 活动准备

"墓志铭"资料(表 10.2)。

3. 活动步骤

步骤1:介绍练习背景,举例说明如何写墓志铭(可以简单至只有名字、生卒年,也可以长篇大论),还可以举一些名人的墓志铭。

步骤2:发给每人一份"墓志铭"资料。

步骤3:小组内交流并讨论以下问题。

(1) 在这么多成员的墓志铭中,你觉得哪些成员的人生目标吸引你并值得尊重?

(2) 哪些人的成就是真正的成就?为什么?

(3) 你认为对社会或对他人最有贡献的人是谁?

(4) 假如重新写墓志铭,你又会写些什么?

"墓志铭"资料

1. 假设你得病即将离世,现在要替自己写墓志铭,反映自己的一生。墓志铭将会刻在墓碑上,供人凭吊。

2. 墓志铭上除了生卒年外,至少还要包括以下内容。

(1) 一生的最大目标。

(2) 在不同年龄时的成就。

(3) 对社会、家庭或其他人的贡献。

(4) 我是一个怎样的人。

附:一些中外名人的墓志铭

一个在海边拾贝壳的孩子。——牛顿

从苍天处取得闪电,从暴君处取得民权。——富兰克林

我的耳朵宛如贝壳,思念着大海的涛声。——聂耳

看在耶稣的份上,好朋友,切莫挖掘这黄土下的灵柩;让我安息者将得到上帝祝福,迁我尸骨者将受亡灵诅咒。——莎士比亚

他总是以他自己的一颗人类的善心对待所有的人。——贝多芬

睡在这里的是一个热爱自然和真理的人。——卢梭

(二) 对亲情的教育

亲情教育,狭义上是指培养家庭成员之间的密切关系,培养学生对亲情的重视程度,强调心与心的交流。

热爱父母、感谢父母、心怀父母,是中华民族的传统美德,也是大学生首先应该具备的道德情感和做人品质。父母可谓是世界上最无私奉献的人,他们在各方面给予孩子无微不至的关心与照顾,在孩子上学以后更是不遗余力地给予支持,为了支付学费和生活费,给孩子上补习班、兴趣班,父母省吃俭用。但是纵观大学生的表现令人寒心,很多学生追求享受,吃喝玩乐,不好好学习,枉费父母的心血。因此,亲情教育是全部道德教育的基点和起点,不

管是小学、中学还是大学,应该开展相应的爱老敬老、报效父母养育之恩的教育,这是学校育人的根本,是培养学生报效祖国的基础,应该成为首要的德育任务。

案例分析 10-4

东乡族女孩马淑花的家乡在中国西部的甘肃省临夏回族自治州广河县,23岁的她是西北师范大学汉语言文学专业的学生。因为家庭贫困、父亲早逝,从进入大学伊始,马淑花一边读书,一边把丧失劳动能力的母亲带在身边照料。马淑花每天五点起床,给母亲做早点。课多的时候,她早上给母亲做好午饭,自己带午饭到学校,晚上再回家做饭。"每月拿到补课费的第一件事就是给妈妈买药,再交房租、水电费。"马淑花说。

案例分析 10-5

《"我到哪里,妈妈就到哪里"——湖南"奔梦女孩"邹晴带着母亲上大学》这篇新闻的主人公是湖南环境生物职业技术学院2019年医学院学生。

2001年10月,邹晴出生在湖南衡阳县曲兰镇船山村一个贫苦的农民家庭,母亲患小儿麻痹症,父亲体弱多病。读小学四年级时,邹晴每天早早起床,帮母亲穿衣服、洗漱、做早餐;放学后,回家煮饭,给妈妈洗脚、擦身,完成家务后再去学习。在她的照顾下,母亲没吃过一顿冷饭,没生过一次褥疮。

2019年,邹晴考入湖南环境生物职业技术学院,并带着母亲在学校附近租了一间屋子。学校党委书记苏立得知相关情况后,为邹晴母女在校内免费提供一套住房,并免去水电费,同时从基金会支出20 000元慰问金,在苏立将邹晴的事迹发至微信朋友圈后,爱心人士又捐助38 700元。面对学校领导老师的关心关怀,邹晴说:"照顾妈妈是我最基本的义务,我到哪里,妈妈就到哪里。有这么多领导老师的关心,我一定加倍努力读书,将来做一个有能力回馈社会的人"。

(三) 对友情与爱情的教育

大学生正值青春期,喜欢交朋友。但由于缺乏持续有效的教育引导,当代大学生在处理友情的标准、方式和方法等方面存在一定的缺陷。一些大学生交朋友不注意选择,以义气取代一切。还有一些大学生不知道如何健康地恋爱。他们盲目恋爱,只求现在而不管将来,其实内心充满压力,却不懂如何处理,跟心理咨询老师也难以开口,造成情感方面的封闭。因此,大学德育和管理工作应该调整工作重心和方式,从"学生是不可以恋爱的"认识束缚中走出来,正视现状,切实担负起学生恋爱的导师,帮助学生建立正确的爱情观和健康的恋爱情感心态,培育学生健康的婚姻观和家庭责任感,为学生将来营造幸福的生活打下良好的基础。这种科学的人性化的"教导法"和"疏导法"相比传统的"禁锢法"和"围追堵截法"会取得更好的教育效果。

在对待情感问题上,建议大学生:一是树立正确的人生观、世界观、价值观和事业观,有明确的目标和追求;二是理解什么是爱,懂得爱的真谛;三是对待恋爱要客观,思考问题不走极端,坦坦荡荡,自我纠正不良情感;四是失恋时,多与朋友交流,多与家人交流,多与老师交流,尽快摆脱苦恼;五是一旦认为情感状态失去控制,就要及时进行自我调整,或者向心理医生、心理辅导员咨询。实践证明,对待情感问题用嘲笑斥责、粗暴禁止、简单化处理的方式,不仅达不到预期的效果和目的,而且会使事情走向反面。苏霍姆林斯基就曾经说过,教育要

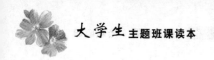

善于掌握分寸,要有敏锐、体贴入微的态度,以便让爱情作为一种能使人高尚的珍贵情感,进入正在成长的年轻一代的精神生活中去。这在对青年学生处理情感问题的疏导和教育中是十分值得我们思考和借鉴的。

案例分析 10-6

高校男生李某与女生陈某两人恋爱两年半后,陈某以性格不合、自己已有新的喜欢对象为由提出分手,李某不同意,并试图挽回陈某。李某曾在宿舍一个人喝下一瓶白酒,在宿舍大叫,影响其他同学学习和休息,他自己也天天烦躁、郁闷,无心学习,荒废学业。在分手这段时间,李某茶不思饭不想,严重影响了自己的身心健康。

课堂活动 10-3　人山人海

1. 活动目的

增强成员间的友谊和相互的协调性。

2. 活动时间

约20分钟。

3. 活动步骤

步骤1:两个学生背靠背,坐在地上。

步骤2:两人双手相互交叉,合力一同起立。

步骤3:按此原理,可多人一起参加此游戏,最后全体成员一同参加游戏,达到全体一起起立的效果。

4. 活动分享

(1) 你能仅靠一个人的力量完成起立的动作吗?

(2) 你们小组是怎样协作完成起立动作的?

(四) 对社会、国家和家乡的热爱教育

爱国是对自己国家和同胞的爱与关怀,需要情感表达和行动表示,需要参与到凝结公共利益的政治活动中。十九大报告指出,中国已进入了中国特色社会主义新时代,正致力于打造人类命运共同体。在这一背景下,要积极引导大学生在纷繁复杂的意识形态中牢牢把握马克思主义意识形态、坚定中国特色社会主义理想信念,在涉及国家主权和民族利益的关键问题上头脑清晰、明辨是非,既要在情感上积极爱国、站稳中国立场,又要在行动上理智科学、不盲目感性,努力做到理性爱国。

大学生是祖国的未来,是社会主义现代化的建设者和接班人,他们对国家、社会的感情和态度关系民族的兴衰。当代大学生的思想政治主流是健康积极向上的,即拥护党中央的领导、热爱伟大的祖国,但是也存在一些消极现象,如一些学生没有远大理想、心态不平衡、"两耳不闻窗外事,一心只读圣贤书"等,还有的学生每天沉溺于花前月下和网络激战之中。部分大学生对中国历史、党史和世界历史掌握肤浅,对党的先烈和光荣革命历程尊敬有余而感情不足,一旦面临经济利益诱惑或不良思想影响,他们的政治立场和情感的稳定性就非常值得担忧。因此,必须改进大学生的思想政治工作,本着"与时俱进"的方针,突出公民意识和权利义务教育,突出遵纪守法教育,突出国家最高利益教育,切实改进教育方式和方法,紧密结合大学生思想实际和生活实际,提高教育效果,达到不断提高大学生思想道德水平的目的。

五、大学生情感教育的方法

1. 困惑疏导法

狭义的心理疏导是一种以人本主义心理学和认知心理学为基础理论,通过言语的沟通技巧进行"梳理、泄压、引导",改变个体的自我认知,从而提高其行为能力和改善其自我发展的心理疏泄和引导方法。

2. 情绪宣泄法

情绪宣泄法是通过排出消极情绪进行心理治疗的方法。弗洛伊德在进行临床治疗时,曾采用自由谈话法,发现患者通过喋喋不休地尽情倾诉自己内心的隐私、吐露被压抑的消极情绪,能恢复心理机能,医治心理创伤,解除内心障碍。

3. 以情育情法

以情育情法是在一定条件下,个体可以借助语言、动作和面部表情直接影响他人,使对方产生同样的情感,达到思维情感上的共鸣。

4. 情感交流法

在学生心目中,理想的教育工作者应该是富有人情味的,他们待人诚挚热情,讲话婉转含蓄、幽默风趣,他们既是良师又是益友。在学生的教育管理中,要多理解、多尊重、多亲近学生。

5. 联谊互动法

大学生可以通过社团、协会、兼职环境或其他场所认识异性,他们也可以通过联谊活动接触异性并相互取长补短。大学生在联谊的场所中可以拓展交友圈、追求新体验,也可以实践对爱情的向往,利用面对面的互动,大学生可以通过交谈或双方的肢体动作了解对方。

专题十一
中国梦 我的梦

习近平总书记提出的实现中华民族伟大复兴的中国梦,具有深刻而丰富的内涵,具有重大的理论意义和现实意义。中国梦阐述的是中国未来发展走向的重大问题,本专题从命题、历史、本质、实践、世界的维度阐述了中国梦的内涵,从阶段性、时代性、民族性、普遍性等四个方面归纳了中国梦的特征并提炼了中国梦的时代价值,还从中国梦与个人梦的角度论述了中国梦的实现条件、实现路径以及对广大青年的要求。

教学目标

通过学习,使学生了解并掌握中国梦的内涵、特征、时代价值,明确中国梦的实现条件、实现路径,从思想深处认识到自己要不断振奋精神、砥砺奋进,为实现"两个一百年"奋斗目标和中华民族伟大复兴的中国梦不懈奋斗。

教学重点

(1) 掌握中国梦的内涵、特征及时代价值。
(2) 明确中国梦与个人梦的密切关系。
(3) 引导大学生从思想上和行动上自觉践行中华民族伟大复兴的中国梦。

一、中国梦的内涵

以习近平同志为核心的党中央站在一个新的历史方位和起点上,以世界眼光、战略思维提出的实现中华民族伟大复兴的中国梦,令人震撼、催人奋进,是对中国特色社会主义前途和命运的战略研判和美好期望。习近平总书记说:"实现中华民族伟大复兴的中国梦,就是要实现国家富强、民族振兴、人民幸福"。"中国梦"归根到底是人民的梦。每个中国人都有梦想,14亿中国人的梦想汇集起来就是中华民族伟大复兴的中国梦。

1. 命题的维度:中国梦是中华民族伟大复兴的形象表达

命题的维度,就是要从命题的提出及对现实生活所产生的影响和意义上来看问题。一个科学的理论体系,是由一系列相关命题、范畴、概念组成的,它们有内涵和外延的规定,有相互之间的辩证关系,有前后依存和发展的逻辑顺序。创新理论成果,必须在前人已经取得的理论成果的基础上,有所发现,有所发明,有所创造,有所前进。习近平总书记提出的中国梦,之所以成为党的理论创新的最新成果,是因为中国梦是一个新命题、新范畴、新概念。这个新命题、新范畴、新概念对党的中国特色社会主义共同理想,对中国共产党成立一百年时全面建成小康社会的目标,对新中国成立一百年时建成富强民主文明和谐的社会主义现代化国家的目标,对实现中华民族伟大复兴的奋斗目标,进行了老百姓喜爱、通俗易懂、形象生动的表达和表述。不仅如此,它还对这一系列的目标和任务,进行了统摄和提升,进行了高度概括、高度提炼、高度整合,将其聚焦、归结、叠加、落实到"中国梦"三个字上,这就成为十八大以来党的理论创新成果的一大亮点和聚焦点。

中国梦具有鲜明的中国特色、时代特色、大众特色。说它具有中国特色,是因为它如同我们用"小康社会""大同世界"来描述现代化的阶段性目标和未来的共产主义社会一样,蕴含了中国的历史底蕴和文化元素。说它具有时代特色,是因为它符合当今世界的潮流。当今世界,许多国家都以各自的"梦"来确定本国的奋斗目标、来提振人心,中国梦无疑是世界各国梦想中具有自己特定内涵和极强吸引力的一个。说它具有大众特色,是因为它的形式和内容都十分大众化,它不仅在表达方式上群众爱听,而且在表述内容上与中国社会的每一个人息息相关。中国梦的提出,充分体现了党的高度历史担当和使命追求,是新一届中央领导集体对全体人民的庄严承诺,是党和国家面向未来的政治宣言。

2. 历史的维度:中国梦是近代以来中华民族的夙愿和梦想

历史的维度就是从中国梦的历史由来和未来指向上来看问题。梦想体现的是一种理想,反映的是一种追求。只有创造过辉煌的民族,才懂得复兴的意义;只有经历过苦难的民族,才对复兴有深切的渴望。习近平总书记指出:"中国梦是历史的、现实的,也是未来的。"中国梦凝结着无数仁人志士的不懈努力和几代中国人的夙愿,承载着全体中华儿女的共同向往和期盼,体现了中华民族和中国人民的整体利益,昭示着国家富强、民族振兴、人民幸福的美好前景。

习近平总书记在参观"复兴之路"展览提出中国梦这一重大命题时,引用了"雄关漫道真如铁""人间正道是沧桑""长风破浪会有时"三句诗,对中华民族的昨天、今天、明天所经历的寻梦、追梦、圆梦奋斗历程和现实状况进行了生动的叙述和描绘,这就给我们认识和了解中国梦提供了深邃的历史眼光。历史、现实、未来是相通的,历史可以映照现实、折射未来,看历史就会看清现在、看到前途。中华民族历史悠久,为人类文明做出了不可磨灭的贡献。

回顾历史我们可以清晰地看到,实现中华民族伟大复兴是自鸦片战争以来中国历史发展的一条主线,是中国共产党90多年革命、建设、改革历史的一个主题。中国梦就是在这样的历史背景下提出来的,它进一步揭示了中华民族的历史命运,宣示了中国共产党人的历史使命,指明了当代中国的未来发展方向。

3. 本质的维度:中国梦归根到底是人民的梦

本质的维度就是从中国梦的基本内涵和本质规定上来看问题。中国梦内涵丰富,意蕴深远,凸显了以人为本、家国天下的情怀。习近平总书记深刻指出,中国梦的本质和基本内涵就是"国家富强、民族振兴、人民幸福""中国梦是国家的梦、民族的梦,也是包括广大青年在内的每个中国人的梦""中国梦归根到底是人民的梦""国家好、民族好,大家才会好"。他的这些重要论述,深刻阐释了中国梦的本质规定和丰富内涵,阐释了国家、民族、个人三者在实现中国梦的过程中相互依赖、相互依存的辩证统一关系。

习近平总书记特别指出,我们的人民"期盼有更好的教育、更稳定的工作、更满意的收入、更可靠的社会保障、更高水平的医疗卫生服务、更舒适的居住条件、更优美的环境,期盼孩子们能成长得更好、工作得更好、生活得更好"。这里他讲的都是人民群众一个个具体的、实实在在的、个人的梦想。中国梦是追求幸福的梦。在当今改革开放放飞梦想的时代,有梦想、有机会、有奋斗,一切都有可能,一切美好的东西都能创造出来。

人民群众是实现中国梦的主体,是中国梦的创造者、追求者、享有者。中国梦必须紧紧依靠人民群众来实现,必须不断为人民群众造福和带来利益。实现中华民族伟大复兴,是宏大的事业、艰巨的任务,不是哪一个人、哪一部分人的梦想,而是中华民族和全体中国人民共同的追求;中国梦的实现,不是成就哪一个人、哪一部分人,而是造福中华民族和全体中国人民。因此,中国梦的深厚源泉在于人民,中国梦的根本归宿也在于人民。中国梦的提出,从以人为本的角度看,更是体现和展示了中国共产党的性质和宗旨,闪烁着马克思主义唯物史观的光芒。

4. 实践的维度:实现中国梦要坚持和遵循"三个必须"

实践的维度就是从中国梦实现的途径和方法上来看问题。实现中国梦的道路在何方?

精神支撑是什么？力量源泉在哪里？这是必须明确和解决的重大根本性问题。习近平总书记明确指出，实现中国梦必须走中国道路，必须弘扬中国精神，必须凝聚中国力量。这三个"必须"，把道路、精神、力量契合到一起，成为党团结带领人民实现中国梦的基本遵循。

中国道路就是中国特色社会主义道路，是实现中国梦的政治前提和基本条件，是我们前进的方向和路径选择。历史事实表明，道路决定命运。没有正确的道路，再美好的愿景、再伟大的梦想都不能实现。中国的历史文化、历史命运、历史条件决定了中国人民必须在自己选择的道路上实现自己的梦想。我们选择的中国特色社会主义道路来之不易。无数事实证明，封闭僵化的老路是一条死路，改旗易帜的邪路是一条绝路，而中国特色社会主义道路是一条光明的、通向未来的新路，代表了当代中国发展进步的根本方向，是实现中国梦的必由之路。在今后的征程上，我们要大胆探索，不断实践，继续奋力开拓和走好这条路。

中国精神就是以爱国主义为核心的民族精神和以改革创新为核心的时代精神，是实现中国梦的精神动力、思想保障和文化支持。民无魂不立，国无魂不强。实现中国梦，要求我们不仅在物质上强大起来，而且在精神上强大起来。以爱国主义为核心的民族精神和以改革创新为核心的时代精神，就是中华民族的振兴之魂，就是我们国家的强国之魄。爱国主义始终是把中华民族坚强团结在一起的精神力量，改革创新始终是鞭策我们在改革开放中与时俱进的精神力量。过去，我们的国家和民族，靠顽强拼搏和自强不息的奋斗精神，从积贫积弱一步步走到今天的发展繁荣。在今后的征程上，我们要奋力前行，开创新的局面，必须继续大力弘扬中国精神，振奋起全民族的"精气神"来。

中国力量就是全国各族人民大团结的力量，是实现中国梦的不竭动力、力量源泉和根基血脉。人民是历史的创造者和改革开放事业的实践主体，各族人民大团结的力量，是党克服各种困难、战胜风险挑战的决定性因素。中国梦是中国人民的梦，每一个中国人都具有追求梦想的权利。正如习近平总书记指出的那样："生活在我们伟大祖国和伟大时代的中国人民，共同享有人生出彩的机会，共同享有梦想成真的机会，共同享有同祖国和时代一起成长与进步的机会。"人民大众的力量是无穷的，只要我们紧密团结，万众一心，为实现共同梦想而奋斗，实现梦想的力量就无比强大，我们每个人实现梦想的努力就有了意义。

5. 世界的维度：中国梦是和平、发展、合作、共赢的梦

世界的维度就是从中国梦与世界各国的关系上来看问题。中国梦给邻国、给世界会带来什么？如何看待中国梦与世界其他各国人民梦想的关系？习近平总书记在国际交往的多种场合多次宣示：中国梦是和平、发展、合作、共赢的梦，与世界各国人民的美好梦想相通。中国梦是奉献世界的梦。在东南亚、在中亚、在非洲、在拉美、在欧洲，他一再重申这一重要理念。2013年10月24日，习近平总书记在周边外交工作座谈会上的讲话指出："把中国梦同周边各国人民过上美好生活的愿望、同地区发展前景对接起来，让命运共同体意识在周边国家落地生根。"

中国梦是追求和平的梦。没有和平，中国和世界不可能顺利发展。实现中国梦给世界带来的是机遇不是威胁，是和平不是动荡，是进步不是倒退。中国的发展离不开世界，世界的发展也需要中国。中国将坚定不移走和平发展道路，坚定不移奉行独立自主的和平外交政策，坚定不移奉行互利共赢的开放战略。中国的发展，是世界和平力量的壮大，是传递友谊的正能量。

中国梦不仅造福中国人民，而且造福世界各国人民。中国梦与中国人民追求美好生活

的愿景是相连的,也是与各国人民追求和平与发展的美好梦想相通的。中国是世界上最大的发展中国家,办好中国的事情,实现国家的发展和稳定,本身就是对世界的巨大贡献。同时,中国坚持合作共赢,与中国交往的各国都会从中受益。而随着国力的不断增强,中国将在力所能及的范围内承担更多的国际责任和义务,为人类和平与发展的崇高事业做出更大的贡献。

中国梦的提出,对国际社会产生了广泛影响,增强了中国对世界的吸引力和感召力,树立了中国在国际上负责任大国的良好形象,也向全世界做了中国坚定不移走和平发展道路的庄严宣示。

二、中国梦的特征

1. 阶段性

阶段性是渐进性改革和发展的一个基本表达方式。从党的十八大对中国未来发展的战略性顶层设计看,当代中国梦的阶段性集中体现在"两个一百年及实现中华民族伟大复兴"的三步走战略上。这三步走战略是一个有机的逻辑过程,既坚持了科学社会主义基本原则,又根据时代条件赋予其鲜明的中国特色,以全新的视野深化了对中国共产党执政规律、社会主义建设规律、人类社会发展规律的认识。

2. 时代性

一个政党能否始终做到与时代同行,决定着这个党的前途和命运。中国共产党在民主革命时期推翻三座大山,实现了新民主主义;在社会主义革命时期完成生产资料的社会主义改造,建立了社会主义制度。党之所以在这样的艰难险阻环境下能够攻坚克难走过来,靠的就是审时度势,与时代、与时间、与世界同行的智慧。今天,在社会主义建设和改革新时期,要实现社会主义现代化和中华民族全面复兴的任务,把我国真正建设成富强、民主、文明、和谐的社会主义现代化国家,更应该顺应浩浩荡荡的时代潮流,更应该体现时代性、把握规律性、富有创造性。

3. 民族性

中华民族文化源远流长,博大精深,需要精心细致地"雕琢",才能发现其勤劳勇敢、谦逊实际的内在本质属性。越是民族认同的,越是文化的宝典。当代中国梦必须建立于民族优秀文化传统之上,坚持马克思主义的科学方法和态度,注意防范价值观上的历史虚无主义和民粹主义两种风险和错误,使传统美德融于中国梦的实现中。

4. 普遍性

当代中国梦是我们国家和民族价值体系中最本质、最具决定作用的目标,它支撑和影响着所有价值判断。当代中国梦,不仅属于中国更属于世界。实现当代中国梦,就是要不断体现社会主义最本质的永恒的规律性,要始终能够关照时代和人民大众的现实需求。

三、中国梦的时代价值

中国梦系列观点提出以来,在党的治国理政各方面突显强大的推动力,已经成为凝聚全党全国各族人民团结奋斗的一面旗帜,彰显出推进中国特色社会主义事业发展、实现中华民族伟大复兴、为人类做出较大贡献的时代价值。

1. 为坚持和发展中国特色社会主义打开了新视野

习近平总书记在十二届全国人大一次会议闭幕式上强调,实现全面建成小康社会、建成富强民主文明和谐的社会主义现代化国家的奋斗目标,实现中华民族伟大复兴的中国梦,就是要实现国家富强、民族振兴、人民幸福。这就告诉我们,民族复兴的中国梦与社会主义现代化的奋斗目标是高度统一的,这种统一性为坚持和发展中国特色社会主义进一步打开了新视野。

中国梦拓展了马克思主义中国化、时代化、大众化的新空间。理论在一个国家实现的程度,总是取决于理论满足这个国家需要的程度。马克思主义之所以在中国显示出蓬勃生机和旺盛活力,关键是它始终与中国革命、建设、改革和发展的需要相适应,并不断实现中国化、时代化、大众化。中国梦彰显了当代中国发展的客观需要,是推进马克思主义中国化、时代化、大众化的新引擎。一方面,中国梦是当代中国各族人民共同的理想追求,从根本上规定了马克思主义中国化、时代化、大众化的前进方向。另一方面,实现中国梦也需要克服当代中国发展面临的一系列时代课题,为马克思主义在当代中国引领实践、攻坚克难,提供大有作为的空间。马克思主义中国化的每一次历史性飞跃,都是以马克思主义之"矢"射中国实际问题之"的"的结果。

中国梦确立了中国道路、中国精神、中国力量的新导向。习近平总书记强调,实现中国梦必须走中国道路,必须弘扬中国精神,必须凝聚中国力量。彰显了中国梦是拓展中国道路、弘扬中国精神、凝聚中国力量的目标导向,彰显了中国梦的实现途径和强大支撑。"梦在前方,路在脚下",这是中国梦与中国道路相互关系的生动写照,进一步指明了坚持和拓展中国特色社会主义道路的前进方向。中国梦内蕴着富强、民主、文明、和谐的核心价值,标明了弘扬中国精神的价值理想。只有向着实现中国梦的方向大力弘扬以爱国主义为核心的民族精神和以改革创新为核心的时代精神,才能展现中国精神推动历史前进的强大能量。中国梦是中国各族人民利益的汇合点,是中国力量的着力点、聚焦点、落脚点,各族人民只有向着中国梦的目标共同奋斗,才能真正形成大团结的磅礴力量。在中国梦这一目标导向的引领下,必将演绎中国道路、中国精神、中国力量"三足鼎立"的时代话剧,推出更加精彩绝伦、叹为观止的"中国故事"新篇章。

中国梦明确了在中国特色社会主义总布局下推进改革和建设的新要求。党的十八大确定了经济、政治、文化、社会和生态文明建设"五位一体"的中国特色社会主义建设总布局。在这个总布局下科学统筹我国各项改革和建设,促进现代化建设各方面相协调,促进生产关系与生产力、上层建筑与经济基础相协调,是坚持和发展中国特色社会主义的必然要求。中国梦集中体现了"富强中国""民主中国""文明中国""和谐中国""美丽中国"的有机统一,体现了在中国特色社会主义总布局下推进各项建设、改革和发展的必然要求。与此同时,习近平总书记还强调,实现中华民族伟大复兴是强国梦,对军队来说也是强军梦。这就进一步明确了国防和军队建设是中国特色社会主义总体布局的重要组成部分,明确了强军梦也是中国梦的内在组成和强大支撑,必须将富国与强军这两大中华民族复兴的"基石"结合得更为紧密,将安全与发展统筹得更加科学,这样才能使中国特色社会主义发展进程在强军的保障下顺利推进。因此,实现中国梦的历史进程,既是我国经济、政治、文化、社会和生态文明建设全面协调可持续发展的历史进程,也是富国与强军有机融合、相互推动的历史进程。

2. 为凝聚全国人民智慧和力量攻坚克难提供了新坐标

离目标越近,前进阻力就越大,道路也越艰辛,越要警惕功败垂成。

当代中国面临的机遇前所未有,我们离民族复兴从未如此之近,面临的挑战也前所未有,民族复兴遇到的阻力从未如此之大。这种阻力来自国内、国际两个方面。从国内看,我们处于全面建成小康社会和全面深化改革开放的进程之中,人民日益增长的物质文化需要同落后的社会生产之间的矛盾处于质变的关键节点,改革遇到的都是"硬骨头"和"险滩"。解决社会主要矛盾必须取得根本性突破,深化改革必须克服重重难关,化解种种风险。从国际看,我们处于赶超世界发达国家的特殊跨越时期,对全球战略格局正在产生深远影响,导致遏制我国发展的阻力空前增大,我国受到国际社会越来越多的关注。克服错综复杂的矛盾和困难,只能依靠全国各族人民团结奋斗的伟力。而真正能够凝聚人民团结奋斗、攻坚克难的,唯有中国梦。

中国梦内蕴着攻坚克难的强劲动力。人民群众对自己利益的追求是创造历史的强大动力。中国梦描绘了民族复兴的光明前景,描绘了实现好、维护好、发展好最广大人民根本利益的宏伟蓝图,最大限度地兼顾和包容了各族人民的根本利益,有利于把全国人民更好地凝结成"利益共同体""命运共同体"。实现中国梦,就能充分保障人民享有的经济、政治、文化、社会等各方面权益,让发展成果为广大人民所共享。这样,无论哪个阶层、哪个领域、哪个方面的群众,都能从民族复兴的光明前景中看到自身利益所在,都能从国家富强、民族振兴中真切品尝自身利益的果实,从而紧密团结起来,共同推进民族复兴的伟大历史进程。因此,中国梦归根到底是人民的梦,是"使群众认识自己的利益,并且团结起来,为自己的利益而奋斗"的梦。共圆中国梦,必将焕发出共同理想、共同目标、共同事业所具有的强大凝聚力。

中国梦内蕴着攻坚克难的价值支撑。富强民主文明和谐的灿烂图景,只有让人民公平共享,才能真正体现其价值。习近平总书记强调:"生活在我们伟大祖国和伟大时代的中国人民,共同享有人生出彩的机会,共同享有梦想成真的机会,共同享有同祖国和时代一起成长与进步的机会。"这"三个共同享有",充分彰显了公平正义,尤其是机会公平的价值理念。过去的岁月,个人的创业梦、宜居梦、小康梦与国家的民族独立梦、"两弹一星梦""奥运世博梦""航天潜海梦"交相辉映,互动交融,从根本上讲,这是与公平正义的核心价值在全社会的伸张紧密相连的。但也要看到,一些地方、一些领域,人民群众对公平正义的渴求从未如此强烈。在一个社会,如果某种特殊利益群体既垄断了现有利益,又垄断了追求未来利益的机会,堵塞了人民群众向上正常流动的渠道,那么,这个社会就是不稳定的社会。"三个共同享有"所倡导的公平正义理念,为全体人民共享机会公平和改革红利,提供了最佳道义支撑,必将引领当代中国突破利益固化藩篱,走向共同富裕与和谐稳定。

中国梦内蕴着攻坚克难的广阔路径。中国梦与中国特色社会主义目标追求的高度统一,决定了中国梦是目标与手段、理想与路径的统一。中国特色社会主义回答和解决了民族复兴的一系列重大理论和实际问题,展示了民族复兴的光明前景。解放思想、实事求是、改革开放,犹如一根系着一串又一串破解民族复兴难题金钥匙的红线,贯穿中国梦的全部篇章。党中央基于解放思想、实事求是、改革开放提出的关于民族复兴的一系列重大理论观点和战略思想,已经并正在直接或间接地转化为实现中国梦的重大决策、战略部署、政策法规、制度机制、工作思路、精神动力等,为中国梦筑起坚实而广阔的具体道路。新时期以来,人民群众在这样的复兴之路上已经创造了"中国奇迹""中国震撼"。面向未来,党和人民必将在破解民族复兴的一个又一个时代课题中铸就新的更大辉煌。

3. 为推动中国与世界和谐发展注入了新动能

中国梦与世界梦是辩证的统一,是中华民族利用自身特有优势推进中国与世界和谐发展的新范式。中国共产党人在领导中国人民实现中国梦的历史进程中,也丰富和拓展着推进人类文明发展的新途径,必将为世界各国推动人类文明跃升提供有益借鉴。

中国梦是发展自己与为人类文明做贡献的统一。当今时代,任何国家都是与世界紧密相连、密不可分的。自身的发展往往与世界的发展具有联动性,呈现同频共振、互动发展的态势。如果以自我为中心,只考虑本国的发展,甚至以牺牲别国的利益为代价谋求自我发展,人类就会陷于纷争与冲突之中,最终也会危及自身发展。因此,追求自身发展必须同时着眼于推进世界和平和人类共同进步。中国梦,把发展自己与为人类文明做贡献统一起来,把发展的基点放在立足本国实际上,既不搞对外掠夺扩张,也不把国内矛盾转嫁到国外;既不搞冷战对抗,也不依赖所谓西方"扶持",而是依靠自身力量解决自己的问题,这本身就是对世界发展的巨大贡献。中国在有效利用国际和平环境和经济全球化带来的机遇发展自己的同时,也以自身繁荣稳定回馈世界,不仅为世界经济逐步走出危机低谷发挥了强大的引擎作用,而且通过互利共赢、多元平衡、安全高效的开放型经济体系进一步深化与外部世界的联系、互动和合作,给世界各国发展带来更多"红利",注入了更多富有建设性的能量。

中国梦是推进中华文明与丰富社会主义文明的统一。中国梦是国际共产主义运动在当代中国的现实展开,是科学社会主义基本原则在当代中国结下的实践之果,体现了中华文明与社会主义文明的高度统一。我们在科学总结社会主义建设正反两方面历史经验的基础上,深刻认识到社会主义没有一个统一的模式,而必须与本国实际结合起来,与本国那些最具包容性、开放性、进取性的优秀民族传统结合起来,从而找到了丰富和发展社会主义文明的"密钥"。我们打破"一大二公三纯"的僵化模式,引入市场经济,把多种所有制与公有制主体结合起来,把多种分配方式与按劳分配主体结合起来,使一切积极因素为发展社会主义竞相释放潜能。我们把附加在社会主义名下的错误的东西剥离开来,在解放和发展社会生产力的同时,更加重视人的全面发展,推动社会主义文明向着"自由人的联合体"方向跃升。从这个意义上说,中国梦在探索、开辟中国特色社会主义道路的伟大历史进程中,必将进一步焕发社会主义的独特优势和内在生命力。

中国梦是与世界各国共享战略机遇和共同应对挑战的统一。随着经济全球化和科技信息化深入发展,各国利益相互交织,你中有我、我中有你,一个国家的发展往往也会惠及他国,任何国家在抢抓战略机遇的过程中,都应摒弃"独占""独有""独霸"思维,树立"共有""共享""共赢"理念,与其他国家一起共享战略机遇,分享全球红利。同时也要看到,一个国家或地区的发展面临的风险,往往也会波及其他国家或地区。因此,各国在应对全球性危机的过程中,应树立团结协作意识,彼此分担相应的国际责任。而中国梦,就是把共享战略机遇与共同应对挑战统一起来的伟大梦想。它做出了"坚持把中国人民利益同各国人民共同利益结合起来"的庄严承诺,体现了惠济天下的大国胸襟和分担全球责任的铁肩道义。中国梦的大力倡导和实践,促进世界各国取长补短、互惠互利,站在全人类共同利益的战略高度携手应对共同面临的危机和挑战,必将使人类文明之花绽放得更加光彩夺目。

四、中国梦和个人梦

中国梦是国家的、民族的,也是每一个中国人的。

1. 中国梦是个人梦的体现

实现中华民族伟大复兴,就是中华民族近代以来最伟大的中国梦。这个梦想凝聚和寄托了几代中国人的夙愿,体现了中华民族和中国人民的整体利益,是每一个中华儿女的共同期盼。

2. 中国梦是个人梦的保障

"国家好、民族好,大家才会好。"习近平总书记这句话明白透彻地阐述了中国梦对于个人梦的重要性。历史告诉我们,每一个人的前途命运都是和整个国家的前途命运、民族的前途命运密切关联。

在中法建交50周年纪念大会上,习近平总书记进一步指出:中国梦是中华民族的梦,也是每个中国人的梦。我们的方向就是让每个人获得发展自我和奉献社会的机会,共同享有人生出彩的机会,共同享有梦想成真的机会,保证人民平等参与、平等发展权利,维护社会公平正义,使发展成果更多更公平地惠及全体人民,朝着共同富裕方向稳步前进。

3. 个人梦是中国梦的组成和动力

习近平总书记指出,只有每个人都为美好梦想而奋斗,才能汇聚起实现中国梦的磅礴力量。"中国梦是我们的,更是你们青年一代的",中华民族伟大复兴终将在广大青年的接力奋斗中变为现实。

五、中国梦的实现条件

1. 必须坚持中国特色社会主义道路

实现中国梦,必须坚持中国特色社会主义道路。我们已经在这条道路上走了几十多年,历史证明,这是一条符合中国国情、富民强国的正确道路,我们将坚定不移地沿着这条道路走下去。道路关乎党的命脉,关乎国家前途、民族命运、人民幸福。

中国特色社会主义道路、中国特色社会主义理论体系、中国特色社会主义制度是党和人民这么多年奋斗、创造、积累的根本成就,必须倍加珍惜、始终坚持、不断发展。

2. 必须弘扬中国精神

实现中国梦,必须弘扬中国精神。用以爱国主义为核心的民族精神和以改革创新为核心的时代精神振奋全民族的"精气神"。这种精神是凝心聚力的兴国之魂、强国之魄。爱国主义始终是把中华民族坚强团结在一起的精神力量,改革创新始终是鞭策我们在改革开放中与时俱进的精神力量。

3. 必须凝聚中国力量

实现中国梦,必须凝聚中国力量。这就是中国各族人民大团结的力量。空谈误国,实干兴邦。我们要用14亿中国人的智慧和力量,一代又一代中国人的不懈努力,把我们的国家建设好,把我们的民族发展好。

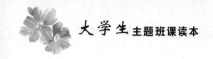

4. 必须坚持和平发展

实现中国梦,必须坚持和平发展。我们将始终不渝走和平发展道路,始终不渝奉行互利共赢的开放战略,不仅致力于中国自身发展,也强调对世界的责任和贡献;不仅造福中国人民,而且造福世界人民。实现中国梦给世界带来的是和平,不是动荡;是机遇,不是威胁。

六、中国梦的实现路径

"实现中华民族伟大复兴的中国梦,是中国各族人民的共同愿景。为此,我们将坚持把发展作为第一要务,坚持以人为本,坚持改革开放,全面推进经济建设、政治建设、文化建设、社会建设、生态文明建设,促进现代化建设各个方面、各个环节相协调。"习近平总书记的这段话概括地论述了中国梦的实现路径。

1. 坚持把发展作为第一要务

和平与发展是时代主题。发展是加强国家硬实力的唯一出路。尽管我们不唯GDP,但发展永远是硬道理。2014年李克强总理在政府工作报告中指出,我们追求的发展,是提高质量效益、推进转型升级、改善人民生活的发展。发展是解决一切问题的关键。

2. 坚持以人为本

对我们的工作来说,以人为本的含义和要求是:把人当人看,保护和尊重人权;人是发展以及一切工作的出发点和落脚点,这里的人就是人民群众;以民生为本,我们工作的根本目的,是让全体人民过上好日子。

3. 坚持改革开放

改革开放是决定当代中国命运的关键一招,也是决定实现"两个一百年"奋斗目标、实现中华民族伟大复兴的关键一招。解决当前各种问题,关键在于深化改革。我们正处在改革的攻坚期和深水区,要以壮士断腕的决心、背水一战的气概,从群众最期盼的领域改起,从最突出的问题改起,从能够达成共识的环节改起。全面深化改革的核心是政府与市场的关系,要发挥好市场的决定性作用,也发挥好政府的作用。

4. 全面推进"五位一体"总体布局

全面推进"五位一体"总体布局,就是全面推进经济建设、政治建设、文化建设、社会建设和生态文明建设。

七、中国梦对我们的要求

1. 坚定理想信念

"功崇惟志,业广惟勤"。理想指引人生方向,信念决定事业成败。没有理想信念,就会导致精神上"缺钙"。中国梦是全国各族人民的共同理想,中国特色社会主义是我们实现中国梦的正确道路,也是我们应该牢固确立的人生信念。

2. 练就过硬本领

我们的素质和本领直接影响着实现中国梦的进程。应该把学习作为首要任务,作为一种责任、一种精神追求、一种生活方式。学习是成长进步的阶梯,实践是提高本领的途径。树立梦想从学习开始、事业靠本领成就的观念,让勤奋学习成为青春远航的动力,让增长本领成为青春搏击的能量。

3. 勇于创新创造

创新是民族进步的灵魂,是一个国家兴旺发达的不竭源泉,也是中华民族最深沉的民族禀赋。正所谓:"苟日新,日日新,又日新"。生活从不眷顾因循守旧、满足现状者,从不等待不思进取、坐享其成者,而是将更多机遇留给善于和勇于创新的人们。广大青年学生更应该走在创新创造的前列。

4. 矢志艰苦奋斗

人类的美好理想,都不可能唾手可得,都离不开筚路蓝缕、手胼足胝的艰苦奋斗。我们从积贫积弱走到今天的发展繁荣,靠的就是一代又一代人的顽强拼搏,靠的就是自强不息的奋斗精神。梦在前方,路在脚下。自胜者强,自强者胜。实现我们的发展目标,需要锲而不舍、驰而不息地奋斗。

5. 锤炼高尚品格

要把正确的道德认知、自觉的道德养成、积极的道德实践紧密结合起来,自觉树立和践行社会主义核心价值观,带头倡导良好社会风气。要加强思想道德修养,自觉弘扬爱国主义、集体主义、社会主义思想,积极倡导社会公德、职业道德、家庭美德。要牢记"从善如登,从恶如崩"的道理,始终保持积极的人生态度、良好的道德品质、健康的生活情趣。

八、为实现中国梦而努力

谈论中国梦,就要思考中国梦与自己的关系、自己为实现中国梦应尽的责任。

1. 凝聚力量

用中国梦打牢思想基础。用中国梦激发人们的历史责任感,特别是广大青年。为每个青年播种梦想、点燃梦想,让更多青年敢于有梦、勇于追梦、勤于圆梦,让每个青年都为实现中国梦增添强大的青春能量。积极为人们特别是广大青年实现梦想提供服务。

2. 勤勉尽责

青年学生的责任,就是要接过历史接力棒,为实现中国梦而努力奋斗。责任重于泰山,事业任重道远。每个青年学生要以高度的责任感投身学习和认真做事,最重要的是端正学习和做事的动机与目的。以责任感投身学习和认真做事,学习和做事就有了正确的态度和作风。不以责任感做事,做事可能做不准,即做不到关系全局的关节点上,做不到事物发展的规律性上,做不到群众的心坎上。

3. 改进作风

要坚决反对形式主义、官僚主义、享乐主义、奢靡之风,保持艰苦奋斗。人世间的一切幸福都要靠辛勤的劳动来创造,凡事都要抓落实,抓落实的绝招就是抓住不落实的事、追究不落实的人。

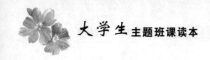

4. 坚持公平正义

社会主义社会应当是人类迄今为止最具有公平正义的社会。公平正义是领导工作的原则,公平正义是领导工作的价值,公平正义是领导工作的目标,公平正义是领导工作的使命。社会主义核心价值观把公正和平等作为重要内容,青年学生要带头践行,把公平正义刻在脑子里,贯穿在一切学习和工作中,为全社会实现公平正义贡献自己的力量。

专题十二
践行社会主义核心价值观 汇聚实现中国梦精神动力

核心价值观,承载着一个民族、一个国家的精神追求,体现着一个社会评判是非曲直的价值标准,是全国各族人民共同认同的价值观"最大公约数",关乎国家前途命运,关乎人民幸福安康。党的十八大报告提出了"倡导富强、民主、文明、和谐,倡导自由、平等、公正、法治,倡导爱国、敬业、诚信、友善"的社会主义核心价值观,为我国意识形态领域的发展与统一提供了明确的方向与要求。社会主义核心价值观的凝练和提出,既是我国社会主义建设、改革历史与现实发展的必然要求,又是应对我国正处于全面深化改革关键时期所面临的复杂形势与时代要求的需要。大学生是中国特色社会主义事业的建设者和接班人,核心价值观教育问题至关重要。习近平总书记在北京大学师生座谈会上强调指出:"青年的价值取向决定了未来整个社会的价值取向,而青年又处在价值观形成和确立的时期,抓好这一时期的价值观养成十分重要。"当然,我们也必须看到,核心价值观教育是一个系统工程,要实现"内化于心、外化于行、固化于制"的目标绝非一日之功。为了更好地帮助大学生成长成才,更好地培育和践行社会主义核心价值观,必须正确理解社会主义核心价值观提出的时代要求、科学内涵及价值意义。

教学目标

通过学习,使学生了解并掌握社会主义核心价值观提出的历程和现实需要、社会主义核心价值观的科学内涵和价值意义。从大学生自身的使命与角色入手,正确引导大学生从小事做起、从身边的事情做起,形成正确的世界观、人生观和价值观,促使他们增强主人翁意识,积极投入社会主义核心价值观的实践当中,为社会主义核心价值观的理论发展和广泛践行注入源源不断的新能量,为实现"两个一百年"奋斗目标和中华民族伟大复兴的中国梦增添源动力。

教学重点

(1) 了解中国社会主义核心价值观及其提出的历程和现实需要。
(2) 准确理解社会主义核心价值观的科学内涵。
(3) 掌握社会主义核心价值观的价值意义。
(4) 引导大学生从思想上和行动上自觉践行社会主义核心价值观。

一、社会主义核心价值观的凝练和提出

党的十八大报告提出:"倡导富强、民主、文明、和谐,倡导自由、平等、公正、法治,倡导爱国、敬业、诚信、友善,积极培育和践行社会主义核心价值观"。

一种价值观的提出和弘扬,一定与其所处时代的经济、政治、文化、社会、国际等方面面临的复杂形势和挑战有关,与社会道德水平的滑坡和人们精神信仰上出现的焦虑、迷茫甚至缺失密不可分。社会主义核心价值观的凝练和提出,既是我国社会主义建设、改革历史与现实发展的必然要求,又是应对我国正处于全面深化改革关键时期所面临的复杂形势与时代要求的需要。

我国社会主义核心价值观的凝练和提出经历了如图12-1所示的历程。

(一) 回答中国特色社会主义价值本质的需要

社会主义在其发展和演变的历程中,经历了由空想社会主义到科学社会主义的伟大转

图 12-1　社会主义核心价值观的发展历程

变。空想社会主义的思想起源于 16 世纪英国空想社会主义学者托马斯·莫尔的《乌托邦》一书。在 19 世纪三四十年代,空想社会主义发展到顶峰,其代表人物是法国的圣西门、傅立叶和英国的欧文。空想社会主义作为一种社会思潮和社会理想,自诞生就有着其自身的价值取向和价值追求,主要表现为追求没有私有制、没有剥削、人人平等幸福、按需分配的理想社会。空想社会主义者在批判资本主义社会及其价值观的基础上,阐释了对未来社会主义社会的价值理想。

马克思、恩格斯在批判继承空想社会主义合理成分的基础上,运用辩证唯物主义的逻辑方法,对人类社会历史和资本主义社会进行了深入、细致的研究,指出了资本主义必然灭亡、社会主义必然胜利的规律,从而创立了科学社会主义。按照马克思、恩格斯的设想,未来社会将在打碎旧的国家机器、消灭私有制的基础上,消除阶级之间、城乡之间、脑力劳动和体力劳动之间的对立与差别,极大地调动全体劳动者的积极性,使社会物质财富极大丰富、人民精神境界极大提高,人们各尽所能、各取所需,实现每个人自由而全面地发展,在人与人之间、人与自然之间都形成和谐的关系。正如《共产党宣言》中所说的:"代替那存在着阶级和阶级对立的资产阶级旧社会的,将是这样一个联合体,在那里,每个人的自由发展是一切人的自由发展的条件"。恩格斯在《社会主义从空想到科学的发展》中更是明确指出,社会主义"这是人类从必然王国进入自由王国的飞跃""人终于成为自己的社会结合的主人,从而也就成为自然界的主人,成为自身的主人——自由的人"。因此,科学社会主义,"无论从一种理论、运动还是一种制度来说,都意味着一种与无产阶级和广大人民群众的生存和发展,与他们的解放息息相关的根本价值"。马克思、恩格斯在科学社会主义的思想理论体系中,将"人的解放"和"人的自由发展"作为终极价值追求的目标,并对实现这种目标的指导思想、制度保障、主要方式等做出了初步的论述和阐释。在这些论述和阐释中,尽管马克思、恩格斯没有明确论述社会主义价值体系和价值观等问题,但他们的理论论述和阐释勾勒出了社会主义价值体系和价值观的蓝图,如为绝大多数人谋求利益、实现社会的公正与平等、人的自由全面发展等。这就从根本上确立了社会主义价值本质不同于以往任何社会统治阶级的价值本质。

列宁继承和发展了马克思主义,并把马克思主义理论与一国实践成功结合起来,成为把科学社会主义的科学性和价值性变成一定现实的开拓者,建立了人类历史上第一个社会主义国家和社会主义制度。列宁在复杂而又艰辛的环境中,在汲取战时共产主义政策教训的基础上,对如何建设苏俄社会主义进行了探索,形成了注重商品经济与市场、建立新型民主

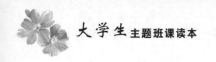

制度、由人们自己管理社会、造就共产主义新人等思想,开启了落后国家坚持原则与价值原则、历史观与价值观统一的新思路。

中国共产党是按照马克思列宁主义的指导思想建立起来的无产阶级政党。中国共产党在领导中国革命的进程中,在总结实践经验教训的基础上,成功实现了马克思主义与中国革命实践的第一次相结合,形成了毛泽东思想,取得了新民主主义革命的胜利。在漫长而艰辛的革命历程中,中国共产党以马克思主义为指导,以中华民族优秀的传统文化为底蕴,形成了立党为公、执政为民、全心全意为人民服务的宗旨,旗帜鲜明地将社会主义核心价值观作为主流的价值观,用以教育广大党员干部,并向广大民众宣传和普及。中华人民共和国成立后,中国共产党带领中国人民开始由新民主主义社会向社会主义社会过渡,并通过社会主义改造确立了社会主义制度,实现了中华民族历史上最为深刻的社会变革。中国确立的社会主义制度,坚持以马列主义、毛泽东思想为指导,以人民民主专政为国体,以人民代表大会制度为政体,彻底、全面地实现了广大人民群众当家作主的权利。

1956年,中国共产党开始探索中国自己的社会主义建设道路,从经济、政治、文化、医疗卫生、教育等各方面掀起大规模建设社会主义的高潮,全面提升广大人民群众的生活水平。在此进程中,中国共产党用社会主义理想和社会主义核心价值观激起全民族建设社会主义的高潮,并形成高度一致的核心价值体系和价值观。中国共产党带领中国人民逐步走上中国特色社会主义道路,致力于中国的现代化和民族复兴的伟业。纵观改革开放40多年的发展历程,为人民服务、民主、自由、文明、富强、共同富裕、公有制、商品经济、社会主义市场经济、平等、公平、正义、法制、法治、德治、集体主义、爱国主义、创新、以人为本、和谐、人的全面发展等概念,凸显了此阶段社会主义核心价值观的基本基因。

今天,在中国共产党的领导下,中国特色社会主义事业方兴未艾。走中国特色社会主义道路,实现中华民族的伟大复兴,是现阶段中国各族人民的共同理想。中国特色社会主义与经典社会主义的价值目标、价值取向有何联系与不同?中国特色社会主义与当今主要资本主义国家的价值本质有何不同?这是中国特色社会主义理论必须要回答的重大问题。社会主义核心价值观的提出,正是对这些重大问题的及时回应。

(二)塑造国民积极、健康、科学的价值观的需要

一个国家和社会的发展,除了为其国民提供繁荣发达的经济基础之外,还要为国民树立和弘扬积极、健康、科学的价值观,提供丰富多彩的文化产品,满足他们精神上的追求和享受。改革开放以来,中国的综合国力和社会发展都取得了长足的进步,人民群众的生活水平大大提升,社会主义精神文明建设成果丰硕,广大人民群众总体上形成了积极向上的世界观、人生观和价值观。但是,改革开放引发的经济建设大潮,以及改革开放带来的深刻的社会变革,促使一部分党员干部和人民群众的世界观、人生观和价值观发生了改变,一些过去曾经洗涤过的腐朽、落后、不健康的价值观念、生活方式和生活恶习重新泛滥,整个社会风气和社会道德出现了令人担忧的乱象。具体表现为以下几个方面。

1. 拜金主义风气盛行

拜金主义是一种金钱至上的思想道德观念,认为金钱不仅万能,而且是衡量一切行为的标准。中国在以经济建设为中心的市场大潮中,一部分人滋生了拜金主义。"一切向钱看"成为一种时尚口头禅。拜金主义是造成现代社会物欲横流、道德沦丧的重要原因之一。今

天,中国各种假冒伪劣产品、食品、药品事件频发,不仅损害了消费者的经济利益,而且严重地损害了他们的身心健康。同时,"一切向钱看"的思想从经济领域泛化到社会生活的一切领域,市场等价交换原则被扭曲运用到人际关系和社会关系之中。显然,拜金主义已经扭曲了一部分人的心理和灵魂。

2. 诚信缺失,社会道德滑坡

中华民族向来是一个重道德、讲诚信的民族。《论语·颜渊》中曾曰:"自古皆有死,民无信不立。"周人最早提出"明德慎刑""为政以德"的理念。唐朝时《唐律》最终确定了"德礼为政教之本,刑罚为政教之用"的德治方略,并为历代所尊崇。以德为先,诚实做人,一诺千金,与人为善,出入相友,守望相助,是我们这个民族和社会的优秀美德。但是,改革开放中一部分人的思想和价值观发生了变化,少部分人出现道德堕落、观念扭曲、行为无德的行径。近些年,诚信缺失现象屡见不鲜,使我们的社会似乎陷入信仰缺失、道德滑坡、信任缺乏的危险境地。因此,整个社会价值秩序的纠偏和重建已是刻不容缓的任务,这就急需一套系统的、科学的价值观来加以引导和扶正。

3. 社会浮躁,个人理性不足

一个社会的文明、稳定和进步,需要每一个社会成员的理性思考和行动,需要用一套科学的价值观来引导和规范每一个社会成员,使每一个社会成员都遵守文明的秩序和公共行为准则。我国的改革开放给人们的思想观念、价值取向、工作方式、生活方式等带来了深刻的变化。尤其在确立社会主义市场经济体制以后,人们思想活动和行为方式的自由性、多变性、差异性明显增强。同时,每一个个体对市场经济带来的竞争和压力的反应及其方式迥然不同。中国经过多年的快速发展,城乡、地区和部门发展不平衡现象较为突出,不同行业、不同群体之间的差距较为明显,即使同一地区、同一行业,其差距有的也较明显。在此背景下,有理想迷失、信念动摇者,有道德堕落、观念扭曲者,有腐朽落后思想文化沉渣泛起,也有拜金主义、享乐主义、极端个人主义暗中滋长,社会中出现了一种理性不足、风气浮躁的怪相。一个社会的文明与成熟水平,可以折射出一个民族、一个国家的文明与成熟程度。社会的文明和成熟建立在个体社会成员的道德修养水平和成熟程度之上。当前,中国社会的文明、和谐与进步,需要昂扬向上的公民品格,需要理性的思维和行动。这就需要用科学的价值观来指引和规范每一个社会成员,使之能够正确处理好个人与他人、个人与社会的关系。

(三)构建社会主义和谐社会的需要

改革开放40多年的发展,促使中国的经济结构、社会结构、利益格局和人们思想观念发生了深刻的变化。这种巨大的变化,既给中国发展进步带来巨大的活力,也使统筹兼顾各方面利益的任务艰巨而繁重,影响社会和谐的问题日益突出。当前,影响社会和谐的矛盾和问题主要有:城乡、区域、经济社会发展不平衡,就业、社会保障、收入分配、教育、医疗、住房、安全生产、社会治安等方面关系群众切身利益的问题比较突出,人们的生活压力、工作压力增大;民主法制不健全,社会的公平与正义亟待完善;一些社会成员诚信缺失,道德失范,社会冷漠现象突出;人与自然关系紧张,人口资源环境压力加大;敌对势力的渗透破坏活动日益频繁。在诸多影响社会和谐的要素中,贫富差距扩大、就业、教育公平、社会诚信、道德滑坡、医疗保障、环境恶化等问题,成为广大人民群众较为关心的问题。

因此,社会主义核心价值观的凝练和提出,是对人们担心和不满的有力回应。正如中共中央所指出的,培育和践行社会主义核心价值观,是推进中国特色社会主义伟大事业、实现中华民族伟大复兴中国梦的战略任务,对于促进人的全面发展、引领社会全面进步,对于集聚全面建成小康社会、实现中华民族伟大复兴中国梦的强大正能量,具有重要现实意义和深远历史意义。

二、三个层面深刻把握社会主义核心价值观的科学内涵

图12-2所示的24个字是社会主义核心价值观。它作为建设中国特色社会主义的指导思想,是对社会主义核心价值体系的高度凝练概括,反映了中国各族人民的梦想和愿望,是社会主义制度的内在精神和生命灵魂。具体而言,社会主义核心价值观主要体现在国家、社会、公民三个层面。

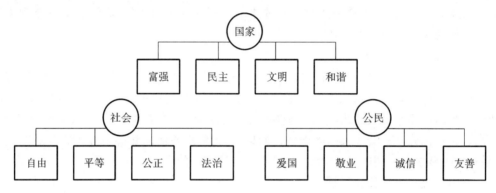

图12-2 社会主义核心价值观

(一) 国家层面:富强、民主、文明、和谐

"富强、民主、文明、和谐",是我国社会主义现代化国家的建设目标,也是从价值目标层面对社会主义核心价值观基本理念的凝练,在社会主义核心价值观中居于最高层次,对其他层次的价值理念具有统领作用。

(1) 富强即国富民强,是社会主义现代化国家经济建设的应然状态,是中华民族梦寐以求的美好夙愿,也是国家繁荣昌盛、人民幸福安康的物质基础。

(2) 民主是人类社会的美好诉求。我们追求的民主是人民民主,其实质和核心是人民当家作主。它是社会主义的生命,也是创造人民美好幸福生活的政治保障。

(3) 文明是社会进步的重要标志,也是社会主义现代化国家的重要特征。它是社会主义现代化国家文化建设的应有状态,是对面向现代化、面向世界、面向未来的,民族的、科学的、大众的社会主义文化的概括,是实现中华民族伟大复兴的重要支撑。

(4) 和谐是中国传统文化的基本理念,集中体现了学有所教、劳有所得、病有所医、老有所养、住有所居的生动局面。它是社会主义现代化国家在社会建设领域的价值诉求,是经济社会和谐稳定、持续健康发展的重要保证。

(二) 社会层面:自由、平等、公正、法治

"自由、平等、公正、法治",是对美好社会的生动表述,也是从社会层面对社会主义核心

价值观基本理念的凝练。它反映了中国特色社会主义的基本属性,是中国共产党矢志不渝、长期实践的核心价值理念。

(1) 自由是指人的意志自由、存在和发展的自由,是人类社会的美好向往,也是马克思主义追求的社会价值目标。

(2) 平等指的是公民在法律面前一律平等,其价值取向是不断实现实质平等,它要求尊重和保障人权,人人依法享有平等参与、平等发展的权利。

(3) 公正即社会公平和正义,它以人的解放、人的自由平等权利的获得为前提,是国家、社会自然的根本价值理念。

(4) 法治是治国理政的基本方式,依法治国是社会主义民主政治的基本要求,它通过法制建设来维护和保障公民的根本利益,是实现自由平等、公平正义的制度保证。

(三) 公民层面:爱国、敬业、诚信、友善

"爱国、敬业、诚信、友善",是公民基本道德规范,是从个人行为层面对社会主义核心价值观基本理念的凝练。它覆盖社会道德生活的各个领域,是公民必须恪守的基本道德准则,也是评价公民道德行为选择的基本价值标准。

(1) 爱国是基于个人对自己祖国依赖关系的深厚情感,也是调节个人与祖国关系的行为准则,它同社会主义紧密结合在一起,要求人们以振兴中华为己任,促进民族团结、维护祖国统一、自觉报效祖国。

(2) 敬业是对公民职业行为准则的价值评价,要求公民忠于职守,克己奉公,服务人民,服务社会,充分体现了社会主义职业精神。

(3) 诚信即诚实守信,是人类社会千百年传承下来的道德传统,也是社会主义道德建设的重点内容,它强调诚实劳动、信守承诺、诚恳待人。

(4) 友善强调公民之间应互相尊重、互相关心、互相帮助、和睦友好,努力形成社会主义的新型人际关系。

(四) 全面把握社会主义核心价值观三个层面的关系

社会主义核心价值观三个层面的价值要求,互为条件、相互融合,共同构成了一个不可分割的有机整体,统一于中国特色社会主义建设实践。

富强、民主、文明、和谐的国家价值观,是实现社会层面和公民个人层面价值追求的根本保障。只有国家富强,才能为社会自由、平等、公正、法治提供强大的物质基础,才能为广大公民爱国、敬业、诚信、友善提供力量支撑;只有建设好社会主义的高度民主,才有可能为社会自由、平等、公正、法治提供根本政治条件,保障人民群众当家作主的权利;只有建设好高度的社会主义精神文明,自由、平等、公正、法治才具有强大的精神动力和智力支持,每个公民才能生活得更有尊严、更加体面,爱国、敬业、诚信、友善才会真正成为每一个公民的自觉行动;只有建设好社会主义和谐社会,才会有安定团结有序的社会生活,才能为实现自由、平等、公正、法治创造有利环境,才能使每一个人在安居乐业的基础上实现爱国、敬业、诚信、友善的价值追求。

富强、民主、文明、和谐的国家价值观的实现,依赖于社会层面和个人层面的价值追求。它需要以自由、平等、公正、法治的价值追求为支撑,需要爱国、敬业、诚信、友善的价值准则

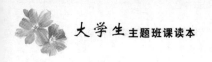

为依托。国家梦、民族梦只有同社会、个人的价值追求紧密结合起来,与每个人的理想奋斗有机融合起来,梦想才有生命,梦想才有根基;同样,只有我们每个人都把自己的人生理想与价值追求,融入为实现社会进步和国家繁荣昌盛而不懈奋斗的滔滔洪流,才会实现自己的个人理想和人生价值。

三、社会主义核心价值观的价值意义

面对世界范围思想文化交流交融交锋形势下价值观较量的新态势,面对改革开放和发展社会主义市场经济条件下思想意识多元多样多变的新特点,积极培育和践行社会主义核心价值观,对于巩固马克思主义在意识形态领域的指导地位、巩固全党全国人民团结奋斗的共同思想基础,对于促进人的全面发展、引领社会全面进步,对于集聚全面建成小康社会、实现中华民族伟大复兴中国梦的强大正能量,具有重要现实意义和深远历史意义。

从适应国内国际大局深刻变化看,我国正处在大发展大变革大调整时期,在前所未有的改革、发展和开放进程中,各种价值观念和社会思潮纷繁复杂。国际敌对势力正在加紧对我国实施西化分化战略图谋,思想文化领域是他们长期渗透的重点领域。面对世界范围思想文化交流交融交锋形势下价值观较量的新态势,面对改革开放和发展社会主义市场经济条件下思想意识多元多样多变的新特点,迫切需要我们积极培育和践行社会主义核心价值观,扩大主流价值观念的影响力,提高国家文化软实力。

从推进国家治理体系和治理能力现代化要求看,培育和弘扬核心价值观,有效整合社会意识,是国家治理体系和治理能力的重要方面。全面深化改革,完善和发展中国特色社会主义制度,推进国家治理体系和治理能力现代化,必须解决好价值体系问题,加快构建充分反映中国特色、民族特性、时代特征的价值体系,在全社会大力培育和弘扬社会主义核心价值观,提高整合社会思想文化和价值观念的能力,掌握价值观念领域的主动权、主导权、话语权,引导人们坚定不移地走中国道路。

从提升民族和人民的精神境界看,核心价值观是精神支柱,是行动向导,对丰富人们的精神世界、建设民族精神家园,具有基础性、决定性作用。一个人、一个民族能不能把握好自己,很大程度上取决于核心价值观的引领。发展起来的当代中国,更加向往美好的精神生活,更加需要强大的价值支撑。要振奋起人们的精气神、增强全民族的精神纽带,必须积极培育和践行社会主义核心价值观,铸就自立于世界民族之林的中国精神。

从实现民族复兴中国梦的宏伟目标看,核心价值观是一个国家的重要稳定器,构建具有强大凝聚力感召力的核心价值观,关系社会和谐稳定,关系国家长治久安。实现"两个一百年"奋斗目标,实现中华民族伟大复兴中国梦,必须有广泛的价值共识和共同的价值追求,这就要求我们持续加强社会主义核心价值体系和核心价值观建设,巩固全党全国各族人民团结奋斗的共同思想基础,凝聚实现中华民族伟大复兴的中国力量。

四、大学生践行社会主义核心价值观的必要性

社会主义核心价值观继承了中国优秀的传统文化,作为当代大学生有义务去落实好,并将其发扬光大,最终实现自我价值的提高以及为国家做出贡献。培育和践行社会主义核心

价值观是提升国家软实力、培养中国特色社会主义事业接班人、巩固思想道德修养基础和实现中国梦的重要保证。

（一）提升国家软实力的必然要求

社会主义核心价值观是国家文化软实力建设的核心要素,而软实力又是提高国家综合国力的组成部分。践行社会主义核心价值观就意味着要把中国优秀的传统文化继承并发扬下去,吸收并借鉴外来文化中的有价值的积极因素。与此同时,社会主义核心价值观又凝聚了中华各民族的民族文化,所以无论是对中国还是对世界来说,具有超强的影响力和作用力。我国儒家思想的"修身、齐家、治国、平天下"被很好地传承下来,我国学者把儒家思想的重要内容与社会主义核心价值观很好地结合了起来。

当今世界在和平与发展的时代主题下,提升文化软实力是增强国家整体实力的重要途径,是我国实现全面协调可持续发展的必然要求与战略选择。文化软实力不仅能促进我国国内的经济社会发展,而且能为我国与外国和平发展提供良好的战略环境。因此,践行和培育社会主义核心价值观是增强我国综合国力和提高文化软实力的动力所在,也是我国在国际上拥有话语权的关键因素。提升文化软实力,也维护了国家文化安全。虽然和平与发展是当今世界的主题,但是霸权主义依然存在,并企图在经济、文化等各个方面同化其他国家。

提升文化软实力是面对外来消极文化的战略选择。我国需要弘扬中国优秀传统文化,更需要增强文化软实力以提升中国在世界上的话语权。增强综合国力,提升国际地位,不仅要在世界各国弘扬中国优秀的传统文化,也要在国内将其渗透到学校、企业、社会组织等各个领域,积极宣传,提升公民对优秀传统文化的认同感。此外,我国需要加强并巩固社会主义意识形态。社会主义意识形态安全是一国文化安全的重要组成部分,意识形态的安全直接影响我国政权在国际上的认可度和合法性。但社会主义意识形态正面临着多元文化软实力的挑战,因此,我国必须提升文化软实力、保护社会主义意识形态,为扫清影响中国特色社会主义道路建设的障碍做好准备。提升文化软实力是我国维护国家文化的重要任务。通过弘扬中国优秀传统文化精髓中的革命精神和时代精神、促进文化产业的发展等方式,树立中国的大国形象。提升文化软实力,为我国的和平发展提供不竭的动力和思想支持,也为我国提升国际竞争力创造良好的国际环境。

（二）培养中国特色社会主义事业接班人的使命要求

大学生是国家和民族的未来和希望,是社会主义事业的接班人,未来的中国取决于今天的大学生素养。只有拥有德才兼备的人才,才能实现整个民族的全面振兴。大学生能否拥有正确的价值观不仅影响其自身的发展水平,还直接影响国家的前途和命运,因此,当代大学生认真学习和贯彻社会主义核心价值观,是为中国的未来发展助力。社会主义核心价值观为大学生的未来发展指明了前进的方向,它具有科学性,符合我国社会主义事业的建设,它可以使大学生在面临困难时,做出正确的价值判断和价值选择。我国当代大学生是中国特色社会主义事业的建设者和接班人,他们身上肩负着使祖国强大的重任,必须对中国的文化高度重视和认同,而社会主义核心价值观能够使大学生用科学的视角去看待国家的发展。拥有了正确的世界观、人生观和价值观,大学生就能提升自我价值,就能为建设社会主义事业传递正能量,这不仅有利于国家和社会的发展,还有利于个人价值观的形成,个人通过自

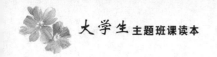

己的不懈奋斗能获得社会的认可。在青少年时期加强社会主义核心价值观的引导，能帮助大学生树立科学的、正确的价值观，能为我国培养出更多优秀的人才。

培养和践行社会主义核心价值观是一种使命，也是社会主义事业建设的需要。国家、社会需要人才，就大学生本身而言，需要提升自我价值，得到社会的认可。从国家角度来看，培养优秀的社会主义接班人是实现国家民族振兴的必然要求。怎样培养优秀的社会主义接班人呢？从核心的层面看，必须培养具有正确价值观念的人，社会主义核心价值观为大学生处理与社会和他人的关系提供了理论指南。从社会角度来讲，社会是否和谐有序，依赖的是公民的素质涵养，当代大学生群体是高素质的人才，将社会主义核心价值观深入大学生群体当中，才能更好地让优秀人才服务社会，共同促进社会经济的发展。从学生个人层面看，不断加强与践行社会主义核心价值观是提升自我价值的实现过程。一般而言，大学生良好的习惯、正确的思想信念都是在学校的学习生涯过程中逐渐形成的。这就要求当代大学生努力克服自身思想认知弱点，增强社会责任感和包容度；养成以依法、正确的态度处理问题的良好思维习惯，理性地处理人际关系和日常生活中的事务。

（三）巩固思想道德修养基础的迫切需要

自中华人民共和国成立以来，经实践证明，把马克思主义作为思想指导，将马克思主义中国化，符合我国基本国情。践行和培育社会主义核心价值观，加强当代大学生思想道德建设，让大学生树立正确的理想信念，提升自我价值及修养，树立崇高理想。大学生建立思想道德素质和法律意识是培育和践行社会主义核心价值观的重要组成部分之一，也是我国社会主义文化的需要和必然要求。首先，我国当代大学生要充分认识和理解社会主义核心价值观的基本内容，深入了解它的含义，虚心向师长及长辈请教，要做到与老师、同学之间相互关爱、共同进步。其次，就是实践社会主义核心价值观，也就是要加强贯彻和落实其于大学生日常的工作、学习与生活当中，努力实现当代大学生思想道德修养建设。大学生在大学阶段应主动学习并加强自我思想道德修养，加强对我国法律的了解，注重培养自身的兴趣爱好，积极向身边的人推广社会主义核心价值观的重要意义。一个国家综合国力的增强并不仅仅体现在经济实力的增强，最重要的是人文社会的发展进步，人民幸福才是中国梦的最终目的。因此，提高我国公民自身素质和修养，是国家文明、社会发展的迫切需要。

然而，在现阶段我国高校的部分大学生，对践行社会主义核心价值观的重要性认识不足。今天，我国正处于全面深化改革的社会转型时期，这在一定程度上影响着大学生的价值观和行为规范。其中，就存在少数大学生道德意识和法律意识淡薄、政治信仰迷茫、以自我为中心、缺乏团队精神以及社会责任感不强等问题，而且他们在思想活动上的差异性明显增强。正是因为在学习中、生活中缺乏科学的核心价值观的指导，主动学习的积极性不高，才会在具体实践中产生无力感。践行社会主义核心价值观能从根本上为当代大学生提供成长成才的动力，使其更好地为国家建设效力。巩固大学生的思想道德修养对一个国家的教育来说至关重要，当代大学生应加强自我思想道德教育意识，主动学习思想政治教育理论，树立正确的价值观和法治观念。另外，各个高校应加强对思想道德修养的建设，通过各种形式增加学生的学习主动性，使学生正确对待生活。

（四）实现中国梦的重要保证

中国梦是全国各族人民的共同理想，也是大学生应该牢固树立的远大理想。作为共同理想,中国梦为中国的发展明确方向、提供导向、激励人心。在追逐和实现中国梦的伟大进程中,只有弘扬社会主义核心价值观,才能让我们的国家、民族、人民在思想和精神上更加强大。作为祖国的未来,大学生必须践行、坚持和守护社会主义核心价值观。用社会主义核心价值观引领大学生价值观念的发展,可提高他们的思想道德素质,增强他们的历史使命感,使他们坚定社会主义信念,投身于社会主义建设,担负起中华民族复兴的历史重任。

五、高校践行社会主义核心价值观的路径

高校作为贯彻落实社会主义核心价值观的主战场和重要阵地,要把培育和践行社会主义核心价值观作为新时期社会主义大学的重要使命,应采取多种措施积极培育和提升大学生的价值观,使社会主义核心价值观成为新时代大学生内在的精神追求和行为动力,让社会主义核心价值观在大学生心中生根发芽,茁壮成长。

第一,充分发挥课堂教学的主渠道作用。完善大中小学有机衔接、循序渐进的课程体系和教材体系,积极推动社会主义核心价值观进教材、进课堂、进学生头脑。研究制定进一步深化课程改革、落实立德树人根本任务的意见,完善中华优秀传统文化教育指导纲要,推进教学方法改革创新。

第二,充分发挥社会实践的养成作用。强化实践育人环节,引导广大学生在服务他人、奉献社会中升华对社会主义核心价值观的体验感受和认知理解。广泛开展学雷锋、学习道德模范等道德实践活动,完善"青少年志愿服务制度"。把实践环节纳入教育教学计划,实施"实践育人共同体建设计划"。

第三,充分发挥校园文化的熏陶作用。以社会主义核心价值观为引领,建设体现社会主义特点、时代特征和学校特色的校园文化。大力开展诚信教育,深入开展"爱学习、爱劳动、爱祖国"主题教育和"节粮、节水、节电"专题教育活动。加强学校报刊、广播电视、校史馆、图书馆、博物馆建设,形成良好校园文化环境。

第四,充分发挥教师队伍的示范作用。实施好师德师风建设工程,努力建设师德高尚、业务精湛的高素质教师队伍。在高校思政课教师研修、高校辅导员培训中,增加社会主义核心价值观专题。研究制定师德建设长效机制和违反师德行为处理办法,划定教师基本工作要求和品德、政治、法律底线。继续开展全国教书育人楷模推选等活动,发挥示范引领作用。

第五,充分发挥校园网络的引导作用。适应互联网快速发展形势,扎实推进社会主义核心价值观教育融入网络工作。建设全国高校校园网站联盟,打造若干具有广泛影响力的社会主义核心价值观主题教育网站。

专题十三
坚定四个自信 实现伟大复兴

习近平同志在十九大报告中提出,实现伟大梦想,必须推进伟大事业。全党要更加自觉地增强道路自信、理论自信、制度自信、文化自信,既不走封闭僵化的老路,也不走改旗易帜的邪路,保持政治定力,坚持实干兴邦,始终坚持和发展中国特色社会主义。坚定"四个自信"对进一步推进中国特色社会主义伟大事业、实现"两个一百年"奋斗目标和实现中华民族伟大复兴中国梦具有重要意义。

教学目标

通过学习,使学生了解"四个自信"的形成与发展、重大价值及与实现中华民族伟大复兴中国梦之间的关系;从理论层面和实践层面引导大学生坚定"四个自信",增强当代大学生对中国特色社会主义的道路自信、理论自信、制度自信和文化自信,为实现中华民族伟大复兴中国梦汇聚磅礴青春力量。

教学重点

(1) 坚定"四个自信"与实现中华民族伟大复兴中国梦之间的紧密联系。

(2) "四个自信"的形成、发展与内涵。

(3) 引导大学生坚定"四个自信"。

一、"四个自信"的形成与发展

"四个自信"是习近平新时代中国特色社会主义思想的重要内容,它是经过几代共产党人的接力创造而逐步形成和完善的,是以习近平同志为核心的党中央治国理政的重要理论创新成果。

(一)理论基础和思想渊源

马克思主义关于本质与现象、理论与实践、社会存在与社会意识、社会发展与文化发展等辩证关系的原理,关于社会主义形成、社会主义全面发展的思想等,为中国特色社会主义"四个自信"的形成奠定了坚实的理论基础。中外社会主义国家建设社会主义的经验教训为"四个自信"的形成提供了宝贵的经验借鉴。中华优秀传统文化为"四个自信"的形成提供了宝贵思想资源。

以毛泽东同志为核心的党的第一代中央领导集体对社会主义的艰辛探索及其理论成果是"四个自信"形成的直接理论来源。正如党的十八大报告所指出的那样:"以毛泽东同志为核心的党的第一代中央领导集体带领全党全国各族人民完成了新民主主义革命,进行了社会主义改造,确立了社会主义基本制度,成功实现了中国历史上最深刻最伟大的社会变革,为当代中国一切发展进步奠定了根本政治前提和制度基础""党在社会主义建设中取得的独创性理论成果和巨大成就,为新的历史时期开创中国特色社会主义提供了宝贵经验、理论准备、物质基础"。毛泽东同志关于社会主义道路、理论、制度和文化的一系列重要思想,为改革开放后党探索中国特色社会主义道路、理论、制度和文化提供了直接的理论基础和思想来源。

(二)社会条件和理论基础

改革开放之后,党和国家面临世界经济快速发展、科技进步日新月异、国家建设百业待兴的社会背景和形势,亟待探索和回答在新的时代背景和社会条件下如何结合本国特色把社会主义事业继续推向前进,结合本国国情建设好中国特色社会主义成为摆在中国共产党人面前的一个重大课题。正是在这样的重大课题面前,中国共产党人深刻总结我国社会主义建设正反两方面的经验教训,借鉴世界社会主义历史经验,开始探索一条中国特色社会主义道路,开始谱写中国特色社会主义这篇"大文章"。

习近平总书记对党探索中国特色社会主义的过程做过精辟论述,他指出:"坚持和发展中国特色社会主义是一篇大文章,邓小平同志为它确定了基本思路和基本原则,以江泽民同志为核心的党的第三代中央领导集体、以胡锦涛同志为总书记的党中央在这篇大文章上都写下了精彩的篇章。现在,我们这一代共产党人的任务,就是继续把这篇大文章写下去。"中国特色社会主义这篇"大文章"是当代中国共产党人接力探索、接续谱写的。

作为党的第二代中央领导核心的邓小平同志是中国特色社会主义"基本思路和基本原则"的确立者,在党的十二大开幕词中,邓小平明确提出"把马克思主义的普遍真理同我国的具体实际结合起来,走自己的道路,建设有中国特色的社会主义,这就是我们总结长期历史经验得出的基本结论"。邓小平同志这段重要论述,不仅开启了党探索和建设中国特色社会主义的新征程,而且也蕴含了党对走中国特色社会主义道路的无比自信。此后,邓小平同志先后提出了关于建设中国特色社会主义、关于坚持改革开放和坚持四项基本原则、关于坚持马克思列宁主义毛泽东思想、关于党和国家领导制度的改革、关于社会主义本质、关于中国正处在社会主义初级阶段、关于两手抓两手都要硬等一系列重要思想,这些重要思想都为形成中国特色社会主义道路自信、制度自信、理论自信和文化自信奠定了坚实的思想基础。

为了续写中国特色社会主义这篇"大文章",以江泽民同志为核心的党的第三代中央领导集体和以胡锦涛同志为总书记的党中央,继续高举中国特色社会主义伟大旗帜,不断深化对共产党执政规律、社会主义建设规律和人类社会发展规律的认识,使中国共产党对中国特色社会主义道路、制度和理论的认识得到了进一步深化和拓展。

(三)形成过程和逐步拓展

党"四个自信"理论的形成经历了从"一个自信"到"两个自信""三个自信"再到"四个自信"这样一个逐步发展、不断深化拓展的过程。

2002年11月召开的党的十六大,第一次概括总结了党领导人民建设中国特色社会主义的十条基本经验,指出"十一届三中全会以来,我们党找到建设中国特色社会主义的正确道路,赋予民族复兴新的强大生机",并强调党对这条道路"充满信心"。这是党的代表大会文件最早对中国特色社会主义道路自信的初步表述。

2007年10月召开的党的十七大,第一次把改革开放以来我国取得一切成绩和进步的根本原因,归结为"开辟了中国特色社会主义道路,形成了中国特色社会主义理论体系",并强调"全党同志要倍加珍惜、长期坚持和不断发展党历经艰辛开创的中国特色社会主义道路和中国特色社会主义理论体系",始终保持"对马克思主义、对中国特色社会主义、对实现中华民族伟大复兴的坚定信念",保持对完成党的各项目标任务"充满信心"。这是党的代表大会文件对中国特色社会主义道路自信、理论自信的初步表达。

2012年11月召开的党的十八大,第一次把党和人民90多年奋斗、创造、积累的根本成就概括为"中国特色社会主义道路,中国特色社会主义理论体系,中国特色社会主义制度",

并强调"全党要坚定这样的道路自信、理论自信、制度自信"。这是党的代表大会文件中对中国特色社会主义道路自信、理论自信、制度自信的最早表述。

2016年7月,习近平总书记在庆祝中国共产党成立95周年大会上的重要讲话中第一次向全党明确提出了坚持"四个自信"的整体战略要求,强调"坚持不忘初心、继续前进,就要坚持中国特色社会主义道路自信、理论自信、制度自信、文化自信""全党要坚定道路自信、理论自信、制度自信、文化自信"。这是党的领导核心第一次把"四个自信"并列在一起作为一个整体思想提出来。

(四)丰富内涵与深化完善

习近平总书记提出"四个自信",不仅在原来讲的"三个自信"基础上补充了"文化自信",而且使"四个自信"成为一种内涵丰富、内容精深的系统化理论。

关于坚持"四个自信"的内在原因,习近平总书记在庆祝中国共产党成立95周年大会上的重要讲话中指出:"当今世界,要说哪个政党、哪个国家、哪个民族能够自信的话,那中国共产党、中华人民共和国、中华民族是最有理由自信的";党之所以必须坚持中国特色社会主义"四个自信",最根本的原因就是"中国特色社会主义不是从天上掉下来的,是党和人民历尽千辛万苦、付出巨大代价取得的根本成就。中国特色社会主义,既是我们必须不断推进的伟大事业,又是我们开辟未来的根本保证"。

2016年10月,习近平总书记在纪念红军长征胜利80周年大会上的讲话中对坚持"四个自信"的基本内涵进行了高度概括,他指出:我们要坚信,中国特色社会主义道路是实现社会主义现代化的必由之路,是指引中国人民创造自己美好生活的必由之路;中国特色社会主义理论体系是指导党和人民沿着中国特色社会主义道路实现中华民族伟大复兴的正确理论,是立于时代前沿、与时俱进的科学理论;中国特色社会主义制度是当代中国发展进步的根本制度保障,是具有鲜明中国特色、明显制度优势、强大自我完善能力的先进制度;中国特色社会主义文化积淀着中华民族最深层的精神追求,代表着中华民族独特的精神标识,是中国人民胜利前行的强大精神力量。

2016年11月30日,习近平总书记在中国文联十大、中国作协九大开幕式上的讲话中,对坚持"四个自信"的重要地位和作用进行了论述。他指出:"实现中华民族伟大复兴,必须坚定中国特色社会主义道路自信、理论自信、制度自信、文化自信""坚定文化自信,是事关国运兴衰、事关文化安全、事关民族精神独立性的大问题"。

2017年7月26日,习近平总书记在省部级主要领导干部专题研讨班上的重要讲话中,对坚持"四个自信"的目标任务进行了深刻论述。他强调要通过"牢固树立中国特色社会主义道路自信、理论自信、制度自信、文化自信""确保党和国家事业始终沿着正确方向胜利前进""决胜全面建成小康社会,夺取中国特色社会主义伟大胜利,为实现中华民族伟大复兴的中国梦不懈奋斗"。

习近平同志在十九大报告中不仅强调坚定道路自信、理论自信、制度自信、文化自信,并且指出,要坚定文化自信,推动社会主义文化繁荣兴盛。没有高度的文化自信,没有文化的繁荣兴盛,就没有中华民族伟大复兴。要坚持中国特色社会主义文化发展道路,激发全民族文化创新创造活力,建设社会主义文化强国。

总之,"四个自信"作为中国共产党创新理论的一个重要成果,作为习近平新时代中国特色社会主义思想的重要内容,必将随着党领导中国特色社会主义事业的不断发展而继续丰富和发展。

二、"四个自信"并列提出的重大价值

习近平总书记在庆祝中国共产党成立95周年大会上的重要讲话,把文化自信与中国特色社会主义道路自信、理论自信、制度自信并列,并对文化自信的基本构成、重要地位和重大价值做出精辟论断。这是以习近平同志为核心的党中央治国理政新理念、新思想、新战略的最新成果,是中国特色社会主义理论体系的重大创新,必将为开辟21世纪马克思主义新境界、提升中国文化的软实力产生重大而深远的影响。

(一)创新发展科学社会主义基本观点

"四个自信"并列提出,是对科学社会主义基本观点的创新发展。科学社会主义是理论、运动和制度的统一,这是马克思主义的基本观点。伴随着中国改革开放和中国特色社会主义实践的深入,党逐步将这一基本观点转化为对中国特色社会主义内涵的认识。2011年,胡锦涛同志在庆祝中国共产党成立90周年大会上的讲话,首次对中国特色社会主义的科学内涵从道路、理论体系和制度三个方面进行了系统概括。2012年,党的十八大报告进一步强调:中国特色社会主义道路、理论体系和制度,三者统一于中国特色社会主义伟大实践,这是党领导人民在建设社会主义长期实践中形成的最鲜明特色,并首次提出全党要坚定中国特色社会主义的道路自信、理论自信、制度自信。从中国特色社会主义"三者统一"到"三个自信"提出,体现了党对中国特色社会主义的执着追求和执政自信,这是对中国特色社会主义认识的进一步发展和深化。2016年6月28日,在中央政治局第33次集体学习会上,习近平总书记第一次把上任以来反复强调的文化自信与"三个自信"并列提出,要求全党坚定中国特色社会主义道路自信、理论自信、制度自信、文化自信。紧接着,在庆祝中国共产党成立95周年大会的讲话中,他深入论述了中国特色社会主义"四个自信"的内涵及其关系。

从以上对科学社会主义内涵的认识历程可以看出:长期以来,马克思主义政党对社会主义内涵的认识是建立在"三者统一"基础上的,尽管党在推进中国特色社会主义实践中,实现了由一般规律到特殊规律认识的深化,实现了由"三者统一"到"三个自信"的拓展,但总体上讲,以往的认识还是局限于"三者统一"的大框架内。而"四个自信"一并提出突破了这一逻辑框架,这是党对中国特色社会主义认识的重大突破,也是对科学社会主义内涵具有原创性的重大突破。

(二)打开发展中国化的马克思主义广阔空间

"四个自信"并列提出,为开辟21世纪马克思主义、发展中国化的马克思主义打开了广阔的空间。由于我们以往的社会主义理论研究主要在道路、理论、制度的框架内进行,因而在对接社会主义与中国文化研究上显得不足,进而对相关领域的许多深层次问题至今缺乏有说服力的解答。比如,马克思主义作为一种西方产生的科学思想,为什么能够在中国这样一个落后的东方大国生根开花结果?为什么能够长期成为中国的主流意识形态?按照马克思主义的基本观点,这当然有其赖以存在和发展的经济社会背景和深厚文化土壤,也就是说

马克思主义与中国文化应当具有一定的内在契合性。那么这种内在契合性,是因为中国没有像西方或其他东方国家那样的具有统治力的宗教文化,而马克思主义能够弥补中国需要的这种"空间"吗?还是因为中国的讲仁爱、重民生、守诚信、尚和合、求大同、兼容并蓄等优秀传统文化与马克思主义的科学理论具有内在的契合性呢?对此,以往我们的研究是不够的,处于"两张皮"的隔层状态,还有待突破。

事实上,就中国社会而言,一旦打开这样的思考空间,必将会迎来这方面研究的根本性突破,也必将更为有力地回击历史虚无主义、文化虚无主义、"去马克思主义化"等错误思潮,有力地提升中国话语构建和走向世界的底气和能力。因此,习近平总书记一并提出"四个自信",其首要价值就在于超越了对社会主义内涵认识的传统思维定式,进而为我们深入破解马克思主义中国化的文化基因,进一步完善中国特色社会主义理论体系,开辟21世纪马克思主义的新境界,打开了一个广阔的新天地。

(三) 推进马克思主义时代化、中国化、大众化

"四个自信"并列提出,将对推进马克思主义时代化、中国化、大众化,提升中国文化软实力产生深远影响。任何思想的产生和发展总是以时代发展和社会实践为支撑的。中国共产党之所以能够在中国特色社会主义实践中提出"三个自信"、拓展到"四个自信",一方面源于中国近70年尤其是改革开放40余年的成功实践,使党、国家和中华民族具有了当今的自信。这正如习近平总书记所讲的:当今世界,要说哪个政党、哪个国家、哪个民族能够自信的话,那中国共产党、中华人民共和国、中华民族是最有理由自信的。另一方面来自我国发展的迫切需要。经过近70年发展,我国已经站在了由世界大国成为世界强国新的历史起点上。

从以往的历史经验看,任何一个国家要完成迈向现代化强国的历史转型,不仅需要正确道路的选择和雄厚经济实力的支撑,还必须有强大的文化软实力,而文化软实力中最为核心的要素就是民族文化自信。习近平总书记指出,中国有坚定的道路自信、理论自信、制度自信,其本质是建立在5000多年文明传承基础上的文化自信。在5000多年文明发展中孕育的中华优秀传统文化,在党和人民伟大斗争中孕育的革命文化和社会主义先进文化,积淀着中华民族最深层的精神追求,代表着中华民族独特的精神标识。正是这种源远流长的深层次的精神追求,才使中华民族历经磨难始终保持着多民族统一的中华文明,才使党领导各族人民创造了近现代中国惊天动地的发展奇迹。当然,我们也应当清醒地看到,当代中国追求的中华民族伟大复兴的中国梦,既不是近代以前的中华民族的历史辉煌,也不是美国等西方发达国家那样的资本主义现代文明,而是以马克思主义为指导、以人民为中心的中国特色社会主义现代化强国。目标越是崇高、越是伟大,就越需要文化自信,进而也对强化中国特色社会主义文化自信提出更高更为迫切的时代要求:既要坚定不移地坚持以马克思主义为指导,又要立足中国实际进一步推进马克思主义与中国文化的有机融合。

在这里,之所以突出强调马克思主义与中国文化的融合,一方面是因为,马克思主义是引领我们不断前行的精神旗帜,如果丢掉这个旗帜,就会迷失方向;中华传统文化是我们民族的"根"和"魂",如果丢掉了这个"根"和"魂",就会割断自己的精神命脉。唯有实现两者的有机结合,才能进一步增强当代中国人民的骨气、底气和软实力。另一方面是因为,实现这样的有机融合并不容易。马克思主义毕竟是诞生于西方的文化土壤,要从"西方文化"形态

转化为"中国文化"形态,就必然有一个马克思主义中国化、大众化的问题。而以往我们在推进马克思主义中国化、大众化的过程中,更多地致力于以马克思主义科学思想引领中国实践,而从文化深层次上推进马克思主义与中华文化有机融合还用功不足,这不能不说是我们推进马克思主义中国化、大众化上的一个薄弱环节。推进马克思主义中国化和大众化离不开大众参与,大众的参与度越高,马克思主义中国化、大众化的程度就会越深入。而要实现更多大众参与,既需要马克思主义话语体系的中国化转换,也需要对传统优秀文化进行创造性转化和创新性发展,更需要立足中国实践和时代发展,需要推进两者的有机融合。这是当代中国开辟21世纪马克思主义新境界、推动中国的马克思主义新发展的重大战略任务。在中国迈向现代化强国的关键时期,习近平总书记将文化自信与道路自信、理论自信、制度自信一并提出,契合了当代中国整体转型升级对提升中国文化软实力的时代要求,必将为深入推进马克思主义时代化、中国化、大众化和实现中华民族伟大复兴的中国梦提供重大引领和支撑作用。

三、"四个自信"为中国梦注入了强大动力

十八大以来,习近平总书记高度关注培育民族自尊心,坚定建设中国特色社会主义的道路自信、理论自信、制度自信,在庆祝中国共产党成立95周年大会上,他又提出了文化自信,"四个自信"由此形成。"四个自信"充分展示了党应具备的信念,即在新的历史条件下,坚守自身信念,积极创建美好生活。2012年11月29日,习近平总书记在参观"复兴之路"展览时提出了中国梦,并对其进行了系统阐释。习近平总书记指出,中国梦就是要实现中华民族伟大复兴,具体体现为国家富强、民族振兴、人民幸福。"四个自信"和中国梦,是习近平总书记结合我国国情提出的执政理念,鼓励我们坚定民族自信心,积极行动,弘扬实干精神。

习近平总书记提出的"四个自信"内涵丰富,其中道路自信关注发展方向、未来命运,强调坚持走中国特色社会主义道路是中华民族实现繁荣富强的科学保障;理论自信是对中国特色社会主义理论体系的坚守,坚定对共产党执政规律、社会主义建设规律、人类社会发展规律认识的自信;制度自信是对中国特色社会主义制度优越性的自信,依靠制度实现社会发展与稳定;文化自信是对中国特色社会主义先进文化的自信,既要对优秀传统文化产生强烈的自豪感,也要坚定对社会主义核心价值体系的认同。"四个自信"是科学统一的整体,彼此之间相辅相成。文化自信是道路自信、理论自信与制度自信的基础,而道路自信、理论自信、制度自信是文化自信的重要表现。

(一)道路自信指明了中国梦的实现方向

正确的道路是实现美好梦想的前提,实现中国梦应坚持走中国特色社会主义道路,这不仅是历史的选择,也符合现实的需要。坚持走中国特色社会主义道路,是中国人民在长期的思考与探索中得到的,不仅符合中国国情,也符合社会主义基本原则。坚持走中国特色社会主义道路,让我们在新的发展时期获得了新的发展机遇,实现了跨越式进步,使我国的面貌与广大群众的生活发生了巨大变化,迎来了中国梦的光明前景。坚持走中国特色社会主义道路使我国各项事业获得巨大成功,但是面对社会主义现代化建设事业取得的伟大成就,我

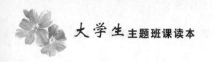

们必须保持头脑清醒。在改革发展以及实现中国梦的路上,难免会存在诸多矛盾与问题,这些会干扰中国梦实现的脚步,因此,必须坚定中国特色社会主义的道路自信,不忘初心,确保方向正确,实现"两个一百年"奋斗目标,实现中国梦。道路自信进一步明确了实现中国梦的方向,方向正确,才能确保寻梦路上稳步前进。

(二)理论自信为中国梦提供理论指引

理论在一个国家的实现程度主要看这一理论对国家需求的满足水平。理论在被群众掌握后,就能转变为推动实践的强大力量。中国特色社会主义理论体系为我国改革、发展及稳定提供了科学理论指导,是全面建成小康社会的行动指南。要实现中华民族伟大复兴的中国梦,就需要坚持中国特色社会主义理论体系,用科学理论去武装广大人民群众。时下,只有不断用科学理论指导行动,才能掌握科学的行动指南,构筑团结奋斗的思想之基,才能实现思想上的统一、步调上的一致。实践、认知永无止境,理论的创新也是永无止境的。在实现中华民族伟大复兴中国梦的伟大征程中,要理顺理论创新和理论自信之间的关系,以社会主义现代化建设中的具体问题、战略事务为中心,关注社会发展的现实需要以及广大人民群众的需求,从实践出发,强调理论创新,坚持中国化的马克思主义。总而言之,理论自信能够为实现中国梦提供高屋建瓴的理论指导,确保实践沿着正确方向前行。

(三)制度自信为中国梦提供根本保障

制度是成就一番事业的根本保障,而我国实行社会主义制度不仅是由我国国情、性质决定的,也是由经济社会发展进程决定的。中国特色社会主义制度体系是我国发展的制度保障,强调制度自信需要完善中国特色社会主义制度。制度自信不仅表现为政治定力,也需要改革创新、不断完善,这是制度自信的基本要求,是制度自信的重要保证。习近平总书记曾明确指出,制度自信能激发全面深化改革的勇气,不断深化改革,制度自信才能更彻底、更久远。在新的时期,强调制度自信,需要在实现中华民族伟大复兴中国梦的实践中,继续坚持并完善中国特色社会主义制度体系,特别是围绕广大人民群众关注的热点问题完善这一制度体系,做到科学规范、系统完备、运转有效,确保每一个人都能展现聪明才智,调动一切积极因素,为实现中国梦增添力量。要明确中国特色社会主义制度是鲜明的、有特色的、富有效率的,对其存在的问题,应该有清醒的认识,要推动社会主义制度更为稳定完备,才能为实现中国梦打好制度基础。

(四)文化自信为中国梦提供原动力

文化是民族凝聚力之源,是国家实现兴旺发达的科学支撑。历史与现实充分表明,文化是民族之魂,社会主义核心价值观更是文化的核心。文化自信的提出充分彰显了共产党人对文化的高度关注,标志着我国对文化功能、文化作用的认知已达到新高度,文化站在新的起点上。中华民族在发展的历史进程中创造了优秀的传统文化,在党领导广大人民群众开展斗争的过程中培育了社会主义先进文化,文化积淀了中华民族深层次的精神追求,是中华民族精神的标志。党提出文化自信有着深厚的根基,是对优秀传统文化的传承与发展,优秀传统文化深化了文化建设之基,夯实了文化自信的强劲底气。文化自信不仅源自对优秀传统文化的传承,更源自对中国梦美好未来的期待。改革开放后,全国人民一道创造了伟大的成就,国家实现了繁荣富强,文化实现了兴盛。党的十八大以后,党中央把建设中国特色社会主义文化摆在更为突出的位置,文化产业迎来新的发展机遇,文化发展迎来了新的春天。缺少共同的核心价值观,社会就缺乏维系的精神纽带,就难以形成凝神聚力的共识以及精神支撑。强调文化自信,就是要弘扬社会主义核心价值观,全面增强各族人民的精神力量,为中国梦提供持久动力。此外,文化自信就是要在统筹推进"五位一体"总体布局和"四个全面"战略布局的伟大实践中,构筑社会主义文化强国,全面实施文化"走出去"战略,创建中国话语体系,传播中国智慧,使中华文化屹立于世界民族之林,为实现中国梦提供源源不断的强劲动力。

总之,中国梦是近代以来中华民族最伟大的梦想,始终坚持"四个自信",对实现中国梦具有深远意义。"四个自信"为实现中国梦注入了精神动力,在圆梦的征程上,应汇聚奋发有为的力量,不忘初心,开辟中国特色社会事业发展的新局面,提高国家综合实力。

四、引导大学生坚定"四个自信"

习近平总书记在党的十九大报告中深刻指出:"文化是一个国家、一个民族的灵魂。文化兴国运兴,文化强民族强。没有高度的文化自信,没有文化的繁荣兴盛,就没有中华民族伟大复兴。要坚持中国特色社会主义文化发展道路,激发全民族文化创新创造活力,建设社会主义文化强国。"社会主义先进文化植根于中华优秀传统文化和革命文化中,形成和发展于党团结带领全国各族人民进行社会主义建设和改革的伟大实践中。文化传承创新是新时代我国高等教育四大基本职能之一,高校要通过大力研究、发掘和弘扬社会主义先进文化,增强当代大学生的"四个自信"。

高校是人才培养的重要基地,也是研究和发展先进文化、传播先进文化的前沿阵地。要始终站在培养德、智、体、美、劳全面发展的社会主义现代化建设者和接班人的战略高度,大力发展社会主义先进文化,增强当代大学生对中国特色社会主义的道路自信、理论自信、制度自信和文化自信,为实现中华民族伟大复兴的中国梦汇聚磅礴的青春力量。

(一)充分发挥课程思政作用,打牢"四个自信"的坚实基础

高校要构建好课程思政体系,并充分发挥其作用,把社会主义先进文化教育贯穿教学全过程,打牢"四个自信"的坚实基础。一是根据不同课程的特点和性质,进行合理分工,把社会主义先进文化教育有机融入各门课程教学。二是有针对性地采用案例教学法、比较教学法和讨论教学法等方法,激发并提高学生学习的积极性、主动性。三是以第二课堂、社会调查、实地考察等方式开展社会主义先进文化教育的实践教学,加深学生对社会主义先进文化的理解。四是鼓励教师不断深化对社会主义先进文化的学习和探讨,做习近平新时代中国特色社会主义思想的坚定信仰者、积极传播者和模范践行者。

(二)充分挖掘社会主义先进文化的育人资源,增强大学生对"四个自信"的价值认同

高校要充分挖掘社会主义先进文化的育人资源,增强大学生对"四个自信"的价值认同。一是按照先进文化前进方向的要求建设高品位大学文化,以社会主义核心价值观引领大学

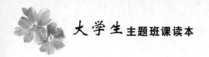

文化建设,形成独特的精神文化、制度文化、学术文化、管理与服务文化和环境文化,使大学文化浸润学生的心灵,在潜移默化中强化学生对"四个自信"的价值认同。二是大力推进文化素质教育,结合社会主义先进文化的内容和要求,建立文化素质教育课程体系,创新育人载体,搭建育人平台,将文化转化为学生的素质,促进学生全面发展。

(三)积极搭建实践育人平台,强化"四个自信"的实践养成

马克思曾经说过,全部社会生活在本质上是实践的。高校要不断强化"四个自信"的实践养成,搭建"三下乡"社会实践、志愿服务等实践育人平台,让青年大学生通过亲身实践和切实观察,感知中国特色社会主义的巨大进步和卓越成就,领悟社会主义先进文化的精髓,感受社会主义先进文化的魅力,进一步坚定"四个自信"。

(四)积极搭建研究与传播平台,集中力量开展理论研究与宣传阐释

高校要将社会主义先进文化建设作为研究对象,积极搭建研究与传播平台,集中力量开展理论研究与宣传阐释。要加强社会主义先进文化内涵、内容体系、特色的研究阐释,要对社会主义先进文化的样本进行发掘和凝练。要树立问题意识,针对青年大学生的现实困惑,在认真研究的基础上给出有说服力的解答,提高社会主义先进文化的大众化传播能力。要开展协同创新,联合开展重大科研项目攻关,在关键领域取得实质性成果,不断推进理论创新,提高社会主义先进文化的传播水平。

专题十四 走进新时代 拥抱新思想

习近平新时代中国特色社会主义思想是马克思主义中国化的最新理论成果,涵盖党在新的时代课题下治国理政的基本方略,是科学认识我国发展新的历史方位和正确把握我国社会主要矛盾变化的根本指针,是中国特色社会主义在新时代继续向前迈进的理论武器,也是不断推动党和国家各项事业全面发展的行动指南。学习和贯彻习近平新时代中国特色社会主义思想,对于凝聚全社会的思想与力量、共筑民族伟大复兴的中国梦具有重要的现实意义和历史意义。高校思想政治教育是党领导下的意识形态工作的重要组成部分,承载着立德树人、为社会主义培养建设者和接班人的重大任务,积极将习近平新时代中国特色社会主义思想融入高校思想政治教育之中,既是服务国家发展战略的需要,也是高校思想政治教育与时俱进的需要。习近平新时代中国特色社会主义思想要成为当代大学生应知、应会、应用的理论武器。

教学目标

通过学习,使学生了解习近平新时代中国特色社会主义思想的基本内涵和基本方略;深入理解"八个明确"和"十四个坚持"的现实意义;使习近平新时代中国特色社会主义思想入脑入心,触动学生的灵魂,使其认同并自觉参与中国特色社会主义建设事业,坚定走中国特色社会主义道路的决心;塑造更多的实现中华民族伟大复兴工程的储备力量。

教学重点

(1) 深入了解习近平新时代中国特色社会主义思想的基本内涵和基本方略。

(2) 充分理解"八个明确"和"十四个坚持"的紧密联系。

(3) 以习近平新时代中国特色社会主义思想强化学生的政治认知。

一、习近平新时代中国特色社会主义思想的形成与发展

2017年10月18日,在中国共产党第十九次全国代表大会上习近平总书记首次提出"新时代中国特色社会主义思想"。习近平新时代中国特色社会主义思想是全党全国人民为实现中华民族伟大复兴而奋斗的行动指南。2017年10月24日,中国共产党第十九次全国代表大会通过了关于《中国共产党章程(修正案)》的决议,习近平新时代中国特色社会主义思想写入党章。习近平新时代中国特色社会主义思想,用"八个明确"清晰阐明,用十四项基本方略进行具体谋划,吸引着想要透过中国找寻未来方向的世界目光,代表着马克思主义中国化的最新成果。2018年3月11日,习近平新时代中国特色社会主义思想载入宪法,宪法修正案明确了习近平新时代中国特色社会主义思想在国家政治和社会生活中的指导地位。习近平新时代中国特色社会主义思想是马克思主义中国化的最新成果,是党和人民实践经验和集体智慧的结晶,是党的十八大以来党和国家事业取得历史性成就、发生历史性变革的根本的理论指引,其政治意义、理论意义、实践意义,在党内外、在全国上下已经形成了广泛的高度认同。

十八大以来,国内外形势变化和我国各项事业发展都给我们提出了一个重大时代课题,这就是必须从理论和实践结合上系统回答新时代坚持和发展什么样的中国特色社会主义、怎样坚持和发展中国特色社会主义,包括新时代坚持和发展中国特色社会主义的总目标、总任务、总体布局、战略布局和发展方向、发展方式、发展动力、战略步骤、外部条件、政治保证等基本问题,并且要根据新的实践对经济、政治、法治、科技、文化、教育、民生、民族、宗教、社

会、生态文明、国家安全、国防和军队、"一国两制"和祖国统一、统一战线、外交、党的建设等各方面做出理论分析和政策指导,以利于更好坚持和发展中国特色社会主义。

围绕这个重大时代课题,党坚持以马克思列宁主义、毛泽东思想、邓小平理论、"三个代表"重要思想、科学发展观为指导,坚持解放思想、实事求是、与时俱进、求真务实,坚持辩证唯物主义和历史唯物主义,紧密结合新的时代条件和实践要求,以全新的视野深化对共产党执政规律、社会主义建设规律、人类社会发展规律的认识,进行艰辛理论探索,取得重大理论创新成果,形成了习近平新时代中国特色社会主义思想。

习近平新时代中国特色社会主义思想,是对马克思列宁主义、毛泽东思想、邓小平理论、"三个代表"重要思想、科学发展观的继承和发展,是马克思主义中国化最新成果,是党和人民实践经验和集体智慧的结晶,是中国特色社会主义理论体系的重要组成部分,是全党全国人民为实现中华民族伟大复兴而奋斗的行动指南,必须长期坚持并不断发展。

二、习近平新时代中国特色社会主义思想的内核

"八个明确""十四个坚持"是习近平新时代中国特色社会主义思想的具体展开和内涵逻辑,从世界观和方法论的高度,系统全面地回答了中国特色社会主义进入新时代后,中国共产党的"新目标""新使命",面临的"新矛盾"等一系列带有根本性的问题,与治党治国治军的各方面工作紧密相连,既有理论高度,又具实践价值,将指导我们更好地坚持和发展中国特色社会主义。

(一)"八个明确"

(1)明确坚持和发展中国特色社会主义,总任务是实现社会主义现代化和中华民族伟大复兴,在全面建成小康社会的基础上,分两步走在21世纪中叶建成富强民主文明和谐美丽的社会主义现代化强国。

(2)明确新时代我国社会主要矛盾是人民日益增长的美好生活需要和不平衡不充分的发展之间的矛盾,必须坚持以人民为中心的发展思想,不断促进人的全面发展、全体人民共同富裕。

(3)明确中国特色社会主义事业总体布局是"五位一体"、战略布局是"四个全面",强调坚定道路自信、理论自信、制度自信、文化自信。

(4)明确全面深化改革总目标是完善和发展中国特色社会主义制度、推进国家治理体系和治理能力现代化。

(5)明确全面推进依法治国总目标是建设中国特色社会主义法治体系、建设社会主义法治国家。

(6)明确党在新时代的强军目标是建设一支听党指挥、能打胜仗、作风优良的人民军队,把人民军队建设成为世界一流军队。

(7)明确中国特色大国外交要推动构建新型国际关系,推动构建人类命运共同体。

(8)明确中国特色社会主义最本质的特征是中国共产党领导,中国特色社会主义制度的最大优势是中国共产党领导,党是最高政治领导力量,提出新时代党的建设总要求,突出政治建设在党的建设中的重要地位。

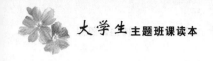

(二)"十四个坚持"

1. 坚持党对一切工作的领导

党政军民学,东西南北中,党是领导一切的。必须增强政治意识、大局意识、核心意识、看齐意识,自觉维护党中央权威和集中统一领导,自觉在思想上政治上行动上同党中央保持高度一致,完善坚持党的领导的体制机制,坚持稳中求进工作总基调,统筹推进"五位一体"总体布局,协调推进"四个全面"战略布局,提高党把方向、谋大局、定政策、促改革的能力和定力,确保党始终总揽全局、协调各方。

2. 坚持以人民为中心

人民是历史的创造者,是决定党和国家前途命运的根本力量。必须坚持人民主体地位,坚持立党为公、执政为民,践行全心全意为人民服务的根本宗旨,把党的群众路线贯彻到治国理政全部活动之中,把人民对美好生活的向往作为奋斗目标,依靠人民创造历史伟业。

3. 坚持全面深化改革

只有社会主义才能救中国,只有改革开放才能发展中国、发展社会主义、发展马克思主义。必须坚持和完善中国特色社会主义制度,不断推进国家治理体系和治理能力现代化,坚决破除一切不合时宜的思想观念和体制机制弊端,突破利益固化的藩篱,吸收人类文明有益成果,构建系统完备、科学规范、运行有效的制度体系,充分发挥我国社会主义制度优越性。

4. 坚持新发展理念

发展是解决我国一切问题的基础和关键,发展必须是科学发展,必须坚定不移贯彻创新、协调、绿色、开放、共享的发展理念。必须坚持和完善我国社会主义基本经济制度和分配制度,毫不动摇巩固和发展公有制经济,毫不动摇鼓励、支持、引导非公有制经济发展,使市场在资源配置中起决定性作用,更好发挥政府作用,推动新型工业化、信息化、城镇化、农业现代化同步发展,主动参与和推动经济全球化进程,发展更高层次的开放型经济,不断壮大我国经济实力和综合国力。

5. 坚持人民当家作主

坚持党的领导、人民当家作主、依法治国有机统一是社会主义政治发展的必然要求。必须坚持中国特色社会主义政治发展道路,坚持和完善人民代表大会制度、中国共产党领导的多党合作和政治协商制度、民族区域自治制度、基层群众自治制度,巩固和发展最广泛的爱国统一战线,发展社会主义协商民主,健全民主制度,丰富民主形式,拓宽民主渠道,保证人民当家作主落实到国家政治生活和社会生活之中。

6. 坚持全面依法治国

全面依法治国是中国特色社会主义的本质要求和重要保障。必须把党的领导贯彻落实到依法治国全过程和各方面,坚定不移走中国特色社会主义法治道路,完善以宪法为核心的中国特色社会主义法律体系,建设中国特色社会主义法治体系,建设社会主义法治国家,发展中国特色社会主义法治理论,坚持依法治国、依法执政、依法行政共同推进,坚持法治国家、法治政府、法治社会一体建设,坚持依法治国和以德治国相结合,依法治国和依规治党有机统一,深化司法体制改革,提高全民族法治素养和道德素质。

7. 坚持社会主义核心价值体系

文化自信是一个国家、一个民族发展中更基本、更深沉、更持久的力量。必须坚持马克思主义,牢固树立共产主义远大理想和中国特色社会主义共同理想,培育和践行社会主义核心价值观,不断增强意识形态领域主导权和话语权,推动中华优秀传统文化创造性转化、创新性发展,继承革命文化,发展社会主义先进文化,不忘本来、吸收外来、面向未来,更好构筑中国精神、中国价值、中国力量,为人民提供精神指引。

8. 坚持在发展中保障和改善民生

增进民生福祉是发展的根本目的。必须多谋民生之利、多解民生之忧,在发展中补齐民生短板、促进社会公平正义,在幼有所育、学有所教、劳有所得、病有所医、老有所养、住有所居、弱有所扶上不断取得新进展,深入开展脱贫攻坚,保证全体人民在共建共享发展中有更多获得感,不断促进人的全面发展、全体人民共同富裕。建设平安中国,加强和创新社会治理,维护社会和谐稳定,确保国家长治久安、人民安居乐业。

9. 坚持人与自然和谐共生

建设生态文明是中华民族永续发展的千年大计。必须树立和践行绿水青山就是金山银山的理念,坚持节约资源和保护环境的基本国策,像对待生命一样对待生态环境,统筹山水林田湖草系统治理,实行最严格的生态环境保护制度,形成绿色发展方式和生活方式,坚定走生产发展、生活富裕、生态良好的文明发展道路,建设美丽中国,为人民创造良好生产生活环境,为全球生态安全作出贡献。

10. 坚持总体国家安全观

统筹发展和安全,增强忧患意识,做到居安思危,是党治国理政的一个重大原则。必须坚持国家利益至上,以人民安全为宗旨,以政治安全为根本,统筹外部安全和内部安全、国土安全和国民安全、传统安全和非传统安全、自身安全和共同安全,完善国家安全制度体系,加强国家安全能力建设,坚决维护国家主权、安全、发展利益。

11. 坚持党对人民军队的绝对领导

建设一支听党指挥、能打胜仗、作风优良的人民军队,是实现"两个一百年"奋斗目标、实现中华民族伟大复兴的战略支撑。必须全面贯彻党领导人民军队的一系列根本原则和制度,确立新时代党的强军思想在国防和军队建设中的指导地位,坚持政治建军、改革强军、科技兴军、依法治军,更加注重聚焦实战,更加注重创新驱动,更加注重体系建设,更加注重集约高效,更加注重军民融合,实现党在新时代的强军目标。

12. 坚持"一国两制"和推进祖国统一

保持香港、澳门长期繁荣稳定,实现祖国完全统一,是实现中华民族伟大复兴的必然要求。必须把维护中央对香港、澳门特别行政区全面管治权和保障特别行政区高度自治权有机结合起来,确保"一国两制"方针不会变、不动摇,确保"一国两制"实践不变形、不走样。必须坚持一个中国原则,坚持"九二共识",推动两岸关系和平发展,深化两岸经济合作和文化往来,推动两岸同胞共同反对一切分裂国家的活动,共同为实现中华民族伟大复兴而奋斗。

13. 坚持推动构建人类命运共同体

中国人民的梦想同各国人民的梦想息息相通,实现中国梦离不开和平的国际环境和稳定的国际秩序。必须统筹国内国际两个大局,始终不渝走和平发展道路、奉行互利共赢的开放战略,坚持正确义利观,树立共同、综合、合作、可持续的新安全观,谋求开放创新、包容互惠的发展前景,促进和而不同、兼收并蓄的文明交流,构筑尊崇自然、绿色发展的生态体系,始终做世界和平的建设者、全球发展的贡献者、国际秩序的维护者。

14. 坚持全面从严治党

勇于自我革命,从严管党治党,是我们党最鲜明的品格。必须以党章为根本遵循,把党的政治建设摆在首位,思想建党和制度治党同向发力,统筹推进党的各项建设,抓住"关键少数",坚持"三严三实",坚持民主集中制,严肃党内政治生活,严明党的纪律,强化党内监督,发展积极健康的党内政治文化,全面净化党内政治生态,坚决纠正各种不正之风,以零容忍态度惩治腐败,不断增强党自我净化、自我完善、自我革新、自我提高的能力,始终保持党同人民群众的血肉联系。

以上十四条,构成新时代坚持和发展中国特色社会主义的基本方略。全党同志必须全面贯彻党的基本理论、基本路线、基本方略,更好引领党和人民事业发展。

(三)"八个明确"和"十四个坚持"的关系

十九大报告对习近平新时代中国特色社会主义思想的基本内涵和基本方略,分别用"八个明确"和"十四个坚持"加以概括,分别回答了新时代我们要坚持和发展什么样的中国特色社会主义、怎样坚持和发展中国特色社会主义。

"八个明确"主要是从理论层面来讲,它是习近平新时代中国特色社会主义思想的基本内涵、四梁八柱、核心要义。因为中国特色社会主义一直处于发展的过程,在不同的时代、不同的发展阶段、不同的历史方位会有不同的内涵。

"十四个坚持"主要回答怎样坚持和发展中国特色社会主义,实际上就是坚持和发展中国特色社会主义的基本方略,它告诉我们坚持和发展中国特色社会主义的目标、路径、方略、步骤等。

"八个明确"和"十四个坚持"两者之间是相辅相成的关系。"八个明确"是理论上的回答,我们要坚持和发展的是什么样的社会主义,回答"是什么"的问题;"十四个坚持"是实践层面的明确回答,主要回答"怎么办"的问题,我们在新的历史方位中,怎样坚持和发展中国特色社会主义,是讲方略、办法、路径的问题。

三、习近平新时代中国特色社会主义思想的特征和意义

(一)特征

党的十八大以来,以习近平同志为核心的党中央围绕"两个一百年"奋斗目标,不断在实践和理论层面探索中国特色社会主义建设规律,就党和国家重大工作提出一系列新理念、新思想、新战略。在此基础上,党的十九大提出了习近平新时代中国特色社会主义思想。

从哲学维度来讲,习近平新时代中国特色社会主义思想遵循事物永恒发展的规律,坚持认识和实践相统一,以全新的视野深化了党对多方面规律的认识,开拓了马克思主义、中国特色社会主义、党治国理政和全面从严治党的新境界。准确把握习近平新时代中国特色社会主义思想的理论特征,有助于全党全国人民深刻理解其丰富内涵、重要意义以及树立学习贯彻习近平新时代中国特色社会主义思想的自觉意识。

习近平新时代中国特色社会主义思想是马克思主义中国化理论逻辑和中国特色社会主

义实践逻辑相统一的产物,是新时代的马克思主义,是具有鲜明系统性、实践性和时代性的理论体系。

(1) 系统性表明习近平新时代中国特色社会主义思想是主题鲜明、内涵丰富、逻辑严密的科学理论体系,是对其他马克思主义中国化理论成果的继承与发展。

(2) 实践性表现为习近平新时代中国特色社会主义思想是以习近平同志为核心的党中央在伟大实践活动基础上进行艰辛理论探索取得的重大成果,是聚焦实践活动的、现实的理论,是经过实践检验并将继续接受实践检验的科学理论,是指导当前和未来党、国家各方面工作的强大思想武器。

(3) 时代性表现为习近平新时代中国特色社会主义思想是党顺应时代发展要求而提出的理论创新成果,是指导新时代全党全国人民团结奋斗的行动指南,是随着实践创新不断丰富和发展的思想体系。

(二) 意义

习近平新时代中国特色社会主义思想,是对十八大以来党理论创新成果的最新概括和表述,系统回答新时代坚持和发展什么样的中国特色社会主义、怎样坚持和发展中国特色社会主义等重大问题。这是全党全国各族人民为实现中华民族伟大复兴而奋斗的行动指南。

要深入理解习近平新时代中国特色社会主义思想,就要把握它重大政治意义、理论意义、实践意义和世界历史意义。

1. 政治意义

习近平新时代中国特色社会主义思想对统一全党意志、坚定"四个自信"、牢固树立"四个意识"提供了强大的理论支撑和精神动力。

2. 理论意义

习近平新时代中国特色社会主义思想既坚持了马克思主义基本原理,同时结合新时代的新特点,为推进马克思主义中国化,做出了重大贡献,是马克思主义中国化的最新成果;在不断推进"四个伟大"的实践过程当中,提出了一系列新思想、新观点、新论断、新方略,坚持和发展了中国特色社会主义理论体系,把中国特色社会主义理论体系提到一个新的境界;为发展21世纪中国的马克思主义做出了新的贡献。

3. 实践意义

习近平新时代中国特色社会主义思想为决胜全面建成小康社会、建设社会主义现代化强国、实现中华民族伟大复兴提供了行动指南。

4. 世界历史意义

中国特色社会主义道路、理论、制度、文化开辟了实现现代化的新途径,为那些既希望快速发展又希望保持自身独立性的发展中国家提供了全新选择,为解决人类问题贡献了中国智慧和中国方案。

四、习近平新时代中国特色社会主义思想融入高校政治素养教育

高校是我国意识形态工作的前沿阵地,高校学生是我国意识形态工作的骨干力量,高校思政教育是我国意识形态工作的重要环节。习近平新时代中国特色社会主义思想是党的最

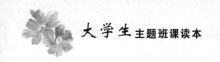

新理论成果,要成为高校思想政治教育的核心理念,融入高校思想政治教育具有紧迫性和必要性。高校思想政治教育,必须旗帜鲜明地坚持党的思想、传播党的理论,使高校成为意识形态宣传的坚强阵地。

(一)保证习近平新时代中国特色社会主义思想教育团队的优质化

在高校中,教师是思想政治教学活动的主导者,辅导员是开展大学生思想政治教育的骨干力量,都需要对新时代中国特色社会主义思想悟全、悟深、悟透。将习近平新时代中国特色社会主义思想融入高校思想政治教育,就要打造出一批深透领悟这一思想的工作队伍,使思想政治工作者首先成为习近平新时代中国特色社会主义思想的坚定信仰者、积极传播者和模范践行者。

(二)推进习近平新时代中国特色社会主义思想融入教育教学的系统化

习近平新时代中国特色社会主义思想融入高校思想政治教育是一个系统工程,必须发挥好思想政治理论课的主渠道作用,加快思想政治理论课教学研究,将新思想系统地融入思想政治理论课的相关课程,从中国特色社会主义理论体系的宏观角度全面阐释其理论依据,结合马克思主义政治经济学和科学社会主义分析新思想所包含的深层理论逻辑,以民族复兴的中国梦为主线,深入分析新思想产生的历史渊源和现实必然性,突出新思想对当代大学生的价值观引领和行动要求,以此建立习近平新时代中国特色社会主义思想课程教育体系。

(三)达到习近平新时代中国特色社会主义思想传导的精准化

要不断创新教育模式,提高教学的效率和质量,使习近平新时代中国特色社会主义思想的内容能够精准地进入每一位学生的头脑。要改变课堂教学模式,引导学生对习近平新时代中国特色社会主义思想多思、多谈、多问;要更新角色观念,强调学生在思想政治教育中的主体地位,树立大学生对思想政治教育工作的主体观;要广泛使用数字化教学工具,借助新媒体更立体和直观地向学生展示"中国梦""新时代""新方位"等概念,既增强教学的趣味性,又帮助学生准确理解习近平新时代中国特色社会主义思想。

(四)促进习近平新时代中国特色社会主义思想教育形式的多样化

除了课堂教育,高校思想政治教育还应借助多样化的开展形式,社团活动、校园文化、网络平台等都可以成为思想政治教育的载体,要综合利用这些非课堂载体推动习近平新时代中国特色社会主义思想深入学生的头脑。要重视环境教育的作用,使习近平新时代中国特色社会主义思想进校园、进教室、进餐厅、进宿舍,充分融入大学生的日常生活,提升思想政治教育的亲和力和感染力。

(五)促成习近平新时代中国特色社会主义思想教育效果的可视化

习近平新时代中国特色社会主义思想融入大学生思想政治教育是一个长期、复杂的动态过程,建立健全问题反馈机制和教学评价机制是改进教学工作,提升融入效果的有力保障。要发挥教学评价对思想政治教育的助力作用,使习近平新时代中国特色社会主义思想教育的效果清晰可视,帮助思想政治教育工作者及时对教学活动做出相应的优化调整。

（六）实现习近平新时代中国特色社会主义思想践行的具体化

高校在进行习近平新时代中国特色社会主义思想教育过程中要注意理论教育与实践教育相结合，充分利用学校的资源优势，为学生参与实践搭建多种平台。要在课堂教育中培养学生的实践精神，点燃青年学生为实现民族复兴的伟大梦想而奋斗的热情；要开设形式多样的实践课程，严格对学生实践成绩的考核，保障实践教学的切实开展，使学生能够在实践教学中领悟到习近平新时代中国特色社会主义思想的精神实质与强大生命力；要引导学生积极参加社会实践，在社会生活中以理论指引行动，以行动深化理论，使习近平新时代中国特色社会主义思想的践行生活化、细节化、具体化。

概言之，只有将习近平新时代中国特色社会主义思想转化为学生的自觉行动，高校思想政治教育的任务才能最终得以完成。

专题十五

传承红色文化
唤醒红色基因

习近平同志强调,一个国家、一个民族的强盛,总是以文化兴盛为支撑的,中华民族伟大复兴需要以中华文化发展繁荣为条件;要不断丰富人民精神世界、增强人民精神力量,不断增强文化整体实力和竞争力,朝着建设社会主义文化强国的目标不断前进。这为新时代高校"以文化人""以文育人"指明了方向。在各种文化中,红色文化以其鲜明的政治立场、崇高的价值取向、深厚的群众基础、坚决的奋斗精神等为实现中华民族伟大复兴提供强大精神动力。因此,我们"要把红色资源利用好、把红色传统发扬好、把红色基因传承好"。

教学目标

通过学习,使学生了解和掌握红色文化的概念、内容等基本知识,提升他们对红色文化的认知度,感知红色文化的魅力,增强他们对红色文化的认同感,培养他们的"红色情感";介绍当前大学生在传承和认同红色文化过程中所存在的主要问题,以及解决这些问题的途径,引导大学生认识到传承红色文化的重要性,真正做到内化于心、外化于行,弘扬"红色精神",塑造"红色品质",坚定"四个自信",为实现中华民族伟大复兴的中国梦汇聚磅礴的青春力量。

教学重点

(1) 红色文化的含义、内容与特征。
(2) 新时代大学生如何传承和弘扬红色文化精神。

一、红色文化概述

中国共产党人自建党之初,就担负起实现中华民族伟大复兴的重任,多少革命英雄、革命前辈,用他们的鲜血和汗水,只为我们更好的生活奠定坚实的基础,在此奋斗中所形成的红色文化,以及他们身上的红色基因永远激励着我们不断前行。

学习红色文化,继承红色基因,是新时代青年大学生"不忘初心,牢记使命"的责任与担当。

红色文化有别于其他文化的根本点在于"红色"。中国人的红色情结与生俱来,它流动在民族的血脉里,遗传在民族基因中,蕴含着丰富的革命精神和厚重的历史文化内涵,是中国文化领域的一道独特风景。"中国红"记载着中国人的心路历程,经过世代承袭、沉淀、深化和扬弃,成为中华文化的底色。

(一)"红色":中华民族的文化基因

对中国人来说,"红色"具有特殊的意义和表征:

(1) 红色意味着热情、奔放、吉祥、喜庆。中国人在婚礼上和春节都喜欢用红色来装饰,如结婚时贴红囍字,用红围帐、红被面、红枕头;过节时贴红门联,挂红匾,送红包,剪红彩;生了孩子要送红蛋。

(2) 红色有驱邪、趋吉避凶、消灾免祸的寓意。比如在中国古代,许多宫殿和庙宇的墙壁都是红色的。又如北方各地汉族人不论大人、小孩遇到本命年时都要系红腰带,俗称"扎红",小孩还要穿红背心、红裤衩等。

(3) 红色意味着吉兆、财运,比如"满堂红""红运""红人"等。

(4) 红色在中国还有忠诚的意思,戏剧中的一些红脸人物(如关羽)被看作忠心耿耿的英雄;还有一些词语,如"赤子""赤胆""赤心""丹心""红心"等。

(5) 红色象征革命和社会主义,近代以来,红色一直是无产阶级革命的代名词。如五星红旗、国徽、党旗等都用红色装饰。汉语中"红军""红旗""红色政权"等都具有褒扬的色彩。

(二) 红色文化的界定

目前,关于红色文化的界定,众说纷纭,尚无定一。归纳总结各种红色文化定义,主要有以下几种:

(1) 红色文化是广大人民群众在中国共产党的领导下,在实现中华民族的解放与自由的历史进程中和新中国社会主义三大改造时期,整合、重组、吸收、优化古今中外的先进文化成果基础上,以马克思列宁主义的科学理论为指导而生成的革命文化。

(2) 红色文化应有广义和狭义的理解,广义的红色文化是指世界社会主义运动历史进程中人们的物质和精神力量所达到的程度、方式和成果;狭义的红色文化是指中国共产党在领导中国人民实现民族的解放与自由以及建设社会主义现代中国的历史实践过程中凝结而成的观念意识形态。

(3) 红色文化作为一种重要资源,包括物质和非物质两个方面。其中,物质资源表现为遗物、遗址等革命历史遗存与纪念场所;非物质资源表现为包括井冈山精神、长征精神、延安精神等红色革命精神。红色资源是以红色革命道路、红色革命文化和红色革命精神为主线的集物态、事件、人物和精神为一体的内容体系。

(4) 将"红色文化"概括为革命年代中的"人、物、事、魂"。其中的"人"是在革命时期对革命有着一定影响的革命志士和为革命事业而牺牲的革命烈士;"物"是革命志士或烈士所用之物,也包括他们生活或战斗过的革命旧址和遗址;"事"是有着重大影响的革命活动或历史事件;"魂"则体现为革命精神即红色精神。

(5) 从文化学角度认识红色文化的内涵。一是从文化的边界范围来看,广义的红色文化是指世界社会主义和共产主义运动整个历史进程中形成发展的人类进步文明的总和。狭义的红色文化是指中国共产党领导人民进行的革命和建设进程中形成发展的,以社会主义和共产主义为指向的,把马克思列宁主义与中国实际相结合,兼收并蓄古今中外的优秀文化成果而形成的文明总和。二是从文化的形态和形式来看,中国红色文化又可分为广义和狭义两种,广义的中国红色文化包括物质文明、精神文明、政治文明、社会文明、生态文明等各种文明形态,狭义的则特指以文化形态表现出来的,体现社会主义、共产主义方向和目标的文明形态。

综上所述,红色文化主要是指中国共产党领导全国各族人民在长期斗争实践中,不断选择、融化、重组、整合中外优秀文化思想的基础上所形成的精神文化、制度文化和物质文化等先进文化的总和。它蛰伏于近代,形成于"五四"以后,成熟和发展于新民主主义革命和社会主义建设时期,新民主主义文化是红色文化的主流,社会主义初级阶段先进文化是红色文化的传承、丰富与发展。它是马克思主义与中国实践相结合的产物,是经过实践证明的具有系统理论价值的中国革命和建设的科学总结,囊括政治、军事、哲学、管理等方面的内容。它是中国共产党革命历史、崇高精神和优良传统的积淀和凝聚,是党最可贵的精神财富,也是中华民族宝贵的历史遗产和精神财富,是中国大步迈向世界的动力和源泉。

(三)红色文化的科学内涵

红色文化形成于我国革命斗争和建设实践过程中,是以马克思主义为指导的文化,是中国传统文化传承的结果,是中华民族共有精神家园的重要支持,与社会主义核心价值体系具有内在统一性。

1. 红色文化以马克思主义为指导,是马克思主义基本原理同中国具体革命实际、建设实际相结合的产物

在我国,马克思主义作为先进的无产阶级政治思想,指导着中国共产党及其领导的革命团体追求民族独立、人民幸福和国家富强的革命实践活动,在这一实践过程中形成了红色文化。

2. 红色文化是社会主义先进文化建设的阶段性成果

中国共产党自诞生以来,自觉将马克思主义基本原理运用于革命斗争和建设实践中,先后形成了毛泽东思想、邓小平理论等一系列中国特色社会主义理论等制度层面的红色文化成果。

3. 红色文化是中国优秀传统文化传承的结果

五四运动以来形成的红色文化,其精神内涵包含了中华民族在悠久历史实践过程中形成的精神追求和行为准则,并吸收中华优秀传统文化的精华,拥有强大的生命力。

4. 红色文化是中华民族共有精神家园的重要支撑

形成于新民主主义革命时期的井冈山精神、长征精神、延安精神等红色文化精髓在发展的不同阶段都不断激励着全国人民为追求民族独立、国家富强的共同理想而不懈奋斗。中国共产党人和广大革命者在革命斗争实践中展现出的顽强、大无畏的革命精神和以爱国主义为核心的民族精神,很好地体现了党和群众在革命年代的精神风貌、价值取向及人生追求,成为中华民族共有精神家园的重要支撑。

5. 红色文化与社会主义核心价值体系具有内在统一性

从形成过程来看,红色文化与社会主义核心价值体系孕育在同一个母体。红色文化的形成与发展伴随着中国共产党领导带领全国各族人民开展革命、建设和改革的辉煌历程,伴随着社会主义核心价值体系不断丰富和发展的过程。从科学内涵来看,社会主义核心价值体系的基本内容,如马克思主义指导思想、社会主义荣辱观等,都包含在红色文化之中;红色文化所体现的民族精神和时代精神,在新时代被赋予新的时代内容后形成了以"八荣八耻"为主要内容的社会主义荣辱观。

因此,从形成过程和科学内涵两方面看,红色文化的内涵与社会主义核心价值体系具有承接性和一致性。前者是后者内容宣传和教育的重要平台和载体,是培育社会主义核心价值观的有效途径,同时也是建设社会主义核心价值体系的重要力量。社会主义核心价值体系的基本内容贯穿于红色文化的内容之中,加强红色文化建设将有利于推动社会主义核心价值体系建设。

二、红色文化的类型与特征

(一) 红色文化的类型

作为特定历史时期的民族精神和时代精神,红色文化的实质内涵包括了物质文化、制度文化和精神文化等层面。

1. 物质文化层面

物质文化层面主要包括反映革命史实的遗址、实物、纪念品、纪念地以及博物馆、纪念馆、烈士陵园,革命前辈用过的遗物等纪念物等,以及革命理论、革命精神、革命传统等精神遗产的物质载体。

2. 制度文化层面

制度文化层面指的是革命、建设时期所形成的革命理论、纲领、路线、方针、政策等革命文献作品。

3. 精神文化层面

精神文化层面指的是革命、建设时期所形成的革命历史、革命事迹、革命精神、革命道德传统等。具体体现为以下几个方面:

(1) 战争年代形成的革命精神,如井冈山精神、长征精神、延安精神、西柏坡精神、红岩精神、抗战精神、沂蒙精神、太行精神、地道战精神等。

(2) 在中国社会主义建设中形成的优良传统,如雷锋精神、焦裕禄精神等。

(3) 反映战争和革命题材的影视作品、文学作品、歌曲和革命历史领袖人物的传记、诗词、革命回忆录等。以红色影视作品为例,代表作有《林海雪原》《烈火金刚》《红岩》《红色娘子军》《建国大业》《亮剑》《历史的天空》《中国地》等。

(4) 无产阶级革命家庭所形成的红色家风等。

红色文化是物质文化、精神文化以及制度文化三种文化形式的统一体,其中物质文化是红色文化的载体,精神文化是红色文化的核心,制度文化是红色文化的灵魂。

(二) 红色文化的特征

红色文化最根本的特征是"红色",是马克思主义基本原理同中国具体实际相结合的精神结晶,是对中华优秀传统文化和世界优秀文化的继承、发展与创新。它彰显马克思主义的先进性、真理性,是中国共产党的信仰、制度、作风、道德、革命精神、革命传统等的综合体现,体现了革命性和先进性相统一、科学性与实践性相统一、本土化与创新性相统一以及兼收并蓄和与时俱进相统一,具有鲜明的科学性、时代性、民族性、大众性、开放性和创新性等特征。

1. 科学性

红色文化从本质上是反对一切封建思想和迷信思想,主张实事求是,主张客观真理,主张理论与实践一致,体现了追求真理、实事求是和开拓创新的科学精神,更展示了指导思想上的唯物论、文化取舍态度上的辩证法以及方法上的实践观,正确认识和反映了人类社会的内在本质及其发展规律。

2. 时代性

中国共产党之所以能由小到大,由弱变强,最后夺取全国政权,不断发展壮大,一个最根本的原因就是始终把振兴中华民族、弘扬先进文化当作自己的神圣使命,把马克思主义与中国的具体实际相结合,总结和提炼出了一种崭新的红色文化。红色文化植根于中国不同历史时期社会实践之中,充分体现了中国政治、经济发展的主流和方向,具有鲜明的时代特征。

3. 民族性

中华民族有几千年的文明史,在人类历史发展的长河中形成了自己独特的光辉灿烂的传统文化。尽管从总体上、主导地位上,传统文化是与小农经济、专制封建官僚政治相适应的,但作为糟粕与精华糅合并存的复合体,传统文化中有许多具有强大生命力的文化精华。红色文化是反对帝国主义压迫,主张中华民族的尊严和独立。它是我们这个民族的、带有我们民族特性的文化,对民族优秀的传统文化予以弘扬并加以创新,使中华民族的优秀文化传统成为红色文化的有机组成部分。

4. 大众性

红色文化始终是与人民群众的根本利益和要求紧密相连的,具有非常强烈的群众意识。它来自人民大众,服务于人民大众,代表了人民大众的意志和愿望。红色文化源于大众决定了文化必须表现人民群众并为他们服务,要为全民族90%的工农劳苦民众服务,并逐渐成为他们的文化。红色文化是以提高广大人民大众思想素质和文化素质为己任,在中国历史发展的伟大实践中不断求得发展和创新,以满足人民大众日益增长的精神文化生活的需求。

5. 开放性

新民主主义时期,毛泽东将马克思主义文化与中国传统文化和社会实践有机结合,产生了中国红色文化第一次质的飞跃。伴随着经济全球化步伐的加快,特别是现代科学技术的飞速发展,不同国家、不同地区、不同社会意识形态的文化出现了相互交融、相互影响的趋势,邓小平确立了改革开放的基本国策,使我国红色文化建设面向世界、面向未来,融会世界各民族的一切优秀文化成果而求得自身发展成为可能。

6. 创新性

新民主主义文化创新,引领中国人民取得了新民主主义革命的胜利,改革开放时期的"科学技术是第一生产力""贫穷不是社会主义"的创新,引领中国人民走向了富强。江泽民指出:"创新是一个民族进步的灵魂,是一个国家兴旺发达的不竭动力。"在历史发展的长河中,一个国家、一个民族,谁勇于创新、善于创新,谁就能抓住社会大变革时期的宝贵机遇而迅速发展,谁缺乏创新精神,抱残守缺、因循守旧、墨守成规,谁就注定要走向落后和衰败。中国共产党90红色文化的发展历程,体现了文化创新的特征。

三、学习、开发红色文化的重要价值

1. 历史印证价值

红色文化见证了中国共产党的早期发展史,昭示了社会主义胜利的必然性,是指导中国革命取得成功的重要法宝。

2. 文明传承价值

红色文化是中国先进文化建设重要的阶段性成果,是建设社会主义先进文化的历史前提。

3. 精神弘扬价值

弘扬红色文化是培育新的民族精神的迫切需要,是新时期群众性精神文明创建活动的重要内涵。

4. 思想教育价值

开发利用红色文化不仅是加强党的建设、巩固社会主义思想文化阵地的迫切需要,也是推进未成年人思想道德建设、改进和创新思想政治工作的重要举措。

5. 开发使用价值

红色文化既是社会主义市场经济发展的强大动力,又是新的历史条件下经济发展的重要媒介和新的经济增长点。

四、大学生传承和弘扬红色文化的困境

(一)红色文化知识的缺乏及其信仰的淡薄

目前,尽管当代大学生在思想认识上高度认可红色文化教育对塑造大学生"三观"和养成良好的思想道德品质具有极其重要的意义,也认同用红色精神、红色传统、红色品质等正能量因素抵制庸俗文化侵蚀的现实必要性,以及坚持"知行合一"实践操行的重要性,但事实上,由于有些大学生平时并没有花足够多的时间去博览革命先辈人物传记、革命经典故事等红色文化书籍,或者实地参观学习革命遗址、革命纪念博物馆、革命烈士故居等,而是更多地借助网络平台,以"碎片化"学习方式,获取对红色文化的了解与知悉,使其认知水平仅停留在"知然而不知其所以然"的状态。正是由于他们对红色文化的由来、作用、功效以及意义了解甚少,由此淡薄了红色文化的神圣意义,自然缺失了对红色文化的信仰。

同时,随着全球化进程的推进,我国对外开放的日益深化,人们的思想和生活更趋于多元化。现实社会中,拜金主义、享乐主义、利己主义等西方价值观、不良网络文化以及市场庸俗文化等对当代大学生的影响很大,导致有些大学生的生活态度和情感寄托都发生了较大变化,对"高大上"的红色文化失去了兴趣。

(二)红色文化历史记忆的淡化

任何一个自立于世界民族之林的民族,都离不开本民族历史记忆所蕴含的具有独特个性的民族精神和文化传统。虽然历史记忆是一种挥之不去的文化传承过程,但是,在不同的社会发展阶段,历史记忆会呈现出不同的存在形态。当物质主义成为自工业社会以来现代世界的主流价值观时,人们对物质的疯狂追求在一定程度上窒息了历史主体对历史的回顾和对现实、未来的思考,他们生活的过程不再是生动的历史过程,而是冷冰冰的物化世界不断堆积的过程,这种堆积所形成的炫耀文化、过度消费文化、金钱文化等造成了对人的生命崇高的直接贬抑和对人的心灵世界的过度掏空。这样的生活场景对当代大学生物质世界和精神世界的包裹,在很大程度上排挤了红色文化历史记忆的留存空间。反过来,红色文化历史记忆的淡化又进一步催逼当代大学生对红色文化的陌生甚至疏离。在有些大学生的眼里,红色文化生长的历史时空总是那么遥远,那样"艰苦"和"匮乏"的环境难以与当下的"幸

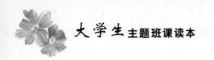

福"和"丰富"生活相对接,中华民族过去所遭受的挫折、屈辱、贫弱好像只是一种抽象的符号表达而难以引起深层的历史反思。

(三)红色文化价值标准的碎裂

文化价值标准是由一系列居于核心地位的文化价值观念构成的逻辑体系,是衡量文化客体对主体有无价值和价值量大小的尺度或准则。然而,红色文化价值标准中所蕴含的理想信念、艰苦奋斗、勇于奉献、自强不息等崇高精神和价值尺度在现代性社会状态下变得支离破碎。因为现代社会状态下,人们对物质的过分追求、对功利的过分崇拜、对欲望的过分放纵、对他人的过分漠视、对当下的过分关注、对崇高的过分贬低等,对当代大学生价值观的影响是难以避免的,价值标准的碎片化、可公度性原则的缺失在一定程度上导致了红色文化价值标准的碎裂。诚如马克思所预言那样:"一切固定的僵化的关系以及与之相适应的被尊崇的观念和见解都被消除了,一切新形成的关系等不到固定下来就陈旧了。一切等级的和固定的东西都烟消云散了,一切神圣的东西都被亵渎了。"

(四)红色文化话语表达的失语

德国哲学家马丁·海德格尔认为,语言是存在自身的证明,人的本质总是被语言展露或隐蔽,"语言敞开着人赖以栖居的领域"。不同时代有自己的时代语言,同一时代的不同群体有其自身的话语表达。当代大学生的话语表达当然不能脱离自己生活的时代,他们对现实生活的独特感受和体验使他们获得了属于自己的生活方式。而红色文化对于当代大学生来说,显然不是一个直接在场的生活空间,因而,无法引起他们对过去生活的真正体验,尽管当代大学生也会唱红歌、看红剧,但是并未从内心深处引起心灵的共鸣,只不过是一种文化符号的艺术转换。所以,在日常生活中,当代大学生的红色文化话语空间总是被其他话语挤压或推开,处于一种"失语"状态。

(五)红色文化的"布道说教式"传播,缺乏生动性和感染力

传统的红色文化传播方式,由于缺乏对大众传播规律的认识而过于强调其政治性、思想性和理论性,对红色文化的宣传往往流于布道式的枯燥说教,使得红色文化表现形式过于单一,红色文化主题局限于狭小的范围空间,导致脱离时代,很难为人们所接受;使红色文化传播在学生群体中缺乏应有的生动性和感染力。

(六)红色文化"过时论"的消极影响

把红色文化简单定位于革命文化,有人认为它在社会主义建设时期,特别是在发展市场经济的条件下,已经过时了。其实红色文化在社会主义建设时期同样存在,比如大庆精神、深圳精神、"两弹一星"精神等。他们宁愿选择中国的传统文化或西方文化,也不愿大力弘扬传播红色文化,以致一些人缺乏理想信念,缺少对真理的追求,崇洋媚外,追求物质享受,对精神层面的追求太少,致使有人最终走向违法犯罪的深渊。

(七)社会庸俗化传播颠覆了大学生对红色文化的正确把握

随着社会主义市场经济的深化,经济体制的变革导致红色文化的表现形式又走向另外

一个极端,红色文化的主题在很大程度上被世俗的功利需求消解。在红色旅游中,有些导游为博游客一乐,不尊重历史事实,对红色资源乱讲一气;他们宣扬的不是革命的艰苦,不是先辈的英雄事迹,而是一些道听途说的野史、艳史,不但没有起到红色资源的教育目的,相反,把神圣庄严的红色资源涂抹成暧昧故事,以达到商业促销的目的。这些东西不但是对红色文化的颠覆,也是对历史的亵渎。

五、红色文化的传承与弘扬

红色文化是中华民族的特色文化,更是中国人民宝贵的精神财富,也是中国先进文化的重要组成部分,传承红色文化是建设社会主义先进文化的需要。青年大学生是国家的知识主体和重要的社会主体之一,其价值观和人生观直接关系着国家的命运和未来。因此,传承红色基因,弘扬红色文化,是大学生"成为时代新人,成为合格的新时代中国特色社会主义事业建设者和接班人"的一种责任与担当。

(一)提升对红色文化的认知

解决好"知"的问题,是引导青年大学生继承和弘扬红色文化精神的前提。红色文化是物质文化、精神文化、制度文化的统一体,有着科学的理论体系和价值内涵。青年大学生要培养红色情感,传承红色文化,就必须科学认知和理解红色文化,深刻把握红色文化的理论精髓。这就要求我们利用课余时间,线上线下,采取"唱(红色经典歌曲)、读(有关红色文化的文章、诗词、箴言、政治口号等)、讲(红色故事)、传(红色精神)"等方式,广泛学习革命史、党史文学作品、歌曲和革命历史领袖人物的传记、诗词、革命回忆录等红色文化内容,体会革命前辈们为国家的解放和繁荣强盛而奋斗的壮丽生涯,深入领会革命先烈们的努力拼搏、无私奉献精神,为广大人民服务的精神,为社会主义建设服务的精神等红色文化精神价值,从内心深处真正体认到"红色文化精神"的无穷魅力与伟大力量,以达到内心触动、激励自我、陶冶心性、提升人格的目的。

(二)自觉强化红色文化记忆

青年大学生要大量阅读红色文化书籍,了解革命时期重要历史人物的高贵品质、高尚情操,获取健康、高尚、美好的情感体验,进而陶冶心灵、锤炼意志;客观分析革命时期重大历史事件,获取理性、全面、辩证的历史分析方法,掌握史情、了解国情,通过对革命时期重要理论的科学阐释,进而牢固树立共同理想、努力提高捍卫民族利益和国家利益的责任心。

(三)自觉增强红色文化网络鉴别能力

当前,信息化时代不断生成的海量信息中,存在着大量把庸俗当高尚、把腐朽当神奇的现象。消极、落后的信息容易遮蔽甚至异化红色文化中所蕴含的民族精神与时代精神的崇高性,颠倒黑白、混淆视听,极易导致当代大学生是非不辨,形成错误的人生观、世界观、价值观。因而,青年大学生要增强网络红色文化信息鉴别能力,明辨是非,自觉抵制庸俗、腐朽思想文化的影响,树立科学的世界观和正确的价值观与人生观。

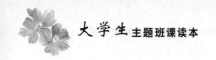

(四)自觉增强红色文化的话语表达

红色文化资源是中国共产党在革命、建设和改革中积淀并不断丰富的独特的物质、制度和精神财富的总和。红色文化中蕴含的中国人民奋发向上、百折不挠的精神特质是任何外来文化都无法取代的,因此,在各种文化激烈碰撞的时代,青年大学生要正确处理好红色文化和其他文化的关系,反对西方文化的霸权主义,分清是非荣辱,明辨美丑善恶,不断增强红色文化的话语表达,自觉树立社会主义荣辱观,践行社会主义核心价值观,做"时代新人"。

(五)积极体味、传播和参与红色文化建设

青年大学生要积极参加红色社团,组织筹划形式多样的弘扬爱国主义精神和革命的教育、纪念、娱乐活动,以较为自然、真切的方式,参观、接触、解读和体味红色文化;积极参加红色资源网络文化建设,开发既有时代特点,又有感染力、吸引力的红色资源;利用微博、微信等新媒体,以符合广大学生的信息交流习惯,积极传播红色文化。

(六)参加社会实践,接受红色洗礼

"纸上得来终觉浅,绝知此事要躬行",实践出真知。青年大学生要自觉地走进革命圣地,参观革命遗址、纪念地、博物馆、纪念馆、烈士陵园,以及革命前辈用过的遗物、纪念物等,了解其历史内涵、文化内涵、精神内涵和思想内涵,体验红色文化,接受灵魂的洗礼,真真切切地感受我们今天的生活是用先辈的鲜血换来的。实地探寻走访红色根据地,深入了解家乡红色文化,铭记家乡红色历史,发扬其蕴含的红色精神。实地访谈革命前辈,深切感悟红色革命精神的力量以及传承红色精神的重要意义。

专题十六
弘扬国防精神
筑伟大强军梦

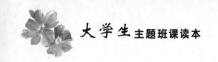

国防是为捍卫国家主权、领土完整和安全,防备外来侵略和颠覆,所进行的军事及与军事有关的政治、外交、经济、文化等方面的建设和斗争。国防教育是建设和巩固国防的基础,是增强民族凝聚力、提高全民素质的重要途径。国防教育在整个高等学校的教育体系中,属于基本素质教育的范畴,具有增强全民国防观念、提高全民国防意识的国防功能。

教学目标

普及国防知识,开阔学生的眼界,扩大学生的知识面,提高学生保卫祖国的本领。提高学生的国防观念,鼓励其爱国之心和报国之志,振奋学生的民族精神。加强学生的国防法制观念,抵制各种腐朽思想的侵蚀。促进学生整体素质的全面发展,实现综合育人的目标。

教学重点

(1) 国防的含义,了解国防的类型。
(2) 深刻领会习近平强军思想。
(3) 引导学生树立国防意识。

一、中国国防

(一) 国防概述

1. 国防的含义

国防是国家为防备和抵抗侵略,制止武装颠覆,保卫国家的主权、统一、领土完整和安全所进行的军事及与军事有关的政治、经济、外交、科技、文化教育等方面的活动。维护国家安全利益是国防的根本职能;捍卫国家主权、领土完整和防止外来侵略、颠覆,是国防的主要任务,是国家生存与发展的安全保障。

2. 国防的类型

目前,世界各国的国防类型归纳起来主要有四种,即自卫型、联盟型、中立型和扩张型。

1) 自卫型

自卫型国防是指以防止外敌入侵为目的,在国防建设上主要依靠本国的力量,广泛争取国际上的同情和支持,维护本国的安全、周边地区和世界的和平与稳定。

2) 联盟型

联盟型国防是指以联盟的形式联合一部分国家来弥补自身力量的不足。联盟型国防又可细分为一元体系联盟和多元体系联盟,前者是以某一大国为盟主,其余国家处于从属地位;后者的联盟国是伙伴关系,通过共同协商,确定联盟大计。

3) 中立型

中立型国防主要指中小国家为了保障本国的安全,严守和平中立的国防政策,制定总体防御战略和寓兵于民的防御体系。

4) 扩张型

扩张型国防指某些大国对外奉行霸权主义侵略扩张政策,为了将其他国家和地区纳入自己的势力范围之内,对别的国家进行侵略、颠覆和渗透等扩张活动。

我国的政治制度和国家政策决定了我国采取的是自卫型国防。我国向世界公开承诺,永远不称霸,不做超级大国,不首先使用核武器或以核武器相威胁,不对无核国家和地区使用核武器,不侵略别国,以反对侵略、维护世界和平、保卫国家的安全与发展为国防的根本宗旨。

3. 国防的历史与启示

在人类社会的历史长河中,我国先后经历了奴隶社会、封建社会、半殖民地半封建社会和社会主义社会。国防也经历了无数次强盛与衰落至再强盛的交棒,从而给我们留下了宝贵的国防遗产和深刻的历史教训。

1)中国古代国防

我国古代的国防意识和国防教育是与战争紧密相连的,主要围绕着维护帝王"社稷安危"展开。

春秋战国时期重视武备和国防,而且国防思想已经上升到理论的高度,全面奠定了古代军事思想的基础,标志着我国古代军事思想在这个时期已经基本成熟。

秦、汉、隋、唐、五代时期,中国国防建设有了进一步的发展。在公元前3世纪至公元10世纪中叶的近1300年间,中国古代国防政策和国防理论得到进一步丰富发展。另外值得一提的是长城的修建。

宋代至清代前期,是中国封建地主阶级的没落时期,但军事上进入冷、热兵器并用时代。武学开始纳入国家教育体系。

总体来说,我国古代国防理论主要包括:"以民为体""居安思危"的国防指导思想,"富国强兵""寓兵于农"的国防建设思想,"爱国教战""崇尚武德"的国防教育思想,"不战而胜""安国全军"的国防斗争策略等。综合来看,中国古代国防的兴衰是与各朝代的政治、经济、军事状况密切相关的。

2)中国近代国防

我国近代的国防是充满屠弱、衰败和屈辱的。19世纪上半期,西方资本主义国家为了开辟新的销售市场和原料产地,加紧对外侵略扩张。它们抓住了中国"国防不固、军队不精"这一致命弱点,开始了对中国赤裸裸的侵略。

从1840年鸦片战争到中华人民共和国成立的百余年间,由于当时统治阶级的腐败衰落,国力日趋空虚,国防每况愈下,在外国列强弱肉强食的政策下,中华民族屡遭外敌的侵略欺辱。

1911年爆发的辛亥革命,虽然推翻了清朝的统治,彻底废除了封建专制制度,建立了中华民国,但并没有改变中国任人宰割的历史。帝国主义通过扶植各派军阀作为自己的代理人,加紧对中国的控制掠夺;各派军阀争权夺利,混战不已,中国依然是有边不固,有海无防。

总之,整个中华民族和中华大地在中国近代陷入了有国无防的悲惨境地,被帝国主义列强踩踏得支离破碎,国家日益陷入殖民地半殖民地的深渊,人民生活在水深火热之中。

3)中国现代国防

中华人民共和国成立以来,我国国防建设大体经历了以下四个阶段:

(1)恢复阶段(1949—1953年)。这一阶段我国处在外御帝国主义侵略、内治战争创伤和恢复经济时期。这一时期的国防建设主要完成了三个方面的任务:一是解放了全国大陆和除台、澎、金、马之外的全部沿海岛屿,建立了边防和守备部队,加强了海上边防的守卫;二是取得了抗美援朝战争的胜利;三是建立、健全统一的军事领导机构和军事制度,加强了对全国武装力量的领导;建立了初具规模的海军、空军和各兵种部队,逐步开始从单一陆军向诸军兵种全面建设过渡;开办了100余所军事院校,为国防建设培养了大批现代化军事人才;统一了军队编制体制;建立了各项规章制度。

(2) 全面建设阶段(1954—1965年)。这一阶段是我国国防现代化建设突飞猛进的重大时期。1953年12月召开的全国军事系统党的高级干部会议,是军队建设和国防建设的一个里程碑。这次会议确定了我国国防建设的主要任务是防御帝国主义侵略,保卫社会主义建设,保卫亚洲与世界和平。制定了"积极防御"的战略方针,提出了实现国防现代化的重大战略措施,这些重大措施有力地促进了我国国防现代化建设的全面发展,初步形成了具有中国特色的国防体系。经过10多年的艰苦努力,我国国防体系基本完成配套,一些领域已接近当时的世界先进水平;并且,我国成功爆炸了第一颗原子弹。

(3) 曲折发展阶段(1966—1977年)。这一时期尽管有林彪、"四人帮"的干扰和破坏,毛泽东、周恩来等党和国家主要领导人仍然警觉地注意维护我国的安全,保持了军队的稳定,顶住了霸权主义的压力。同时对发展国防尖端技术始终没有放松,因而保证了我国氢弹试验和人造卫星发射成功。

(4) 现代化建设阶段(1978年至今)。党的十一届三中全会之后,随着国家工作重心的转移,国防建设进入一个新的历史时期。

20世纪80年代,邓小平提出了和平与发展是当今世界两大主题的观点,确定国防建设指导思想实行战略性转变。国防和军队建设从临战状态转向和平时期的建设轨道。在服从和服务于国家建设大局的前提下,有计划、有步骤地推进以现代化为中心的军队建设。按照精兵、合成、高效的原则进行重大调整改革,减少数量,提高质量,增强军队在现代战争条件下的自卫能力。

20世纪90年代,以江泽民为核心的党的第三代领导集体科学地回答和解决了国防与军队建设的一系列重大理论和实践问题。全面加强军队的革命化、现代化、正规化建设,把推进中国特色军事变革作为军队现代化发展的必由之路,实施科技强军战略,逐步实现由数量规模型向质量效能型、由人力密集型向科技密集型转变。

在新世纪新阶段,以胡锦涛为核心的党中央,坚持把科学发展观作为国防和军队建设的重要指导方针,主动适应世界军事发展新趋势,适应打赢信息化条件下局部战争要求,在更高起点上推进国防和军队的现代化建设。

党的十八大以来,以习近平同志为核心的党中央,站在新的历史起点上,提出了党在新形势下的强军目标。以国家核心安全需求为导向,贯彻新形势下积极防御军事战略方针,着眼建设信息化军队、打赢信息化战争,全面深化国防和军队改革,努力构建中国特色现代军事力量体系,不断提高军队应对多种安全威胁、完成多样化军事任务的能力,坚决维护国家主权、安全、发展利益,为实现"两个一百年"奋斗目标和中华民族伟大复兴中国梦提供坚强保障。

4) 中国国防的启示

我国四千多年的国防历史,有过声威远播、天下归附的武功,有过引而不发、强虏驻足的宁静,有过遍体创伤、不堪回首的屈辱,也有过抗敌卫国的巨大胜利。在建设具有中国特色的社会主义征途中,重温这漫长的国防历史,可以从中得到有益的启示:

(1) 忧患意识是国防巩固发展的前提。历史的教训告诫我们,要时刻保持忧患意识,时刻牢记"天下虽安,忘战必危"。

(2) 经济是国防强大的物质基础。国防的强大有赖于经济的发展。

(3) 政治昌明是国防巩固的根本。政治与国防紧密相关,国家的政治是否开明,制度是否进步,直接关系到国防能否巩固,只有良好的政治才是固国强兵的根本。

(4) 国家统一和民族团结是国防强大的关键。国家的统一,民族的团结,全国军民一致共同抵抗侵略的精神和意志,才是国防真正的钢铁长城。

(二) 国防法规

国防法规是指国家为了加强防务,尤其是加强武装力量建设,用法律形式确定并以国家强制手段保证其实施的行为规则的总称。国防法规是由特定的国家机关根据法定权限和程序制定的,是国家法制的重要组成部分,也是国防和军队建设的重要内容。国防法规一般包括国防立法、国防法律制度、国防法律的实施等主要问题。

1. 国防法规体系

国防法规体系是指由各个层次、不同门类的国防法律规范构成的相互联系、相互制约和协调的有机整体。各个层次表征着国防法律规范之间的纵向关系,不同门类表征着国防法律规范之间的横向关系。

在纵向关系上,依据宪法规定和立法权力及立法原则,我国现行的国防法规体系区分为四个层次:第一是法律,由全国人民代表大会及其常务委员会制定的关于国防和武装力量建设的法律,如《中华人民共和国国防法》《中华人民共和国兵役法》《中华人民共和国国防教育法》《中华人民共和国人民防空法》《中华人民共和国军事设施保护法》等;第二是法规,由中央军事委员会制定的为军事法规,由国务院制定或国务院与中央军事委员会联合制定的为军事行政法规;第三是规章,由中央军事委员会机关部门(原各总部)、战区、军兵种、中国人民武装警察部队制定的为军事规章,由国务院有关部委与中央军事委员会有关机关部门(原有关总部)联合制定的为军事行政规章;第四是地方性法规,是由各省、自治区、直辖市人民代表大会及其常务委员会制定的贯彻执行国家国防法规的实施办法、实施细则、补充规定等。

在横向关系上,依据国防活动的领域,可以将国防法律规范划分为十六个门类:国防基本法类;国防组织法类;兵役法类;军事管理法类;军事刑法类;军事诉讼法类;国防经济法类;国防科技工业法类;国防动员法类;国防教育法类;军人权益保护法类;军事设施保护法类;特别行政区驻军法类;紧急状态法类;战争法类;对外军事关系法类。不同门类的国防法规调整、规范国防和军事活动的领域不同。

2. 有关国防法律介绍

1)《中华人民共和国国防法》

国防法是调整国防领域社会关系的法律。《中华人民共和国国防法》(下称《国防法》)是指导和规范中华人民共和国国防活动的基本法律依据。于1997年3月14日由第八届全国人民代表大会第五次会议审议通过。该法共12章70条,主要规定了国防活动的基本原则,国家机构的国防职权,武装力量的构成、任务和建设,国防动员和战争状态,公民、组织的国防义务和权利,对外军事关系等。

2)《中华人民共和国兵役法》

兵役法是国家关于公民参加军事组织或在军事组织之外承担军事任务,接受军事训练的法律。《中华人民共和国兵役法》(下称《兵役法》)是规范中华人民共和国公民履行兵役义务的基本法律依据。1955年7月30日经第一届全国人民代表大会第二次会议通过,2011年10月29日,第十一届全国人大常委会第二十三次会议对《兵役法》进行了第三次修订。新修订的《兵役法》共12章74条,主要内容有:总则、平时征集、士兵的现役和预备役、军官的现役和预备役、民兵、战时兵员动员、法律责任、附则。

3)《中华人民共和国国防教育法》

国防教育法是国家关于在社会组织和公民中普及和加强国防教育的法律。国防教育法在一国国防法体系中占有重要地位,是国防法体系中的基本法和部门法。《中华人民共和国国防教育法》(下称《国防教育法》)于2001年4月28日由第九届全国人大常委会第二十一次会议通过。该法共6章38条,是我国第一部全面调整和规范国防教育的重要法律。2001年8月31日由第九届全国人大常委会第二十三次会议通过,确定每年9月第3个星期六为全民国防教育日。

3. 公民的国防权利和义务

公民的国防权利是指宪法和法律赋予公民在国防活动中享有的权利或利益。国家从法律和物质上保障公民和组织享有这种权利的可能性。公民的国防义务是指由宪法和法律规定的公民在国防方面应当履行的责任。国防义务是法定义务和法律义务。每个公民都享有相应的国防权利,也必须履行相应的国防义务。

1) 公民的国防权利

根据《国防法》的规定,公民享有以下三个方面的国防权利:

(1) 国防建设建议权。《国防法》第五十四条规定,公民和组织有对国防建设提出建议的权利。所谓建议权,就是公民有权对国防建设的指导思想、方针原则、规章制度、措施方法等提出改进意见。此项权利是公民依宪法相应的对国家事务的建议权在国防建设方面的体现。

(2) 制止、检举危害国防行为权。《国防法》第五十四条规定,公民和组织有对危害国防的行为进行制止或者检举的权利。所谓制止权,就是公民有权采取一定的方式方法使危害国防的行为停止下来,从而维护国防利益。所谓检举权,就是在危害国防的行为发生以后,公民有权进行揭发。对违法犯罪行为进行制止、检举是公民享有的一项普遍性权利,在国防领域也不例外。国家和社会保护行使此项权利的公民,使之免于因行使此项权利而受到打击报复或其他损害。

(3) 损失补偿权。《国防法》第五十五条规定,公民和组织因国防建设和军事活动在经济上受到直接损失的,可以依照国家有关规定取得补偿。但必须明确的是,有些补偿措施是在战后落实的,不能把预先得到补偿作为接受动员和接受征用的条件。战时,国家可能一时拿不出钱来,就需要先征用,战后再补偿。

2) 公民的国防义务

我国的国防法规赋予公民的国防义务主要有以下六项:

(1) 维护国家统一和安全的义务。《中华人民共和国宪法》(下称《宪法》)第五十二条规定,中华人民共和国公民有维护国家统一和全国各民族团结的义务。履行维护国家统一和安全这项义务,就是要求每一个公民都有高度的爱国主义精神和积极的爱国主义行动,以国家利益为最高利益,自觉维护祖国统一、安全、荣誉和利益,绝不做危害国家安全、民族荣誉和祖国利益的事。

(2) 履行兵役的义务。《国防法》第五十条规定,依照法律服兵役和参加民兵组织是中华人民共和国公民的光荣义务。《兵役法》第三条规定,中华人民共和国公民,不分民族、种族、职业、家庭出身、宗教信仰和受教育程度,都有义务依照本法的规定服兵役。

(3) 接受国防教育的义务。《国防法》第五十二条规定,公民应当接受国防教育。《国防教育法》第五条进一步强调,中华人民共和国公民都有接受国防教育的权利和义务。国防教育是建设和巩固国防的基础,是增强民族凝聚力和提高全民素质的重要途径,普及和加强国防教育是全社会的共同责任,自觉接受国防教育是公民应尽的义务。

(4) 支前参战的义务。根据《宪法》和《兵役法》的规定,在战争发生时,为了对付敌人突然袭击,抵抗侵略,适龄公民应当积极响应祖国的战时征召。部分服现役人员参加战斗,其余的人员除了随时准备应召服现役外,还要在政府的领导下,由当地军事指挥机关组织,积极担负战备勤务,支援前线作战。

(5) 保护军事设施的义务。《中华人民共和国军事设施保护法》第四条明确规定,中华人民共和国的所有组织和公民都有保护军事设施的义务。禁止任何组织或者个人破坏、危害军事设施。任何组织或者个人对破坏、危害军事设施的行为,都有权检举、控告。

(6) 保守国防秘密的义务。《宪法》第五十三条规定,中华人民共和国公民必须遵守宪法和法律,保守国家秘密。《中华人民共和国保守国家秘密法》规定,国家秘密关系国家的安全和利益,一切国家机关、武装力量、政党、社会团体、企事业单位和公民都有保守国家秘密的义务。

(三) 国防建设

国防建设是指为国家安全利益需要,提高国防能力而进行的各方面的建设。国防建设内容主要包括武装力量建设、人员动员准备、战场准备、战略物资储备、国防事业建设、国防科学技术研究以及对人民群众进行国防教育和军事训练等。

1. 国防领导体制

国防领导体制是指国防领导的组织体系及相应制度。它包括国防领导机构的设置、职权划分、相互关系等。它是国家政权组织形式和机构的重要组成部分。一般设有最高统帅、最高国防决策机构、国家行政机关中管理国防事务的部门、武装力量领导指挥系统等。根据《宪法》和《国防法》,我国的国防领导职权由以下机构行使:

1) 中共中央的国防领导职权

中国的武装力量受中国共产党的领导。党的中央军事委员会和国家的中央军事委员会的组成人员对军队的领导职能完全一致。中央军委实行主席负责制,中央军委主席即为全国武装力量的统帅。

2) 全国人民代表大会及其常务委员会的国防职权

全国人民代表大会选举中央军委主席,根据中央军委主席的提名,决定中央军委其他组成人员的人选,决定战争与和平的问题,并行使宪法规定的国防方面的其他职权。全国人大常委会在全国人民代表大会闭会期间决定战争状态的宣布,决定全国总动员或局部动员,并行使宪法规定的国防方面的其他职权。

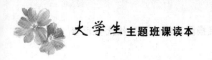

3）国家主席在国防方面的职权

国家主席根据全国人大及其常委会的决定,宣布战争状态,发布动员令,并行使宪法规定的国防方面的其他职权。

4）国务院在国防方面的职权

国务院设有国防部以及其他与国防建设事业有关的部门。国务院的职权有领导和管理国防建设事业,编制国防建设发展规划和计划,制定国防建设方面的方针、政策和行政法规,管理国防经费和国防资产,领导和管理国防科研生产,领导和管理国民经济动员工作和人民武装动员、人民武空、国防交通等方面的有关工作,领导和管理拥军优属和退役军人安置工作,领导国防教育工作,与中央军委共同领导人民武装警察部队、民兵的建设和征兵、预备役工作以及边防、海防、空防的管理工作,并行使法律规定的与国防建设事业有关的其他职权。

5）中央军事委员会在国防方面的职权

中央军委领导和统一指挥全国武装力量,决定军事战略和武装力量的作战方针,领导和管理人民解放军的建设,向全国人大或者全国人大常委会提出议案,制定军事法规,发布决定和命令,决定人民解放军的体制和编制,任免、培训、考核和奖惩武装力量成员,批准武器装备体制和发展规划、计划,并行使法律规定的其他职权。

6）国家安全委员会在国防方面的职能

国家安全委员会的设立有利于提高国家在面临各种安全危机和挑战时的应变能力,也代表着我国在捍卫国家安全和国家利益方面的决心与意志,是维护外部安全的重要内容。国家安全委员会既有对内职能,也有对外职能,与国家的外部安全休戚相关,具有统筹国内和国际两个大局、整合对内对外事务的内外兼顾特点。

2. 国防政策

国防政策是指国家进行国防建设和使用国防力量的准则。国防政策通常可分为总政策和具体政策,是国防建设和国家安全的政治与制度保证,国防政策有鲜明的阶级性,不同的国家有不同的国防政策。中国的国防政策是由中国的发展道路、根本任务、对外政策和历史文化传统等因素决定的。中国奉行防御性的国防政策。现阶段中国国防的目标和任务,主要有以下四个方面的内容:

1）维护国家主权、安全、发展利益

防备和抵抗侵略,保卫领陆、内水、领海、领空的安全,维护国家海洋权益,维护国家在太空、电磁、网络空间的安全利益。反对和遏制"台独",打击分裂势力,捍卫国家主权和领土完整。服从服务于国家发展战略和安全战略,维护国家发展的重要战略机遇期。贯彻新时期积极防御的军事战略方针,坚持独立自主和全民自卫原则,加强武装力量建设和边防、海防、空防建设,加强国家战略能力建设。中国始终奉行不首先使用核武器的政策,坚持自卫防御的核战略,不与任何国家进行核军备竞赛。

2）维护社会和谐稳定

中国武装力量忠实践行全心全意为人民服务的宗旨,积极参加和支援国家经济社会建设,依法维护国家安全和社会稳定。发挥人才、装备、技术、基础设施等方面的有利条件,为地方基础设施和重点工程建设、扶贫帮困和改善民生、生态环境建设贡献力量。科学组织非战争军事行动准备,针对面临的非传统安全威胁搞好战略预置,加强应急专业力量建设,提高遂行反恐维稳、应急救援、安全警戒任务的能力。坚决完成抢险救灾等急难险重任务,保护人民群众生命财产安全。把维护社会大局稳定作为重要任务,坚决打击敌对势力颠覆破坏活动,打击各种暴力恐怖活动。发扬拥政爱民光荣传统,严格遵守国家政策法规,巩固军政军民团结。

3) 推进国防和军队现代化

着眼 2020 年基本实现机械化并使信息化建设取得重大进展的目标,坚持以机械化为基础,以信息化为主导,广泛运用信息技术成果,推进机械化、信息化复合发展和有机融合。拓展和深化军事斗争准备,牵引和带动现代化建设整体发展。深化信息化条件下联合作战理论研究,推进高新技术武器装备建设,发展新型作战力量,着力构建信息化条件下联合作战体系。深入推进机械化条件下军事训练向信息化条件下军事训练转变,加紧实施人才战略工程,加大全面建设现代后勤力度,提高以打赢信息化条件下局部战争能力为核心的完成多样化军事任务能力,全面履行新世纪新阶段军队历史使命。统筹经济建设和国防建设,实行军民融合式发展,建立完善军民结合、寓军于民的武器装备科研生产体系、军队人才培养体系和军队保障体系。积极稳妥地深化国防和军队改革,加强战略筹划和管理,努力推进国防和军队建设科学发展。

4) 维护世界和平稳定

坚持互信、互利、平等、协作的新安全观,主张用和平方式解决地区热点问题和国际争端,反对任意使用武力或以武力相威胁,反对侵略扩张,反对霸权主义和强权政治。按照和平共处五项原则开展对外军事交往,发展不结盟、不对抗、不针对第三方的军事合作关系,推动建立公平有效的集体安全机制和军事互信机制。坚持开放、务实、合作的理念,深化国际安全合作,加强与主要国家和周边国家的战略协作与磋商,加强与发展中国家的军事交流与合作,参加联合国维和行动、海上护航、国际反恐合作和救灾行动。支持按照公正、合理、全面、均衡的原则,实现有效裁军和军备控制、维护全球战略稳定。

二、我国的战略环境

周边战略环境是指国家周边有无危险和受到威胁的情况及条件,是一个国家对其周边国家或集团在一定时期内对自己国家主权、领土完整是否构成威胁,有无军事入侵、渗透、颠覆等情况的综合分析和评估。实现祖国完全统一是全体中华儿女的共同愿望,必须继续坚持"和平统一、一国两制"方针,推进祖国和平统一进程。

(一) 我国地缘环境的基本情况

1. 我国周边地区范围

周边地区指我国的陆海边境地带及其外侧的陆海邻国和公海所构成的区域。我国的地缘环境异常复杂。在世界近 200 个国家中,除俄罗斯外,我国是世界上邻国最多的国家。我国陆地边界长达 2.28 万公里,东邻朝鲜,北邻蒙古,东北邻俄罗斯,西北邻哈萨克斯坦、吉尔吉斯斯坦、塔吉克斯坦,西和西南与阿富汗、巴基斯坦、印度、尼泊尔、不丹等国家接壤,南与缅甸、老挝和越南相连。东部和东南部同韩国、日本、菲律宾、文莱、马来西亚、印度尼西亚隔海相望。我国周边是世界人口最密集、大国最集中的地区,世界公认的五大力量中心,除欧洲外,其他四大力量——美、俄、日、中均交汇于此。世界人口逾亿的10个国家有7个聚集在这里。世界7个公开拥有核武器的国家有4个也在此。

2. 我国邻国众多,安全环境易受外部影响

我国安全环境的外部影响主要来自陆、海两个方面,历史上,美苏曾分别从海上和陆上对我国施加过影响。苏联解体后,俄罗斯仍是世界上最大的陆地国家。美国位于北美大陆南部,北邻加拿大、东接大西洋,南邻墨西哥和墨西哥湾。进入20世纪,美国的综合国力日益增强,积极向海外发展,美国和俄罗斯对欧亚大陆具有全局性影响。

日本、印度是我国周边地区的两个重要国家,是构成我国地理环境的重要因素。日本是岛国,资源缺乏,对海外资源和海外市场的严重依赖性是它的显著特点。在近代,日本经历了50年的侵略扩张和对美国的依附。甲午战争至第二次世界大战期间,日本军国主义积极推行侵略扩张政策,迅速向亚洲大陆扩张。第二次世界大战结束后,美国控制世界海洋,日本转而依附美国,充当美国在太平洋的前沿堡垒。冷战结束后,日本追随美国,变化了的国际形势为日本提高国际地位提供了难得的机会,日本注重将经济、科技、金融优势转化为政治和军事影响力,积极开拓战略空间。印度地理条件优越,周边邻国主要是中小国家。我国是直接与印度毗邻的唯一大国,两国目前还存有边界争议。

东南亚、中亚是我国周边的两个重要地区,也是我国陆、海两面的两个枢纽地区。这两个地区的形势稳定与否,对我国的安全和经济发展具有重要影响,在通道、资源、安全等方面都有重要战略意义。

(二)我国周边安全环境的现状

冷战结束后,世界格局和安全形势发生了深刻变化,和平与发展成为新时代的主题。我国周边安全环境得到进一步改善。缓和已成为我国周边安全环境的主流,但是影响我国周边安全环境的威胁与挑战依然存在。

1. 缓和是我国周边安全环境的主流

进入20世纪90年代,和平与发展的时代主题进一步强固,多极化趋势继续发展,综合国力竞争成为国家间关系的中心,世界总体和平的格局得以巩固和加强。尽管世界形势动荡不安,有些地区的局势还相当紧张,但在我国周边出现了一个相对和平的局面,我国周边安全环境处在新中国成立以来最好的时期之一,并有望继续延续。

1) 中国面临大规模外敌入侵的军事威胁逐渐减弱

从新中国成立到20世纪80年代中期,美苏两霸长期对我国保持直接的、强大的军事威胁,大兵压境,全线包围,甚至进行核讹诈,我国始终处于大战的阴影之下,不得不准备"早打、大打、打核战争"。冷战结束后,世界和平力量有了新的增强,我国经济发展迅速,国内稳定,综合国力和国际影响明显提高。中美关系在三个联合公报的原则下进一步改善,中俄之间确定了"新时代中俄全面战略协作伙伴"关系。近年来,随着中俄、中哈、中吉、中塔领导人频繁互访,我国北面、西部边界安全环境得到了进一步改善。

2) 我国与所有邻国都建立了友好合作关系

冷战结束前后,在世界形势变化和我国睦邻友好政策的推动下,我国与邻国的关系出现

了前所未有的改善势头,逐步在周边地区建立起全面稳定的睦邻友好关系。一是与朝鲜、巴基斯坦、缅甸、柬埔寨等国的传统友好关系进一步巩固和发展;二是与日本、菲律宾、泰国等在20世纪70年代建立的正常国家关系继续保持;三是与俄罗斯、蒙古、越南、印度等邻国实现了关系正常化,与韩国建立了外交关系;四是与从苏联分离出来的中亚五国建立了友好关系。

3) 我国积极参与和建立多边区域合作机制

近年来,中国积极参与和注重建立多边区域和次区域合作机制,为中国和平发展创造了良好的外部条件。上海合作组织就是一个比较成功的合作组织。该组织以相互信任、裁军与合作为主要内容的新型安全观,以结伴但不结盟为核心的新型国家关系,以大小国共同倡导、安全先行为特征的新型区域合作模式等"三新"为特征,倡导互信、互利、平等的"上海精神",在国际上的影响力日益增大。

2. 我国周边安全环境仍存在威胁和挑战

我国地处亚太地区,尽管当前形势相对稳定,但是,周边地区一些固有的矛盾并没有完全解决,影响和平安全的因素依然存在,我国周边安全与稳定仍面临不同对象和不同程度的现实的潜在威胁。

1) 西方军事强国对中国的安全环境具有威胁

美国与我国虽远隔重洋,但对我国安全的影响无处不在。美国以"人权"为幌子,干预我国的内政,继续坚持对台军售,阻挠中国统一大业。美国对华政策的两面性,是我国安全环境不稳定的主要因素之一。

2) 周边"热点"地区威胁因素增加

(1) 朝鲜半岛。朝鲜半岛问题的根源在于南北方的分裂局面,表现为朝鲜和韩国的对立及朝鲜与美国的对立。2017年,朝鲜半岛核问题终于从相互挑逗与武力恫吓的数量积累走向快速对撞。进入2018年,前一年还是剑拔弩张,令世人忧虑核战争危险的朝鲜半岛,一转眼,就变成了世界乱局中的和平亮点。

(2) 印度和巴基斯坦的对立。近年来,印度和巴基斯坦两国在边境地区不时发生冲突。印巴核军事装备竞赛的升级和对立的加剧,对我国的安全环境产生了不利影响。克什米尔地区是印度和巴基斯坦争夺的焦点,如果战争爆发,必然会对我国边境安全构成较大威胁。

3) 边界和海洋权益争端尚存

我国与一些邻国的边界争议及海洋权益的争议情况复杂,解决起来难度很大,这些争议始终是可能威胁我国边境和领海安全的不稳定因素。

(1) 中印边界争端问题。由于历史的原因,中印边界从未正式划定过,边界全线都存在争议。两国领土争端面积较大,对两国利益有重要影响,确定边界的工作复杂,问题最终的解决还需要两国一定时间的努力。

(2) 南海权益争端问题。南海地区是我国周边环境中的一个重要战略方向,涉及我国领土主权、海洋权益维护等重大问题。随着对南海资源需求的进一步增长,相关各国围绕南沙岛礁、海域的争夺将趋于激烈,南沙争端在国际势力越来越明显的干预和参与下,有可能朝着"岛礁占领多元化、海域划分合法化、资源开发国际化、军事斗争复杂化"的方向发展。

(3) 中日钓鱼岛争端问题。中日钓鱼岛争端是日本侵犯中国领土所引发的争端。钓鱼

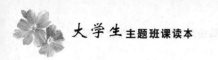

岛及其附属岛屿自古以来就是我国的固有领土,我国对此拥有充分的历史和法律依据。钓鱼岛问题是目前中日关系中的核心问题之一,关系着中日关系的健康发展。

三、我国现代军事思想

(一)军事思想概述

军事思想是军事科学的重要组成部分,在军事科学体系中占指导地位。它是研究军事科学体系中其他各门具体军事学科的理论基础和根本方法。

1. 军事思想的定义和分类

1)军事思想的定义

军事思想是关于战争、军队和国防的基本问题的理性认识,是人们长期从事军事实践的经验总结和理论概括。军事思想揭示的本质、基本规律以及指导战争的规律,阐明军队建设的基本理论和原则,从总体上反映战争和军事问题的研究成果。军事思想是战争与军事实践经验的理论概括,主要来源于战争与军事活动的实践,又给战争和军事实践以理论指导,并随着战争和军事实践的发展而发展,是军事科学的基础部分。

2)军事思想的分类

从不同的研究角度出发,军事思想可以有不同的分类方法:按时代来划分,可分为古代军事思想、近代军事思想和现当代军事思想;按阶级性质来划分,可分为奴隶主阶级军事思想、封建地主阶级军事思想、资产阶级军事思想和无产阶级军事思想等;按地域和国家来划分,可分为外国军事思想和中国军事思想;按人物来划分,可分为孙子军事思想、拿破仑军事思想、克劳塞维茨军事思想和毛泽东军事思想等。总的来说,任何军事思想都是对战争和军事问题的理性认识。它以一定的哲学世界观和方法论为指导,反映一定时代、阶级、国家、人物对战争性质、战争准备与实施等所持的基本观点。

2. 军事思想的内容

军事思想的内容大体可以分为两个层次:一是军事哲学问题,主要内容有战争观、军事问题的认识论和方法论;二是军事实践基本指导原则问题,主要内容有战争指导的基本方针和原则、军队建设的基本方针和原则、国防建设的基本方针和原则等。

3. 军事思想的特性

(1)军事思想具有鲜明的阶级性:军事思想来源于社会实践,在阶级社会中,人们为了各自阶级的利益,所奉行和推崇的军事思想必然要反映各个阶级对战争和军队建设的认识与立场。

(2)军事思想具有强烈的时代性:军事思想是一定时代发展阶段的产物,由于不同历史时期的战争形态不同,军队的组织原则和编制体制也不尽相同。

(3)军事思想具有明显的继承性:历史上形成的具有规律性的军事原则、概念和范畴被流传下来为后人所用,并不断地加以丰富和发展。

（二）新时代我国强军思想——习近平强军思想

习近平总书记在领导强军兴军的伟大实践中，着眼于实现中华民族伟大复兴的中国梦，围绕新时代建设一支什么样的强大人民军队、怎样建设强大人民军队，深入进行理论探索和实践创造，创立了习近平强军思想。我们要全面准确学习领会、毫不动摇贯彻落实习近平强军思想，更好用以武装头脑、指导实践、推动工作，坚定不移走中国特色强军之路，奋力推进新时代强军事业。

1. 深刻认识习近平强军思想的重大里程碑意义

习近平强军思想，作为习近平新时代中国特色社会主义思想的"军事篇"，集中体现了党的意志主张，反映了党和人民对军队的时代要求，指明了军队建设坚定正确的政治方向；从新时代坚持和发展中国特色社会主义基本方略的高度，突出强调坚持党对人民军队的绝对领导，要求军队坚决维护党中央权威和集中统一领导，坚决维护和贯彻军委主席负责制，揭示了人民军队从胜利走向胜利的根本力量所在；始终坚持从政治上建设和把握军队，以党的政治建设为统领全面加强军队的建设，确立了新时代政治建军的大方略，为我国提升政治站位、增强政治能力提供了根本遵循。

实现了马克思主义军事理论中国化时代化新飞跃。坚持用鲜活的马克思主义军事理论指导实践，是党建军治军的一条根本经验。世界正发生前所未有之大变局、我国正处于由大向强发展的关键阶段、军队正经历着一场革命性变革，强调国防和军队建设进入了新时代；阐明新时代军队使命任务和强军的奋斗目标、建设布局、战略指导、必由之路、强大动力、治军方式、发展路径等重大问题，把党对军事力量建设和运用规律的认识提高到新水平。习近平强军思想把全面推进国防和军队现代化纳入强国复兴大战略、大布局，擘画了未来几十年军队建设发展的蓝图，为走好新的长征路确立了行动纲领。

提供了大踏步走中国特色强军之路的根本遵循。习主席以巨大政治勇气和强烈责任担当，带领全军重振政治纲纪，坚定不移推进政治整训，有效解决了弱化党对军队绝对领导的突出问题；重塑组织形态，大刀阔斧全面深化改革，有效解决了制约军队建设的体制结构突出问题；重整斗争格局，坚定捍卫国家核心利益，有效解决了军事力量运用方面的突出问题；重构建设布局，创新发展理念和方式，有效解决了军队建设聚焦实战不够、质量效益不高的突出问题；重树作风形象，强力推进正风肃纪反腐，有效解决了不正之风和腐败现象滋生蔓延的突出问题。

丰厚了培养"四有"新时代革命军人的精神滋养。强调敢于斗争、敢于胜利，指出军队历来是打精气神的，一不怕苦、二不怕死的战斗精神永远都不能丢，为砥砺军人血性胆魄明确了努力方向；贯通中国梦—强军梦—我的梦，蕴含着观察世界、思考人生的科学方法，为书写军旅出彩人生提供了价值引领。

2. 全面领会习近平强军思想的精神实质和丰富内涵

习近平强军思想内涵丰富、思想深邃，涵盖新时代国防和军队建设方方面面，构成一个系统完整、逻辑严密、相互贯通的科学军事理论体系。

明确强国必须强军，巩固国防和强大人民军队是新时代坚持和发展中国特色社会主义、实现中华民族伟大复兴的战略支撑。

明确党在新时代的强军目标是建设一支听党指挥、能打胜仗、作风优良的人民军队，必须同国家现代化进程相一致,力争到2035年基本实现国防和军队现代化,到21世纪中叶把人民军队全面建成世界一流军队。

明确党对军队绝对领导是人民军队建军之本、强军之魂,必须全面贯彻党领导军队的一系列根本原则和制度,确保部队绝对忠诚、绝对纯洁、绝对可靠。

明确军队是要准备打仗的,必须聚焦能打仗打胜仗,创新发展军事战略指导,构建中国特色现代作战体系,全面提高新时代备战打仗能力,有效塑造态势、管控危机、遏制战争、打赢战争。

明确作风优良是人民军队的鲜明特色和政治优势,必须加强作风建设、纪律建设,坚定不移正风肃纪、反腐惩恶,大力弘扬党和军队的光荣传统与优良作风,永葆人民军队性质、宗旨、本色。

明确推进强军事业必须坚持政治建军、改革强军、科技兴军、依法治军,更加注重聚焦实战、更加注重创新驱动、更加注重体系建设、更加注重集约高效、更加注重军民融合,全面提高革命化现代化正规化水平。

明确改革是强军的必由之路,必须推进军队组织形态现代化,构建中国特色现代军事力量体系,完善中国特色社会主义军事制度。

明确创新是引领发展的第一动力,必须坚持向科技创新要战斗力,统筹推进军事理论、技术、组织、管理、文化等各方面创新,建设创新型人民军队。

明确现代化军队必须构建中国特色军事法治体系,推动治军方式根本性转变,提高国防和军队建设法治化水平。

明确军民融合发展是兴国之举、强军之策,必须坚持发展和安全兼顾、兴国和强军统一,形成全要素、多领域、高效益军民融合深度发展格局,构建一体化的国家战略体系和能力。

3. 努力掌握习近平强军思想蕴含的科学立场观点方法

习近平强军思想蕴含着辩证唯物主义和历史唯物主义的立场观点方法,凝结着共产党人的理想信念、价值追求、思想风范,体现了党新时代建军治军的先进理念、指导原则、高超艺术,为强军制胜提供了科学的思想方法和工作方法。习近平强军思想,贯穿的一个高频词就是"担当",嘱托最多的就是"使命",生动展现了以党和人民为念,以国家主权、安全、领土完整为念,以国防和军队建设为念的深厚革命情怀。

军事服从政治的战略智慧。习近平强军思想,把握政治、经济、外交与军事之间日益增强的相关性整体性,始终从实现民族复兴大目标认识和筹划战争问题,从党和国家事业发展全局出发统筹推进国防和军队建设,着眼国家政治外交大局和国家安全战略全局筹划指导军事行动。

勇于破解矛盾的问题导向。抓住关节点、奔着问题去,是矛盾论的时代运用。习近平在领导强军实践中,坚持直面问题、勇于变革、攻坚克难,有效解决了制约军队建设和发展的深层次矛盾问题。这些都体现了拨乱反正、正本清源的问题意识和问题思维,为找准工作突破口、开拓事业新局面提供了科学方法。

防范风险挑战的忧患意识。习近平告诫全党全军,必须居安思危、知危图安,时刻准备进行具有许多新的历史特点的伟大斗争,保持"三个高度警惕",重点防控可能迟滞或中断中华民族伟大复兴进程的全局性风险。这对于强化如履薄冰的谨慎、居安思危的忧患,应对重大挑战、抵御重大风险、克服重大阻力、解决重大矛盾,杜绝出现战略性、颠覆性错误,提供了方法论指导。

主动谋势造势的进取品格。习近平坚持和发展党积极防御战略思想,充分发挥军事力量的战略功能,创造于我有利的战略态势。

求实务实落实的领导作风。习近平反复强调并身体力行实干兴邦、实干兴军,号召撸起袖子加油干;厉行"三严三实",真抓实干、埋头苦干;强化落实意识,增强落实本领等。这是马克思主义实践标准、党的实事求是思想路线在军事指导上的运用,是把新时代强军蓝图变成现实的作风保证。

锐意开拓奋进的创新精神。习近平把改革创新作为军队建设发展的根本动力,强调身子转过来了,脑子也要转过来,主动来一场思想革命、头脑风暴;号召把改革进行到底,推动人民军队从领导体制到工作机制、从战斗力到精气神、从思想作风到工作作风等发生脱胎换骨式的变化;决策实施科技创新战略,构建军民融合科技创新体系,设立国防科技创新特区,国防科技和武器装备建设加快由跟跑并跑向并跑领跑转变。

4.坚持把习近平强军思想贯彻到国防和军队建设各领域全过程

坚持不懈用习近平强军思想武装全军。要按照习近平"走在前列""关键要实"的要求,把学习贯彻习近平新时代中国特色社会主义思想作为重大政治任务,突出学好习近平强军思想,在体系学习、举旗铸魂、知行合一、转化运用上下功夫见成效,切实学懂弄通做实。

习近平指出,军队讲新气象、新作为,归根到底要看练兵备战这一条。学理论要联系实际、务求实效,最大的实际、最大的实效就是要落到备战打仗上。着力在解决问题、推动工作上下功夫。

领导干部坚持以上率下、真学实做。领导干部信念过硬、政治过硬、责任过硬、能力过硬、作风过硬,是最有力的动员。

专题十七 遵守社会公德 弘扬文明新风

公民道德教育亦称"国民公德教育",是一个社会中全体公民必须共同遵循的道德规范教育,是德育内容之一。1949年9月通过的《中国人民政治协商会议共同纲领》第42条规定"提倡爱祖国、爱人民、爱劳动、爱科学、爱护公共财物为中华人民共和国全体国民的公德"。1982年12月,中华人民共和国第五届全国人民代表大会第五次会议通过的《中华人民共和国宪法》第24条规定"提倡爱祖国、爱人民、爱劳动、爱科学、爱社会主义的公德"。大学生公民道德教育是提高全民族整体素质的一项基础性工程,也是构建和谐社会不可或缺的重要依托和支撑,对培育、弘扬民族精神,更好推动社会主义物质文明、精神文明、政治文明和生态文明建设,实现"两个一百年"奋斗目标和中华民族伟大复兴中国梦,意义重大而深远。

教学目标

通过学习,使学生明白大学生公民道德教育的重要性,了解并掌握公民道德教育的内容,强化学生的自我教育,使学生养成自我反思和提升的意识,坚持知行统一的修身原则,逐渐将外在的道德规范内化为自身的道德意识和道德行为。

教学重点

(1)明确公民道德教育的重要性。
(2)掌握公民道德教育的内容。
(3)养成良好的道德品质。

一、大学生公民道德教育的重要性

公民道德是指公民在一起生活时所应遵守的规范和准则,公民道德是为一定的社会政治经济服务的,不同的社会、政治、经济、文化也就决定了公民道德具有不同的内涵。我国的公民道德指的是共产主义公民道德,坚持的是为人民服务的准则。大学生公民道德就是大学生在日常生活中必须遵循的具有公民属性与要求的行为规范与准则。大学生公民道德主要包含政治道德、社会公德、个人品德等几方面的内容,这些内容要求大学生坚持为人民服务,为国家现代化不断贡献自己应有的力量,不断丰富与完善自身修养,适应国家发展的需要。

大学生作为中国年轻一代的杰出代表,对于中国各项事业的发展起着推动作用,是中华民族伟大复兴的力量源泉。习近平同志曾语重心长地说:"青年一代有理想有担当,国家就有前途,民族就有希望,实现中华民族伟大复兴就有源源不断的强大力量。"所以,青年大学生的公民道德素养不仅对个人的发展前途有着制约作用,同时也关乎中华民族的未来与伟大复兴,对实现"两个一百年"奋斗目标有着深远影响。因而每个大学生都要不断提高对自身的公民道德要求,提升自身的公民道德素养,不断追求上进,不断为中国梦的实现贡献应有之力。

(1)大学生是中国特色社会主义建设的战略力量,是国家未来发展的动力。大学生的道德观念与素养决定了未来社会的总体道德发展水平,影响着和谐社会的建设与中华民族的伟大复兴,因而提高大学生的公民道德素养显得特别重要,所以对大学生进行公民道德教育意义深远。

(2)通过加强对大学生的公民道德教育可以让高校学生懂得履行公民道德要求的重要性,养成正确的公民道德理念,提高自身的公民道德修养,形成正确的公民道德习惯,进而消除社会上的不良之风,从根源上阻止一些恶性事件的产生,锻造适应并能推动社会全方面发展的未来接班人。

二、公民道德教育的基本内容

《公民道德建设实施纲要》把公民应具备的道德规范概括为"爱国守法、明礼诚信、团结友善、勤俭自强、敬业奉献"等内容。这些道德规范既体现了中华民族的传统美德,又借鉴了他国公民道德建设的成功经验,具有时代特色。《公民道德建设实施纲要》的颁布不仅为普通公民的公民道德建设提供了切实可行的标准与依据,同时其内容对大学生的公民道德建设也具有指导意义。大学生的公民道德建设是公民道德建设的重要组成部分,主要内容分为以下几个方面。

(一) 以为人民服务为核心的价值观

为人民服务体现了马克思主义的世界观、人生观、价值观,是社会主义公民道德建设的核心,因此我国大学生公民道德教育的首要内容就是为人民服务。

随着时代的发展,为人民服务已不单是对共产党员以及先进分子的要求了,它已演变为对群众性的广泛要求。每个人在社会上所处的工作岗位与社会地位各不相同,但有一个共同点是,每个人都在践行着为人民服务的要求。张思德同志虽已逝去多年,但是时至今日我们都在缅怀他的事迹,他一生短暂,始终践行着为人民服务的信念,所以他赢得了世人对他的尊重与哀思。兰考干部焦裕禄同志一生都在践行为人民服务的价值观,坚持权为民所用,设身处地关心人民群众的利益,最终他赢得了人民的崇敬。大学生要始终坚持为人民服务的宗旨,做到关心群体,热爱他人,践行"人人为我,我为人人"的原则,努力形成以为人民服务为核心的价值观,从而最终实现个人的最大社会价值。

马克思说过:"只有在共同体中,个人才能获得全面发展其才能的手段,也就是说,只有在共同体中才能有个人自由。"在坚持为人民服务的同时,大学生还要坚守集体主义的原则,当个人利益与集体利益发生碰撞的时候,大学生要勇于牺牲个人利益,实现集体利益。

(二) 基本道德规范

1. 社会公德

社会公德的内容是对公共生活中的方方面面提出的基本规范和要求。在我国现代社会中,社会公德的主要内容包括以下几个方面:

1) 文明礼貌

社会公共生活中人与人之间应该和谐相处,举止文明,以礼相待。自觉杜绝说脏话、随便猜疑、欺骗他人等恶习,是处世做人最起码的要求。

2) 助人为乐

助人为乐、见义勇为是社会成员在公共生活交往中用以调整相互关系的最一般的行为规范之一。在公共生活中,人与人之间应该团结友爱、相互关心、相互帮助。爱人者人恒爱之,信人者人恒信之。现实生活中不可能人人都时时快乐、事事顺心,难免会遇到这样或那样的困难和问题,总有需要人帮助、救济的时候。这就需要人们互相帮助,扶危济困,乐善好施,以助人为乐。对不法行为,每个公民都应当分清是非,挺身而出,智斗勇斗,见义勇为,都有责任和义务自觉维护社会治安。

3) 爱护公物

爱护公共财物是社会公德极其重要的内容。尤其在公共场合更要注意这一点,要保护国家及公共财产不受侵犯。

4) 保护环境

为了保持社会公共生活的环境整洁、舒适和干净,保障社会成员的身体健康,每个公民都应当讲究公共卫生、保护生活环境,这也是社会公共生活中人们应当遵循的最基本的行为规范之一。讲究公共卫生,建造优美环境,是人身心健康的重要保证,是社会风尚的一个重要方面,体现出一个民族的文明程度和精神面貌。

5) 遵纪守法

法律是对公民行为的必要约束及规范,是对道德的补充。自觉遵守法律法规、纪律,是社会公德最基本的要求。公共生活中人们要能顺利地进行社会活动,就必须有规矩可循,就必须遵循一定的行为规范。每个社会成员既要遵守国家颁布的有关法律、法规,也要遵守特定公共场所的有关规定。人们只有依照法律、法规及纪律的有关规定行事,才不妨碍他人的正常活动,也才能保障自己所从事的某项活动;才不会给社会和他人造成损失和伤害,保持社会公共生活相对稳定与和谐,并保证社会的健康发展。

遵纪守法反映了人们的共同要求,体现了人们共同的利益。每个社会成员都应自觉增强法律意识、增强法纪观念,自觉用法纪来指导和约束自己的行为,自觉履行法纪规定的义务,敢于并善于运用法律武器同各种违法乱纪现象做斗争,才能正确运用法纪手段保护自己的合法权益不受侵犯,真正做到知纪懂法,遵纪守法。

2. 网络公德

随着科学技术的迅速发展,网络已成为人们日常生活工作的重要信息工具,为人类提供了一个了解世界、获取信息、休闲娱乐的重要平台。网络给大学生群体的生活学习带来便利的同时,也使一些大学生产生了一系列的网络公德失范行为,例如网络暴力、网络欺骗、网络黑客、网络与现实的错乱等。因此,加强对大学生的网络公德教育成为各高校德育工作的重要任务,也是新时期思想政治教育工作者们所要探究的重要课题。

网络公德存在于虚拟社会中,是调节人与人、人与网络社会间关系的道德价值观和行为准则,约束、规范并指导人在网络社会中的行为,作用于整个网络社会。

网络公德是以善恶为标准,通过社会舆论、内心信念和传统习惯来评价人们的上网行为,调节网络时空中人与人之间以及人与社会之间关系的行为规范。网络公德是时代的产物,与信息网络相适应。人类面临新的道德要求和选择时,网络公德应运而生。网络公德是人与人、人与人群关系的行为法则,它是一定社会背景下人们的行为规范,赋予人们在动机和行为上的是非善恶判断标准。

大学生网络公德教育是指各高等院校以教育学为指导,遵循教育基本规律,对大学生系统教授网络公德规范,使其逐步规范为大学生自身的网络公德需求,从而进一步自觉引导和约束自己网络行为的一种新形势下的教育活动。大学生网络公德教育的目的在于提高大学生的网络公德认识水平,防止网络失范,规范网络行为,促使大学生形成良好的网络公德品质,为社会主义和谐社会的建设贡献自己的一份力量。网络社会相对于传统社会、现实社会

有着较大不同,因而网络公德相对于传统社会公德在内容方面也有较大的差异,主要体现在以下几个方面:

1)网络公德意识

网络社会中网络主体在一定程度上缺乏正确的网络公德意识,主要与我国网络信息技术发展和网络公德教育方面的相关研究相对滞后有关。网络时代的到来凸显了许多难题,这必然需要每个网络主体意识到网络公德的重要性及实施网络公德教育的必要性,从而保障良好的网络环境,促使网络主体维护好自身权利。

2)网络媒介素养

互联网让人们进入开放而又包罗万象的信息交流互动平台。科学技术的发展和教育的进步提升了人类自身的素质,然而在开放自由的互联网中,网络主体的媒介素质高低不同,从而使其发布或阐述的网络信息真伪难辨。在虚拟的网络世界中,网络主体往往忘记自己现实的真实身份,只是在网络社会中扮演现实生活中想要或无法扮演的角色,做现实生活中难以做到或无法逾越的行为。网络的开放性、虚拟性造成了网络社会中传播的许多信息是错误虚假的,谎言、欺诈造谣等信息更是无法辨别真伪。人们固然希望网络中每个网络主体具备应有的道德素养和网络公德,却无法抵挡网络错误虚假信息带来的负面影响。大学生的身心发展不稳定,易受外在各种信息的干扰,易受困于网络负面影响,无法辨别信息的真实性、准确性。

3)网络公德规范

网络技术的不断更新,使人们的生活方式、行为习惯也有了巨大的改变。网络社会中,有人通过网络侵害他人权利的现象时有发生。大学生正处于接受高等教育的时期,具有较高的科学素质,如果通过网络科技侵犯他人权利,必会严重破坏网络秩序,将会受到公德和法律的惩罚。

4)网络责任意识

网络时代的到来给人们的生活方式和理念带来了较大的变化,网络信息资源丰富,在为人们的日常生活提供便利的同时,各种虚假欺诈信息充斥人们的眼球。有些网络媒体不顾职业道德,博取点击率,不惜发布虚假信息;有些网络使用主体为营利不择手段,在网络中发布欺诈信息;有些网络使用者不顾他人感受,为发泄一己私愤,语言狭隘偏激、阴险恶毒,攻击谩骂他人。长此以往,网络终将成为倾倒情绪和信息垃圾的地方。

5)网络主体能力

大学生还处于叛逆成长期,性格塑造未稳定,人格未定型,易受网络社会中不良文化的影响。现实生活中,大学生因沉迷网络游戏而荒废学业、因接触色情网站而犯罪、因沉浸虚拟世界无法自拔而导致各种悲剧时有发生。因此,要为广大学生分析不良网络文化的消极影响,使他们能够分辨并远离不良网络文化。

6)网络礼仪

礼仪是人类社会文明发展的"润滑剂",在文明礼让、谦虚友善的礼仪社会里,人们之间的交流显得和谐亲切,缺乏礼仪会使得原本微不足道的矛盾或冲突无限扩大,甚至产生无法挽回的后果。网络社交行为相对于现实交往更具便捷性、快速性,不同地区、不同文化的人们在网络社交中创设了各种各样的特色礼仪,从而影响着网络社会中的主体。网络礼仪是网络社会主体行为文明程度的标志和国民素养的尺度。网络礼仪主要由"问候礼仪、语言礼仪、交往礼仪"三部分组成。问候礼仪是指大学生在网络社交的过程中,问候、称呼对方时应遵守的基本准则;语言礼仪是指网络社交中语言表达应遵循的一种文明礼貌的规则;交往礼仪是指网络社交中采取某种协议或承诺需信守的规则。

3. 校园公德

校园公德就是校园生活中最简单、最起码、最普通的行为准则,是维持校园公共生活正常、有序、健康进行最基本的条件。当代大学生应该具备的校园公德包括:尊敬师长,谦虚礼让;明理修身,团结友爱;诚实守信,严于律己;勤俭节约,艰苦奋斗。但如今大学生校园公德缺失主要表现在:考试作弊现象严重,违反考试纪律;上课玩手机、聊天、看小说等违纪现象普遍存在,不尊重老师;不愿意参加集体活动,缺乏集体荣誉感和责任感;享乐主义思想有所抬头,生活铺张浪费不节俭。大学生应加强自身的约束力,从身边的小事做起,自觉遵守社会公德,做个有公德的现代大学生。学校应加强对大学生的公德教育,让学生更深入地了解公德的重要性;要营造良好的社会风气,让大学生从客观上形成正确的公德意识。

(三) 个人品德观念

1. 勤俭自强

我国自古就有"成由勤俭败由奢"的名句,这句话告诉我们勤俭在日常生活中是非常重要的。然而在当前高校中,盲目攀比、浪费等现象频现,严重影响大学生良好人格的形成,所以对大学生的"勤俭"教育刻不容缓。高校应重视对大学生的品德培养和相关课程教学,使其了解勤俭的重要性,并鼓励他们在课余时间做一些社会兼职,这样他们就能感同身受地了解到父母挣钱的不易、生活的艰辛,逐渐养成勤俭节约的意识,从而不再盲目攀比、浪费,进而减轻家庭负担,成为一个懂事的孩子,成为一个合格的未来社会建设者。

中华民族是一个自强不息的民族,即使是在屈辱的近代,中国人民也始终在同帝国主义顽强抗争,努力争取着国家独立。当代大学生整体上自强不息的精神发扬得比较不错,尤其是以身残志坚的张海迪为代表,充分展现了大学生不为生活打败、顽强生活的毅力。然而高校中也存在一部分大学生,重视享乐,习惯啃老,意志退化。大学生是祖国的未来,因而对大学生自强精神的教育显得颇为紧迫。高校应加强教育宣传,倡导大学生自强自立,使大学生学会生存,培养奋斗拼搏的精神意志,尽快成为一个对社会有用的人才。

2. 诚实守信

诚实守信是中华民族的传统美德,更是每个公民应该遵守的最基本的个人品德要求。我国自古就是礼仪之邦,讲究以礼待人,以礼促进人际交往,构建和谐人际关系。文明礼貌是对公民最基本的道德要求,它贯穿于整个社会生活之中,规范着人们的日常行为,指导每一位公民形成良好的生活习惯。大学生要在日常的吃穿住行中体现文明礼貌的要求,如在寝室中要待人有礼,在社会中要文明处事,不说粗言秽语,不做损人之事。为了加强大学生的文明礼貌习惯,高校应增加文明道德教育课程与讲座,将知识与礼仪结合起来去教导学生,同时要注意教育内容应具体现实,不能抽象空洞,最好能用现实事例去感召学生,引领学生仿效学习,从而帮助大学生养成良好的文明习惯,提高交际能力。

3. 礼仪规范

当今社会充斥着失信现象。诚信是人际交往的基础,是人与人能够相互信任、相互合作的基石,如果连诚信都没了,那么社会上就只能到处是尔虞我诈、互相欺骗,这样的社会难以发展。大学生终将进入社会,与形形色色的人开展交往与合作,如果一个大学生不懂得诚信的重要性,那么他的未来发展将会受到严重限制。所以为了自身发展,也为了国家的精神文明建设,大学生应自觉成为公民诚信建设的带头人与榜样,由己及人,促进整个社会群体的诚信发展。因而整个社会、高校、家庭都要对大学生进行以诚信教育为内容的公民教育,并将其作为对大学生进行公民道德教育的重点,引导大学生自觉诚实守信,杜绝失信行为,进而建立健康的校园文化,引领社会守信之风。

(四)政治道德素养

1. 爱国主义

在几千年的历史中形成和发展起来的中国人民的爱国主义传统,是中华民族积极宝贵的民族性格和精神财富。作为祖国新一代大学生,应当自觉地继承和发扬爱国主义传统,并从中汲取丰富的营养,做新时代忠诚的爱国者。对国家、对民族的责任感是中华民族爱国主义的一个富有生命力的生长点,是中华优良传统的一个重要准则,也是对个人道德品质进行评价的一个重要标准。作为炎黄子孙,每个人都应该对祖国、对民族负有责任。大学生应当把热爱祖国当作自己崇高的职责。

1)要有报国之情,就是报答祖国的养育之恩

知恩图报是对人最起码的道德要求,也是热爱祖国最基本的内容。古人尚且懂得"天下兴亡、匹夫有责"的道理,当代大学生更应把自己的事业与祖国的前途命运紧密联系在一起。做不到这点,就谈不上爱国。大学生应当知晓是国家和人民培养了他们,应当自觉地报效祖国,不能简单、片面地认为现在上学交钱了,是父母在供自己上大学,否定祖国的培养,而不愿尽义务。如果每个人只关心和追求个人的利益,斤斤计较个人的得失,而把社会和国家对自己的培养和教育置于脑后,甚至把个人对国家、对民族应尽的责任当作对个人发展的桎梏,不思报效祖国,只想个人享受,就谈不上爱国。

2)要有报国之举,就是把爱国主义之情体现在行动上,为祖国的兴旺发达做贡献

爱国不是一句空洞的口号,不能仅仅停留在思想认识上,而要体现在行动上。大学生在校期间,勤奋学习,努力掌握现代科学技术与文化知识,是报效祖国的最好方式。大学生要树立为振兴中华而发奋学习的目标,不能把学习看作自己的私事,而应当把个人的学习与祖国的事业相联系,这样才能产生巨大的动力,才能经得起任何挫折。同时,必须树立勤奋好学的优良学风。学习是艰苦的脑力劳动,只有勤奋刻苦,才能真正学到知识。大学生应珍惜宝贵的学习时光,努力把自己塑造成合格人才,做一个爱祖国、爱科学、有作为的青年。

2. 民族精神

民族精神是反映在长期的历史进程和积淀中形成的民族意识、民族文化、民族习俗、民族性格、民族信仰、民族宗教、民族价值观念和价值追求等共同特质,是指民族传统文化中维系、协调、指导、推动民族生存和发展的精粹思想,是一个民族生命力、创造力和凝聚力的集中体现,是一个民族赖以生存、共同生活、共同发展的核心和灵魂。

虽然中华民族仅仅是一个政治概念和政治宣传,并非人类学、社会学概念的民族,但全球华人在"中华民族"这一大背景、大前提下团结奋进、气壮山河的历史堪与天地同寿,日月同辉。从康梁的维新变法、何子渊的教育革新,再到孙中山的民主革命,无不得益于炎黄子孙始终以国家民族大义为己任,敢为天下先、善为天下先,屹立潮头、自强不息的民族精神。

3. 集体主义

集体主义是主张个人从属于社会,个人利益应当服从集团、民族和国家利益的一种思想理论,是一种精神,最高标准是一切言论和行动符合人民群众的集体利益。2017年10月18日,习近平总书记在十九大报告中指出,要加强思想道德建设,加强集体主义教育。集体主义通常指无产阶级的集体主义,与"个人主义"相对,是共产主义道德的基本原则之一,贯穿于共产主义道德各项规范的核心。它从无产阶级的根本利益出发,处理个人与集体、个人与社会之间的关系,强调无产阶级的集体利益高于个人利益,要求个人利益服从集体利益、眼前利益服从长远利益、局部利益服从全局利益。它的最高标准是一切言论和行动符合人民群众的集体利益,这是共产主义和无产阶级世界观的重要内容。它的科学含义在于当个人利益和集体利益发生矛盾时要服从集体利益。集体主义原则主要内容是坚持国家、集体和个人利益相结合,促进社会和个人的和谐发展,倡导把国家、集体利益放在首位,充分尊重和维护个人的正当利益。当国家、集体和个人利益发生冲突时,个人利益应服从国家和集体利益。

4. 法治意识

党的十九大报告中"坚持全面依法治国"被明确作为14条新时代坚持和发展中国特色社会主义的基本方略之一,习近平总书记在党的十九大报告中55次提到法治,这充分体现了党中央对法治工作的高度重视,对全面推进依法治国的决心和信心。

随着我国社会主义法治国家建设的推进,法治观念不断深入人心,依法治国的重要性也越来越引起大学生的重视,然而大学生法治意识欠缺、犯罪现象持续上升等问题时有发生。大学生能为我国社会主义建设事业做出必要的贡献,他们法治意识的强弱在很大程度上直接关系着我国法治社会发展的前景。当前我国存在的关于大学生法治意识问题仍比较突出,增强大学生法治意识成为当前急需解决的问题。"守法"就是指要遵守法律,是爱国主义的延伸。如果说道德是对人的行为的最高评断,那么法律就是对人的行为的最低评价准则,任何人的所作所为都不能逾越法律这个底线。高校大学生是国家的未来,引领着社会文化的发展,所以对于大学生的守法教育更具长远意义。每一位大学生都要遵守法律,并按照法律的规定为人处世,享受法律赋予的权利,同时履行法律所要求的义务,自觉遵法守法,提高自身道德素质,并努力引导周边的人也尊法守法。进入21世纪后,高校学生违法犯罪的案件屡见不鲜,因此对大学生的守法教育显得较为紧迫。高校应通过公民道德课程开展法制宣传,加强学生的法律观念,构建学生的心理防御工事,引导大学生抵制违法犯罪的行为。同时高校还应及时纠正学生的轻度违法行为,帮助大学生养成遵法守法的行为习惯。

(五)理想信念

"功崇惟志,业广惟勤"。理想指引着人生的方向,信念决定着事业的成败。理想信念教育的缺失,会致使个体精神上"缺钙"。中国梦是国家各族人民的共同理想,更是青年一代应该牢固树立的崇高理想。中国特色社会主义是党通过艰苦努力带领人民历经千辛万苦找到的实现中国梦的正确途径,也是广大青年应该牢固确立的人生信念。理想信念对于一个人的一生是极其重要的,同时理想信念是后天的教育环境、教育内容共同起作用的结果。青年这一群体正处于身心的特殊变化时期,他们在面对大是大非问题时并不能对其进行正确的把握与处理,缺乏正确、深刻的思考与处理。因此,只有加强青年理想信念教育才能培养他们健全的认知能力和使他们树立正确的三观,为把他们培养成合格的社会主义接班人奠定基础。

三、强化自我教育——最终归宿

1. 养成自我反思和提升的意识

反思是一种美德。反思,简而言之就是自我反思、自我检查,以能"自知己短",从而弥补短处,纠正过失。力求上进的人都是重视反思的。因为他们知道,反思是认识自己、改正错误、提高自己的有效途径,反思使人格不断趋于完善,让人走向成熟。孔子的学生曾参说,他每天从三方面反复检查自己:替人办事有未曾竭尽心力之处吗?与朋友交往有未能诚实相待之时吗?对老师传授的学业有尚未认真温习的部分吗?他就是这样天天反思,长处继续发扬,不足之处及时改正,最终成为学识渊博、品德高尚的贤人。

反思是道德完善的重要方法,是治愈错误的良药,它能给我们混沌的心灵带来光芒。在我们迷路时,在我们掉进罪恶的陷阱时,在我们的灵魂遭到扭曲时,在我们自以为是沾沾自喜时,反思就像一道清泉,将思想里的浅薄、浮躁、消沉、阴险、自满、狂傲等污垢涤荡干净,重现清新、昂扬、雄浑和高雅的旋律,让生命重放异彩,生气勃勃。

2. 将外在的道德规范内化为自身的道德意识和道德行为

大学生的公民道德水平不仅决定着其道德修养的高低,也决定着其未来发展的前景。大学生通过课堂学习已经掌握了公民道德方面的相关内容,形成了自己的公民道德知识体系,但这并不代表他就能成为具有良好公民道德的合格公民。正所谓"纸上得来终觉浅,绝知此事要躬行",高校应鼓励大学生将已学会的知识用于实践,将外在的道德规范内化为自身的道德意识和道德行为,努力参与到学校、家庭、社会生活当中,并在实践中获取新的知识或弥补已学知识的不足,从而优化自己的知识结构,提升自身的公民道德觉悟,促进知与行的统一。

3. 坚持知行统一的修身原则

鼓励大学生主动参与社会实践,做到知行统一。学校实践只是大学生公民道德实践的一部分,对大学生公民道德教育的发展起到一定的作用,但它所能起到的作用与社会实践相比就小了许多。社会的复杂性决定了大学生通过社会实践能学到许多学校里学不到的东西。高校应鼓励大学生有意识、有目的地参加社会活动,在活动中将所学到的公民道德知识内化为道德信仰,从而提高自身的公民道德水平。例如,学校可以开展野外生存、社会调查等多种类型的社会实践活动。在野外生存活动中,可以让学生知道互相帮助的重要性,培养团队意识,同时学会勤俭节约,懂得珍惜自己所带的有限食物;遇到困难时,使学生能够迎难而上,学会自强不息的精神,可谓一举多得。通过社会调查,可以使大学生了解当前社会存在的一些公民道德问题,形成自己独到的认识,激发学生的研究兴趣,促使大学生对公民道德培养相关理论进行深入研究与探讨,从而增强大学生的公民责任感。大学生参加社会实践活动不仅可以检验所学知识的正确与否,同时有助于形成自己的公民道德认识,知晓自己的不足之处,懂得以后应该怎样做,从而在以后的生活中做到知行统一,自我提高。

为了实现教育与实践的有机结合,要将大学生公民道德教育的内涵与要求结合到实践之中,通过寓教于乐的丰富活动形式,对大学生进行公民道德教育,纠正其行为过错,提升其公民道德水平,满足社会对合格大学生的需求,从而既促进大学生的综合发展,又满足社会的发展需要,推动国家进步,最终实现大学生公民道德教育的目的。

专题十八
与法同行 快乐成长

在"全面依法治国"的今天,法律意识在构建和谐社会中发挥着重要作用。随着国家和社会的发展进步,我国的普法教育越来越受到广泛的关注,也越来越深入。大学生是国家的未来,是国家建设的有力后备军,也是构筑"中国梦"的生力军。因此,培养大学生的法律意识,不仅是大学生自身发展的需要,也是社会主义现代化建设的需要。培养大学生的法律意识,不但要培养他们的法律观点、法律知识,还要培养大学生的法律情感,让他们将法律意识内化,从而理解法律、接受法律并遵守法律,成为社会主义法律的践行者。大学生只有遵纪守法,才能够适应未来时代的需求。

教学目标

加强法制教育宣传,使学生了解相关法律知识,树立法制观念。增强学生的自我保护意识,使学生养成学法、懂法、依法办事的好习惯。联系实际,防微杜渐,自省自律,弘扬正气,有效地树立和维护学校良好的学风以及社会的稳定发展。

教学重点

(1)法治精神的养成和契约精神的培养。

(2)树立法律意识,杜绝违法乱纪。

一、法治教育概述

"法治兴则国家兴",党的十八大以来,以习近平同志为核心的党中央,从关系党和国家前途命运的全局出发,以前所未有的高度谋划法治、以前所未有的广度践行法治,开辟出全面依法治国的新境界。在全面统筹推进伟大斗争、伟大工程、伟大事业、伟大梦想,全面建设社会主义现代化国家的新征程上,一个充满生机活力、令人更加向往的全面依法治国新时代已经到来。

(一)法治的基本内涵

法治是人类政治文明的重要成果,是现代社会的一个基本框架。大到国家的政体,小到个人的言行,都需要在法治的框架中运行。对于现代中国,法治国家、法治政府、法治社会一体建设,才是真正的法治。

依法治国、依法执政、依法行政共同推进,才是真正的依法;科学立法、严格执法、公正司法、全民守法全面推进,才是真正的法治。无论是经济改革还是政治改革,法治都是先行者,对于法治的重要性,可以说怎么强调都不为过。实施依法治国基本方略,建设社会主义法治国家,既是经济发展、社会进步的客观要求,也是巩固党的执政地位、确保国家长治久安的根本保障。

(二)法制的基本内涵

法制的概念有多重含义,具体来说有以下三种。

(1)狭义含义:法制即法律制度,是指掌握政权的社会集团按照自己的意志、通过国家政权建立起来的法律和制度。

(2)广义含义:法制是一切社会关系的参加者严格地、平等地执行和遵守法律,依法办事的原则和制度。

(3)多维度含义：法制不仅包括法律制度，还包括法律实施和法律监督等一系列活动过程。

法制是法律和制度的总称。统治阶级以法律化、制度化的方式管理国家事务，并且严格依法办事的原则，也是统治阶级按照自己的意志通过国家权力建立的用以维护本阶级专政的法律和制度。在不同国家法制的内容和形式不同。在君主制国家，君主之言即为法；在资本主义国家，虽然排除了奴隶制、封建制国家法制的专制性质，但资产阶级受阶级本性的局限，当有的法律规定不符合本阶级的利益时，就加以破坏。只有彻底消灭剥削制度，实现人民民主的社会主义国家，才能真正实现社会主义法制。

（三）法制与法治的区别

法制与法治的范畴不同。法制是法律制度的简称，属于制度的范畴，是一种实际存在的东西。法治是法律统治的简称，是一种治国原则和方法，是相对于"人治"而言的，是对法制这种实际存在东西的完善和改造。

法制与法治的存在载体不同。法制的产生和发展与所有国家直接相联系，在任何国家都存在法制。法治的产生和发展却不与所有国家直接相联系，只在民主制国家才存在法治。

法制与法治的实现方式不同。法制的基本要求是各项工作都法律化、制度化，并做到有法可依、有法必依、执法必严、违法必究。法治的基本要求是严格依法办事，法律在各种社会调整措施中具有至上性、权威性和强制性，不是当权者的任性。

法制与法治的主要标志不同。实行法制的主要标志，是一个国家从立法、执法、司法、守法到法律监督等方面，都有比较完备的法律和制度。实行法治的主要标志，是一个国家的任何机关、团体和个人，包括国家最高领导人在内都严格遵守法律和依法办事。

二、大学生法治教育的必要性

（一）只有学法才能知法、懂法、用法

虽然我国社会主义法从本质上来说是工人阶级领导的全体人民意志的体现，是人民自己手中的工具和武器，而且，在制定过程中，立法者也尽量注意到使法律通俗易懂，但是任何公民要真正做到知法懂法，还是要经过较长时间的努力学习。随着我国社会主义法制建设工作的不断深入，国家颁布的法律越来越多，不是轻而易举就能掌握的，而且法律条文里包含的自然科学等方面的知识也比较丰富，因此给学法者带来了一定的理解困难。因此，人们要更好地做到知法、懂法，就必须尽可能地掌握法律所包含的丰富的科学知识，弄明白有关的专业术语、词汇的基本意思，而要做到这一点，没有别的途径，只有花费一定的时间和精力去认真学习。

另外，随着我国社会主义法制的不断健全和完善，法律影响社会的广度和深度都在发展，"用法"成了人们的迫切需要。然而，现实生活中，许多人在需要用法律来保护自己的时候，却不知道用法，不会用法，法律意识相当淡薄。主要原因是他们还不知法、不懂法，或知法不多，懂法不深。解决这个问题的办法只有一条，那就是积极响应党和政府的号召，认真学习法律常识，逐步做到知法、懂法，并且学会用法。

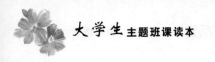

(二) 只有学法才能培养社会主义法律意识

法律意识也称法律观,它是人们关于法律的情感、信念、观点和思想等的总称。社会主义法律意识是一种崭新的无产阶级的法律意识。作为社会主义国家的公民,除了应该具有忠于祖国和人民,贯彻执行党和国家的方针、政策,积极投身改革,努力为"四化"做贡献的政治意识外,还应该逐渐培养自己的社会主义法律意识,这也是非常重要的。只有公民的社会主义法律意识提高了,他们热爱和拥护我国现行法律的情感、信念才能加深,并且由自发上升到自觉;对我国现行法律的一些根本问题的认识,也才能逐步科学化、系统化;同时,用法律维护自己的合法权益,规范自己在工作、生活中的所作所为,同违法现象做斗争,以及遵守法律、保证法律实施等观念,也才能不断增强。这不仅对保护国家、集体和公民个人的合法利益,巩固安定的社会秩序意义重大,而且对维护社会主义法律的尊严和权威,也具有巨大的意义。

(三) 学法是守法的必要前提

众所周知,社会上经常发生一些违法犯罪行为。出现这种情况的原因是多方面的,其中很重要的一个,就是许多人从来不学习国家各项法律,因而也就根本不知法、不懂法,例如,对砍伐森林、私拆别人信件、偷听别人电话等类似的违法犯罪现象,不认为是违法犯罪的人不在少数。由此可见,不学习国家法律、没有法律常识的人,就不会有自觉守法的观念,就难免做出违法以至犯罪的事情来。所以,我们要想做一个知法、懂法、自觉守法的好公民,必须学习法律常识,把学法、增强守法观念列入自己的日程,作为自己生活中一项不可缺少的学习内容。

学习法律同做其他任何事情一样,仅仅有热情是不够的。如果没有明确的目标、适当的内容和正确的方法,那么,人们学法的热情就不会持久,要取得显著的成绩也是十分困难的。因此,要想更快取得好成绩,我们不妨从以下几个方面做起:

1. 明确学法的目的

学习法律常识不只是关系到公民个人的事情,而且是我国民主和法制建设的迫切需要,是我国改革开放和现代化建设的客观要求,它对于促进我国社会主义物质文明和精神文明建设,维护社会稳定和国家的长治久安,都具有重大的现实意义和深远的历史影响,因此,每个公民都应把学法的目的同建设富强、民主、文明的社会主义现代化的伟大目标联系起来。学法的目的明确了,人们才能有长久的学习热情,也才能有克服困难的勇气和信心,这是学习法律常识的思想基础。

2. 选定适当的学习内容

由于文化程度、职业等方面的情况不同,因而,大家学习的法律内容也应有所区别。但是,我国的宪法、刑法、刑事诉讼法、民法通则、民事诉讼法、婚姻法、继承法、经济合同法、教育法、兵役法、未成年人保护法、治安管理处罚条例等与广大人民有密切的关系,大家都应当学习这些法律。

3. 要先学好宪法

宪法是我国的根本大法和国家的总章程。宪法是我们国家整个法律体系的基础和核心,它包含各个部门法律的基本精神和基本原则。特别应该强调的是,宪法明确规定了坚持共产党的领导,坚持社会主义道路,坚持人民民主专政,坚持马列主义毛泽东思想的四项基本原则,是我们在当前和今后长时期内反对资产阶级自由化和国际敌对势力的"和平演变",维护社会稳定的强有力的法律武器和思想武器。公民学习法律,在方法问题上,要注意从具体条件出发,做到几个"结合",即把学习法律条文与学习法律基础理论结合起来,把学习法律常识同学习文化结合起来,把学习法律常识的多种形式结合起来,学习法律的形式多种多样,主要有学习法律原文,经常看有关法律的报纸杂志、书籍,听法律宣传讲座,听广播、看电视、参观展览等。

总之,在全国普及法律常识的今天,学法的途径是多种多样的。每个公民应根据自己的文化程度、工作性质、时间安排等具体条件,尽可能地把各种学习形式结合起来,争取学好法律,努力做学法、知法、守法的好公民。

案例分析 18-1

2015年10月,重庆某高校一女生宿舍被盗,丢失的东西包括:小哲的MP4一部以及笔记本电脑一部,价值人民币2800元;小洁的MP4一部,价值人民币315元;小兰的耳机一副,价值人民币8元。而同宿舍的小芸未丢任何东西。警方接案后,迅速展开调查。很快,小芸发现事态严重,主动投案认罪,并将所有物品归还了失主。事后,经调查得知,小芸父母均为国家干部,家庭条件很优越。但因与室友相处不和,小芸便"想教训她们一下",于是趁室友上课之际,盗得以上物品。案件中小芸为"教训"室友而偷盗电脑、MP4等物品,对秘密窃取公私财产的盗窃犯罪行为,刑法规定:数额较大(500~2000元)的,处15日以下拘留或2000元以下罚款;赃物予以没收。小芸并不知此偷盗行为会造成刑事责任,不属于故意犯罪,但不知法不赦,不懂法者不免除其法律责任。这个案例体现出当代大学生对法律的无知。

三、增强法律意识的途径

一个国家所制定的任何法律,归根到底还是要求公民能够依照法律去作为,即能够遵纪守法。而要做到这一点,首先要求公民在思想上认识到法律及守法的重要性,对法律有自觉遵从的意向。因此,提高公民的法律意识对实现法治国家具有重要作用。为进一步增强法制观念,提高全民的遵纪守法意识,应加大力度做好以下几个方面的工作。

(一)充分认识提高公民遵纪守法意识的重要性

只有公民切实守法,执法机关严格执法,才能发挥法律规范的作用,发挥打击敌人、保护人民、巩固人民民主专政的作用,发挥发展经济,繁荣社会主义政治、经济、文化等方面的作用,才能保障社会主义法律的实施,维护法律的尊严,树立法律的权威,才能够真正全面地贯彻法制建设的方针和要求,达到建设社会主义法治国家的根本目标。只有提高了全体公民的法制观念,法制建设才有广泛的、坚实的社会基础,才能真正得到加强,不断走向完善。法律是人们行为的准则和尺度,应通过法制教育,使公民懂得什么是合法行为,什么是非法行为,从而提高遵纪守法的自觉性,减少直至逐步消灭违法犯罪。经过法制教育后,使公民不仅自己身体力行,而且能够用法护法,运用法律维护自己的合法权益。

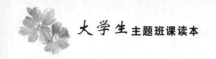

（二）加强对青少年的法律素质教育

青少年是党和国家的未来，是各条战线的生力军和后备军。必要的法律知识和较强的法律意识，是合格的社会主义建设者必备的素质。加强青少年的法制教育，提高他们的法律意识是国家法制建设，乃至社会主义现代化建设的百年大计。青少年正处在学知识、长身体的时期，要使他们接受正确的东西，关键在于教育。法制教育的核心是教育人，是要教育造就亿万知法懂法守法的人，让他们知道法与非法、罪与非罪的界线，懂得守法、违法、犯罪的不同后果，从而预防和减少青少年违法犯罪。因此，必须加强青少年的法制教育，以保证他们沿着祖国未来需要的道路健康成长。

（三）领导干部要起带头作用

在全体干部中深入开展法制教育，使之熟悉与其本职工作密切相关的法律知识，从而掌握依法管理的本领。领导干部要积极带头学法守法，以身作则，学会依法管理的本领，就是用实际行动为群众做出榜样，使群众看到法律的尊严和效果，这会在很大程度上激发群众学法的积极性。

（四）严格执行社会主义法制建设的基本要求

加强法制建设，坚持有法可依、有法必依、执法必严、违法必究是党和国家事业顺利发展的必然要求。维护宪法和法律的尊严，坚持法律面前人人平等，任何人、任何组织都没有超越法律的特权。一切政府机关都必须依法行政，切实保障公民的权利，实行执法责任制和评议考核制。推进司法改革，从制度上保证司法机关依法独立公正地行使审判权和行使权，建立冤案、错案责任追究制度。

四、减少违纪现象的途径

近年来，在校学生违法违纪现象屡见不鲜，有的违反校纪校规，扰乱公共秩序，破坏公物或公共设施；有的打群架、行凶闹事，甚至由小偷小摸行为发展到入室盗窃，变相敲诈勒索；有的组织小帮派，收保护费，高年级学生欺压低年级学生。在校学生的违法乱纪及不良行为，已成为一个严重的社会问题，学校深受其害，是一个值得各位大学生和教育工作者关注与思考的问题。

（一）大学生违法乱纪的原因

1. 学生自身因素

"00后"大学生大多为独生子女，在家是"小皇帝""小公主"，从小娇生惯养，少部分学生自我控制能力差，不能严格要求自己，不注重思想道德修养，没有形成正确的世界观，盲目追求享乐，表现出对学习没有兴趣，缺少法律知识，心理行为不正常。虽然学校、家庭做了大量的教育工作，但收效甚微，出现个别学生由不遵守学校纪律、旷课、私自外出逐步发展到赌博、小偷小摸等，甚至出现抢劫等现象，一些学生心理抗挫能力低、自暴自弃、以身试法、自寻短见。

2. 家庭不良环境的影响

人一生三分之一的时间在家中度过,良好的家庭教育氛围将对学生的行为产生积极影响。一些家长由于自身不注重修养,不能做子女的榜样,教育子女或简单粗暴或苛刻或放任,不能对子女施予正确引导;一些离异家庭对子女教育更缺乏责任感,或推诿或应付,只简单地用钱打发,造成子女教育的失误。

3. 学校教育与管理的不足

我国的教育体制、教育方针是正确的,国家关心教育,逐年加大教育投入,为学校教育、学生读书提供了极大的保障。一些学校在贯彻党的教育方针的过程中,出现了对学生的教育存在认识不足、管理不到位等问题。具体表现在以下几个方面:

1) 理论与实际的脱节

在对学生施教过程中出现的偏离教育目标的行为,缺乏经常性的及时有效的控制和校正。

2) 学校学生管理工作缺乏强大的合力

大学生管理工作主要靠辅导员,学校中的其他教师因忙于"专业技能",而疏于德育,行政人员参与德育教育的意识薄弱,学生管理工作成为少数人的"孤军作战",其他人为观望者,没有形成一股合力。同时学校、家庭、社会严重脱节,学校内外文化环境反差过大。另外,教育没有得到很好的衔接,经常出现教育时空上的空白现象,给不良言行和思想以可乘之机。一些学校在学生管理中的线条太粗,缺乏扎实细致的工作作风,对学生的违纪现象不能有效地进行超前预防工作,对学生的教育管理不是主动防范而是被动式教育。

3) 学习压力过重,评价单一

目前,学生学习压力较重,社会、家庭、老师对学生的学习要求高,期望值高,有些学校学生,每天学习12小时以上仍不能达到要求,由此,时常出现"不进则退"或心理枯竭现象,学校中对"好""坏"学生的评价仅以"分数"为标准,引发教育方式的简单化,使得一些具有不良心理、不良行为的学生得不到足够的重视和及时的医治,致使学生越来越颓废,一蹶不振。

案例分析 18-2

2013年4月16日晚,南京某大学独立学院两名学生在宿舍内因为玩游戏发生口角,并大动干戈,其中一名同学在冲突中被另一方刺伤,经送医院抢救无效身亡。据了解,两名学生平时关系正常。因琐事纠纷,一个年轻的生命就这样离开我们,这是一件令人痛心的事。该事件正是学生一时冲动自控力不足导致的。

(二) 大学生违法乱纪的预防

大学生还在"象牙塔"内学习,社会经验严重不足,极易受到外界环境的干扰。因此对大学生的违法违纪及不良行为的产生应以预防为主,及早防治,同时,对已存在违法违纪行为的学生应本着教育保护的原则来开展工作。具体方法有以下几种:

1. 立足于教育和保护

及时开展教育,并保护违法违纪学生的合法权益,以保护其身心健康为出发点,通过教育和保护,达到预防大学生不良行为的目的。教育和保护是相辅相成的,教育是为了保护,保护必须进行教育,只有将两者有机结合起来,才能达到预防大学生犯罪的目的。

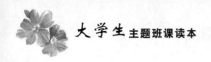

2. 开展心理疏导

根据大学生的心理特点,坚持治本和疏导,对他们的不良行为及时进行预防和矫治。

3. 加强青春期教育

预防学生不良行为应结合不同年龄的生理、心理特点,有针对性地进行教育,不能采取"不打不成才"的粗暴式教育方式。对大学生的不良行为,在处理上应充分体现"教育、感化、挽救"的方针,贯彻教育为主、惩罚为辅的原则。

4. 教管结合

帮助大学生树立正确的人生观、世界观、价值观。要将社会主义核心价值观和道德观作为大学生德育教育的重要手段,只有让大学生知道什么是违法、什么是犯罪、什么该做、什么不该做,才是防患于未然的长久工作。把正确的是非观灌输到大学生的头脑中,让习近平新时代社会主义思想入脑入心。积极抵制社会不良风气的影响,使正气成为健康心理的支柱。另一方面,训练学生的心理承受能力,增强他们的自尊心、自信心和进取心,以及抗挫折的能力,切实有效地促进他们的人格完善。

综上所述,减少在校学生的违法违纪现象是摆在每个教育工作者面前的一大课题,学校应当首先做好大学生违法违纪的预防工作,把立德树人融入思想道德教育、文化知识教育、社会实践教育各环节;净化社会环境,在全社会倡导健康向上的氛围,净化校园周边环境。学校要加强学生德育工作,通过多种形式引导学生,全面提高学生的素质,对学生多一分关爱,少一分指责,以情感人,找准病因,做好法治教育。

专题十九
保持身心健康
绽放青春花蕾

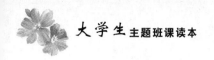

青春期是一个人性格塑造的关键时期,在此期间人的生理和心理都会发生巨大的变化。青春期是人生中令人瞩目的一个阶段,青春期教育历来都是教育工作者无比重视的一个环节。在青春期,成长中的大学生面临无数挑战,身份的转变、新的环境、新的问题都让大学生感到"压力山大"。大学生感到被逼到了生活的前沿,过去生活中隐而未现的问题都需要自己独自承担。大学生活中遇到的人际关系、学习、情感、升学就业等诸多压力,都需要自己独自面对。因此,青春期是人生关键时期,度过青春期的美好时光是大学生未来成功的基石。其实青春期就是催化剂,当与象牙塔邂逅时,一个美妙的化学反应就此发生。

教学目标

帮助学生了解青春期的生理、心理特点,了解青春期的性道德和法制知识,并理解青春期将要应对的挑战;帮助学生树立正确的人生观和价值观,形成正确的价值取向,摒弃不健康的生活习惯及行为方式;通过对学生进行青春期教育,帮助学生认识健康发展的重要性。

教学重点

(1) 养成良好的生活习惯,形成健康的心理和和谐的人际关系。

(2) 青春期行为的教育与引导。

一、青春期生理健康

青春期是大学生成长、发育中一个极其重要的阶段,也是人生旅程中立志向、打基础的一个极其重要的时期。从生理方面来看,大学生正处于发展的高峰期。从心理方面来看,他们心智逐渐趋于成熟,从依赖性走向独立性,因而青春期也是智力发展的关键时期,他们的知识结构正从简单化走向复杂化;从道德品德方面来说,他们的世界观、人生观、价值观正在形成。

(一) 定义

青春期生理健康从生活习惯、营养与饮食、运动、睡眠、需要预防的常见疾病等方面描述了青少年的青春期生理与健康及相关知识。具有良好的生理健康才能保证大学生具备成为祖国未来有用之才的身体基础,才能为实现伟大的中国梦、实现中华民族的伟大复兴做出应有的贡献。

(二) 生活方式对青春期生理健康的影响

1. 生活方式与健康的关系

狭义的生活方式指个人及其家庭的日常生活的活动方式,包括衣、食、住、行以及闲暇时间的利用等。广义的生活方式指人们一切生活活动的典型方式和特征的总和,包括劳动生活、消费生活和精神生活(如政治生活、文化生活、宗教生活)等活动方式。世界卫生组织认为,人们的健康状况主要取决于自身。良好的生活方式使人精力充沛、祛病延年;不良的生活方式会导致各种疾病,严重的将损害人体健康。随着社会的发展与进步,人们生活压力逐渐增大,如果想保持长期的身心健康,保持良好的生活方式是非常必要的。

1) 不良生活方式

对于大学生而言,直接影响身心健康的不良生活方式主要有以下几种。

(1) 生活无规律。《黄帝内经》云："食饮有节,起居有常",即一日三餐定时定量、细嚼慢咽,按时起床、睡觉,养成习惯,有益健康。若饮食随心所欲,狼吞虎咽,既不定时又不定量,则消化系统的工作"无章可循",失去规律;若还通宵达旦、不定时起居,更会加剧身心紧张,破坏人体的正常生理和心理平衡而导致病患,影响身心健康。

(2) 吸烟酗酒。众所周知,吸烟酗酒都有害健康。香烟的有害成分较多,可引起多种疾病。孕妇被动吸烟会影响胎儿的发育,导致婴儿智力发育不全。因此,为了自身和他人的健康,应控制吸烟。酒对人体的健康危害同样很大,特别是酗酒,可造成酒精急性中毒和慢性中毒。长期饮酒会使人的免疫功能降低,导致肝、咽、食道和口腔的发病率增高,还容易使人加速患上高血压,使心脏病患者病情恶化,因此,学生应尽量少饮酒或不饮酒。

(3) 不良性行为。不良性行为包括异性不良性行为,如卖淫、嫖娼、婚前和婚外性行为,以及同性性行为。不良性行为的产生与社会环境、文化道德密切相关。不良性行为是性传播疾病的主要传播途径。目前社会上出现的卖淫、嫖娼行为是我国性传播疾病传播的主要温床。因此加强自我保健能力,控制和约束不良性行为,对维护社会健康有重要的意义。

2) 改变不良生活方式的基本途径

(1) 加强认识,正确引导。帮助学生建立一种"物质生活高水平、精神生活高格调、生活规律高节奏、文化知识高结构"的新型生活方式,使学生的生活更加自律、文明、健康、科学。

(2) 加强自律,合理安排。在繁忙的学习工作之暇,加强自律意识,合理安排生活和学习,保证充足的睡眠和营养。

(3) 端正认知,正确认识。吸烟、酗酒、吸毒、不良性行为对自身和他人的健康造成的危害是巨大的。要不断增强自我保健意识,树立健康的物质、精神、时间消费观念,养成健康高尚的生活习惯。

(4) 丰富课余生活,提高自身修养。通过参加各种体育、文化课外活动,不断丰富自身的文化生活,提高自身的文化涵养,改变不良的行为方式,养成健康、有益、文明的生活方式。

2. 不良生活方式对健康的危害

1) 吸烟对健康的危害

(1) 烟草中的有害成分。从烟草的烟雾中已分离出多种有毒物质,其中主要的有毒物质有尼古丁(烟碱)、烟焦油、氢氰酸、一氧化碳、丙烯醛和一氧化氮等。尼古丁是一种剧毒物质,有色,味苦。实验证明,一支香烟中所含的尼古丁足以毒死一只小白鼠,用1~2滴尼古丁即能毒死一条狗。而烟焦油中含有多环芳烃、亚硝胺、酚等化学物质,现已被科学家们公认为致癌物。烟焦油的致癌作用和煤焦油一样,都可在实验动物的皮肤上百分之百地引起癌症。吸入的烟焦油附着在支气管壁上或被某一器官吸收,就和涂在动物皮肤上一样地起作用,最终也会引起癌症。政府多年开展了各种形式的宣传,让成年人认识到吸烟对人体的危害,而青少年对吸烟的认识还不清楚。青春期的一些学生喜欢模仿,而影视作品中充斥着吸烟镜头,让青少年的认识陷入误区,易于盲目模仿,导致危害程度更甚。

(2) 避免香烟危害的做法。对于不吸烟的大学生,应做到:不受他人影响,做到不尝试,不向往;避免烟气吸入,一支烟燃烧将形成2升烟雾,约含有12亿个微粒和溶胶,实验证明,吸二手烟比自己吸烟危害更大,因此应尽量免受其害;做好宣传防范,动员他人不学吸烟或劝阻吸烟者戒烟。对于吸烟的大学生,应做到:认清吸烟的危害;克服认为吸烟是男子汉标志的心理因素;改变社交手段,纠正香烟是社交"黏合剂"的错误认知;注意吸烟的场合和时间;逐渐消除烟瘾;避免在厕所里吸烟,厕所里含有大量的氨气、二氧化硫等有害气体,同时吸入危害更大;避免饭后吸烟,实验证明饭后吸烟危害是平时吸烟的10倍;不在公共场合吸烟,避免危害他人。

案例分析

武汉董女士的丈夫几乎每天三包烟,董女士被查出患有肺癌。据悉,在家里董女士常常被动吸二手烟。因此,为了自己和家人的健康,请远离吸烟。

2) 酗酒对健康的危害

(1) 一次饮酒过量(酗酒)和长期嗜酒危害健康。酗酒对健康的危害根据作用的时间可分为以下两种形式。

一是急性中毒。一次饮酒过量可引起急性酒精中毒,表现为三期:早期(兴奋期),血液中酒精浓度大约为100毫克/100毫升,表现为语无伦次、情感爆发、哭笑无常等;中期(共济失调期),血液中酒精浓度大约为200毫克/100毫升,表现为语言不清、意识模糊、步态蹒跚等;后期(危险期),血液中酒精浓度在250毫克/100毫升以上,表现为瞳孔散大、大小便失禁、面色苍白。

二是慢性中毒。长期、经常饮酒可引起酒精中毒,表现为性格改变、精神异常、定向力差、记忆力减退,患有末梢神经炎等。

(2) 饮酒对人体各系统器官也存在较大危害。

心脑血管:饮酒可导致心肌纤维变性、失去弹性,心脏扩大,胆固醇增高,动脉硬化,发生冠心病、高血压、脑血管意外等。

消化系统:饮酒可导致口腔溃疡、食道炎、急慢性胃炎、胃溃疡、慢性胰腺炎、急慢性肝炎、肝硬化等。

呼吸系统:饮酒降低呼吸系统的防御机能,饮酒者肺结核发病率比不饮酒者高9倍。

神经系统:酒精可使大脑皮层萎缩,导致大脑功能障碍,出现精神神经症状、意识障碍等。

生殖系统:酒精可使男性血中睾酮水平下降,性欲减退,阳痿,精子畸形,精子基因突变,产生胎儿酒精综合征;可使女性性欲减退,阴冷,月经不调,卵子的基因突变,产生胎儿酒精综合征(智能发育、先天性缺陷、生长缓慢等)。

酒精引起酒精性贫血,还可使人体内多个系统器官的癌症发病率增高。

(3) 减少饮酒危害的做法。戒除酒瘾,避免不当饮酒。如饮酒后出现中毒现象,要及时就医。如未出现中毒,可通过以下方式解酒:喝绿茶,生吃白萝卜或喝萝卜汁,吃梨、西瓜等水果,饮酒前取樟脑加葛根各5克开水泡饮。

3) 吸毒对健康的危害

在所有不良行为中,吸毒是最令人深恶痛绝的。自20世纪70年代以来,毒品已成为全球第一公害,它带来了严重的公共卫生和社会问题。联合国将6月26日定为"国际禁毒日",号召全世界人民共同抵御毒品的危害。我国早在1988年就签署《联合国禁止非法贩运麻醉药品和精神药物公约》,成为本公约缔约国,并于1990年成立国家禁毒委员会,统一领导全国禁毒工作。

(1) 毒品概述。在《全国人民代表大会常务委员会关于禁毒的决定》中指出:"毒品是指鸦片、海洛因、吗啡、大麻、可卡因以及国务院规定管制的其他能够使人形成瘾癖的麻醉药品

和精神药品"。目前毒品已达200种之多,主要毒品包含以下几种:

鸦片:又称"大烟""烟土""阿芙蓉"等,由罂粟的蒴果中白色汁液炼制而成,它含多种生物碱,主要成分是吗啡。

吗啡:由鸦片提炼而成,是一种白色结晶性粉末,有苦味。

海洛因:由吗啡与乙酸酐合成,俗称"白面"或"老海",其毒性最大,被称为"世界毒品之王",吸食者一般只能活7~8年。

大麻:一种生长在温热带的草本植物,含有大麻酚等毒素。

可卡因:从灌木古柯叶中提炼出的生物碱,为白色粉末。

苯丙胺及其衍生物:甲基苯丙胺(冰毒)等。

(2) 吸食毒品对健康的危害。吸毒是指持续性并不断加大剂量自行摄入非医疗用途毒品的行为,是一种慢性的成瘾过程。吸毒除口吸、鼻吸外,还有口服、注射等形式,对人体的危害极大。吸食毒品容易导致急性和慢性中毒,急性中毒多因吸毒量过大而死亡,慢性中毒使躯体和精神产生对毒品的依赖。

躯体摧残。毒品毒害大脑和其他器官、系统:破坏免疫系统,混用注射器极易传染乙型肝炎、心内膜炎和艾滋病。对心血管和呼吸系统的损害十分明显,脑血管扩张使颅内压升高易致死;抑制呼吸中枢,使人呼吸浅慢,甚至使人因呼吸中枢麻痹而死亡。同时毒品还会产生强烈的躯体(生理)依赖性,毒瘾发作时,全身肌肉疼痛、抽搐、颤抖,求生不得求死不能,有的人因无法忍受而出现自残和自杀行为。

精神摧残。毒品能改变脑内的化学物质,引起神经错乱、智力衰退、注意力和记忆力下降,使人性情乖僻,丧失事业心、责任感和道德观,产生极大的心理依赖性,时刻都想吸毒,即使犯罪也不在乎。

(3) 吸食毒品对社会家庭的危害。吸毒行为不但摧残人的精神和肉体,也使得吸食者家贫如洗、债台高筑、妻离子散、骨肉相残。同时为牟取毒资,有的吸食者从事盗窃、抢劫、卖淫等违法犯罪活动,极大地危害了社会治安。常说的"烟枪一杆,打得妻离子散;锡纸半张,烧得家当精光",反映出吸毒行为对个人、家庭、社会造成的重大危害。因此,我们必须认识到毒品的严重危害,提高反毒品意识,并做好全国禁毒的宣传工作。

(4) 毒品对人体神经系统有明显的破坏作用。许多毒品具有止痛、镇静等作用,同时还能使人产生欣快感,使人情绪高涨,产生万虑全消的快感和飘飘欲仙的幻觉。这就使有痛苦和烦恼的人可以获得暂时的精神解脱,这正是毒品的诱惑力,一旦开始吸食,人就会产生生理上的依赖感,从而成瘾,这时无论吸食者是否愿意,均无法摆脱毒品的控制。成瘾后吸毒者思毒如狂,为得到毒品不择手段,种种堕落和犯罪行为随之发生。

二、青春期心理健康

(一) 定义

青春期心理健康是指青春期学生在生活中能保持积极的情绪、愉快的心境、敏锐的智力及具有适应周围环境的行为和心理状态。青春期的心理健康与生理健康一样重要,应当引起学生的重视,学生应自觉地从各方面加强自己的心理保健。

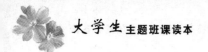

情绪对心理健康具有重大的影响,古人有云:"怒伤肝""思伤脾""忧伤肺""恐伤肾"。由此可见,不良的情绪能够致病。学会有效地控制和调节情绪是心理健康的一个十分重要的内容。

(二)青春期情绪的特点

1. 易波动

处于青春期的青少年情绪起伏大、变化多,难以控制,这是青春期情绪的典型特征。因为身心各方面的发展,青少年心理上会产生各种需要,但这些需要是否合理与能否实现,往往与客观现实产生矛盾,有时这些需要能得到社会认可或得到满足,有时受客观条件限制而难以得到满足。

2. 擅幻想

青春期富于想象力、憧憬未来,追求英雄事业和英雄行为。有的期望自己为真理而献身,有的想象自己能做出惊人的业绩。这样的幻想与憧憬,能使人精神振奋,加强进取的信心,不断努力,克服困难,使幻想变为现实。但是,青少年往往对困难估计不足,遇到挫折时容易出现沮丧消沉的情绪。

3. 不够理性

在青春期,青少年一般不善于运用理智调节自己的情绪,从而影响心理健康。

根据这些特点,广大青少年学生要了解相关的科学知识,运用理智,控制与调节自己的情绪。

(三)大学生常见的心理异常

1. 焦虑

例如:某学生平时成绩很好,但一遇到重要考试,就会出现心慌、心痛、失眠等现象,导致考试考不好。这就是过度焦虑的现象。

焦虑是一种紧张、压抑的情绪状态,每个人在不同程度上都有过焦虑的体验。大学生产生焦虑往往是处于学习、情感、就业升学等情境,大学生面临情感、考证、毕业、就业、升学等挑战,自己没有十分的把握时,就会产生焦虑,这是正常的,人人都会有的。对于大多数大学生来说,没有焦虑或焦虑过度都不好。暂时的轻微焦虑能促进学习,如备考期间,有点心理压力、紧迫感,会约束自己,积极应对考试。过度的焦虑会表现出过分的担忧,出现心慌意乱、烦躁不安、易发脾气等现象。许多焦虑者在发作时常伴有种种不适感,如心慌晕厥、胸闷气急、恶心等,而身体检查未见各器官有什么病变。

那么,如何克服焦虑呢?焦虑时可以放下手中的事情,去参加体育活动把心中的焦躁作为身体能量排出体外,也可以将心中焦急烦恼的事情写下来或向朋友倾诉,以缓解自己的情绪。

2. 抑郁

例如:曹雪芹笔下的林黛玉长期处于一种不良的情绪状态,轻时心情沉郁、无精打采,不愿参加各种活动,因而显得十分消极和悲观;严重时表现为极度的愁闷伤感,忧心忡忡,甚至终日饮泣。

抑郁症号称"第一号心理杀手",患者常伴有痛苦的内心体验。长期的抑郁会造成身体及生理上的不良反应,如缺乏食欲、失眠、容易疲倦、弯腰驼背。那么,如何克服抑郁心理呢?可多参加文娱、体育活动,忘情地投入文体活动中,从而使心情变得愉快;也可多与好友谈心,使不良的抑郁情绪得以疏泄;也可多参加班级集体活动,通过活动的成功增强生活的信心,同时感受集体的温暖和力量,增强生活的动力,从而改善情绪上的抑郁状态。

3. 嫉妒

例如:庞涓与孙膑的故事、负荆请罪的故事、既生瑜何生亮的故事等。典型的东方式嫉妒具有"嫉贤妒能"的特点,怀有嫉妒心理的人心胸较为狭窄,目光狭隘而短浅。但不是只有这种心理状态的人才会有嫉妒心理,其实每个人都会有嫉妒心理的体验。嫉妒是一种不正常的心理状态,是他人的才能、地位强于自己时产生的一种怨恨。嫉妒心理是想尽办法伤害对方,而不是卧薪尝胆、奋发努力、设法赶超。因此嫉妒是人际交往的一种障碍。嫉妒不仅害人也害己,轻者压抑、不舒服、不痛快、情绪低落,重者可能导致精神失常。嫉妒者内心常是痛苦的,有时是嫉妒的目的没有达到而痛苦,有时会为达到目的所受的苦而痛苦。

如何克服嫉妒心理呢?首先是化嫉妒为动力,相信自己有充分的实力超越对方,有了这样的心理状态就会把嫉妒心理变成奋发图强的动力。其次是开阔眼界,转移注意力,平衡心理。

心情不好或社会交往不正常或在群体生活中关系紧张,会影响身体健康。因此,要保持自己的健康,除了注意身体健康外,还要注意保持健全的心理状态和健全的社会交往。

(四)青春期情绪的疏导

焦虑、紧张、愤怒、沮丧、悲伤、痛苦、难过、不快、忧郁等情绪均属于不良情绪,不良情绪长期积压,如不加以疏导,会造成情绪障碍或心理问题。

1. 疏导消极情绪的方式

1)宣泄

宣泄就是将消极的激烈情绪释放出来,有什么苦恼、忧愁,应该倾诉出来。比如对亲人或朋友诉说自己心中的烦恼以后,会感到心情舒畅。遇到伤心的事就是大哭一场也未尝不可,哭也是调整心理平衡的一种方式。强忍情绪不但没有必要,反而可能导致心理疾病。

2)升华

升华是指把被压抑的激情,转向正当的文化艺术活动,从而取得象征性的心理满足。比如有位同学对同班的一位异性十分倾慕,可他清楚地知道过早表达爱慕之情对己对人都是不利的,于是他把内心世界的激情作为素材,写了题为"紫罗兰悄悄地开放"的文章,写得真实、细腻,得到老师的好评。后来,在老师的指导下,他参加了学校的文学创作小组,写出不少好的文章,并培养了自己爱好文学的兴趣,中学毕业后选择了攻读文学专业。

3)补偿

补偿是指把激烈情绪化为自己从事创作或创造的动力,从而达到事业的成功。比如有位学生因父亲逝世,母亲再嫁,继父讨厌他,他常为缺乏家庭温暖而流泪,后来他努力学习文化知识取得好成绩,得到同学、老师的一致表扬,不仅从老师和同学那里得到了温暖,还在学习文化知识过程中得到了快乐。由于得到了补偿,原来的愁容满面转变成笑口常开。

4)转移

转移是指把注意力从一个事物转向另一个事物,以减轻心理负担,比如在愤怒、忧愁、惧

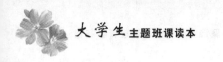

怕等情绪不能缓解时,选择听听音乐、看看电影,到户外散步、打球等,便能抵消或冲淡消极情绪,使人暂时忘却生活中的不愉快。

2. 培养健康情绪的方法

1) 培养正确表达情绪的良好习惯

在日常生活中,人们表达情绪的方式是千差万别的。什么样的表达方式才是正确的、恰如其分的呢?

人们动怒的时候,有的圆睁双目、口出秽言、动手打人,有的则用恰当的语言表达自己的不满与抗议。无疑后者的方式是正确的,而前者不仅没有表达好自己的情绪,反而把矛盾扩大加深了。

人们高兴的时候该怎样表达呢?比如得知我国女排在世界比赛中获得冠军,有人用火烧桌子、椅子、扫帚等物品;有人用欢呼、唱歌、跳舞表达心中的快乐,以示庆祝。当然,后者的表达方式是文明的、正确的,前者的方式是愚昧的、粗野的。

人们忧愁的时候,有人悲悲戚戚、愁肠百结、借酒消愁;有人向亲人或朋友倾诉心中郁结的愁闷,以取得亲人和朋友的理解、安慰。前者只能伤害身体,后者则能妥善地解决问题。

和异性在一起的时候,有人言谈举止轻佻、粗野,或采用嬉闹、挑逗等方式引起异性的注意,那是轻浮、庸俗、低级的表现。男女相互交往应大方、真诚,坦率交流思想,恰当地、有分寸地表达自己的感情。事实上,待人不真诚的人是得不到友谊的。真诚坦率的相处使人感到可亲可爱,而且能为人分担忧愁。有人说,真诚是夏日的清泉,坦率是冬天的阳光,这是很有道理的。

总之,正确表达情绪的方式应是文明的、礼貌的、恰如其分的、相互尊重的、真诚的、美的。

2) 培养挫折耐力

忍受挫折的耐力,就是一个人对挫折的耐受力。大学生从小在父母抚爱、社会关怀下成长起来,没有在实践中体会过艰辛困苦,在思想上从未对挫折有过准备,一遇到大的波折就忍受不了。步入青春期后,要懂得人生的道路不是平坦的,生活的路程中免不了坑坑洼洼、曲曲折折,一个人要学会在逆境中前进多学习,加强自我修养;要学会对复杂的事情冷静分析,找出原因并采取恰当的措施;要多锻炼,在现实生活中不要回避各种困难,要敢于战胜困难;要学会在愤怒、苦闷时做到"制怒"与"消愁"。这样,挫折耐力就会逐渐增强。

3) 培养理性、控制情绪的能力

在生活中还会遇到自己想做而客观实际上做不到的事。比如你十分喜欢某位异性同学,很想向他表达爱慕之情,但考虑到两人都在读书,经济还未自立,于是便不再去想这件事,这就是用理智控制了情绪。青少年要学会用理智控制自己,做感情的主人,要懂得任何一种冲动或欲望,都要受到法律、社会道德规范的约束。

4) 向长辈请教

青春期中的情绪来得快、平息得也快,常常是骤风暴雨式的。有时表现出为真理和正义献身的热忱,做出惊人的壮烈举动;有时又会因盲目的狂热或一时的冲动而做出蠢事、错事。因此,青少年要使自己的情绪受理智的支配,符合社会的需要,有时会遇到一些困难,此时应该主动向长辈请教。

(五) 心理健康的大学生应具备的特征

1. 乐于终身学习,永葆进取精神

一个心理健康的大学生应具备进取精神,乐于终身学习,将学习作为一种乐趣而非负担,并能自觉完成学习任务。

2. 心理特点与年龄特征相符

在人生命发展的不同年龄阶段,都有相对应的不同的心理行为表现,从而形成不同年龄独特的心理行为模式。心理健康的人应具有与同年龄段大多数人相符合的心理行为特征。一个人的心理行为经常严重偏离自己的年龄特征,一般都是心理不健康的表现。严格意义上的心理健康状况要求助于临床心理学家的测查与诊断,不能随意给自己和他人下结论。

青春期是人生中精力最充沛、思维最敏捷、情感最活跃的时期。这个时期青少年的认知、情感、言谈、举止,应基本符合自己的年龄特点,如果过分偏离了这一规律,还像儿童那样喜怒无常,或像老人那样老气横秋,就同青春期心理特点不符合了。

3. 愿意与人交往,能与他人友好相处

在家庭、学校与社会上能同亲属、老师、同学、朋友建立互敬、互爱、互相理解的积极的人际关系。在集体中是受欢迎的成员,在群体中有自己的朋友,保持和发展融洽、和谐的关系。

4. 善于适应环境,能成就最好的自己

青少年所处的环境有自己满意的和不满意的,当自己所处环境不尽如人意时,能调整自己对现实的期待和态度,即使遇到挫折、失败,也能采取健全成熟的反应方式,以更好地适应环境。

5. 能保持稳定愉快的情绪

在任何情况下都能保持积极、乐观的情绪,处在逆境时对人生也不失去希望。

6. 学会自我调节

在生活中,人们难以预测会发生什么问题,在遇到巨大的不幸、挫折或突发紧急情况时,心理上会产生挫折感、失落感,失去自控能力。学会自我调节是自我保护、避免心理损伤的重要手段。

三、青春期性心理

青春期的大学生性生理基本发育成熟,而部分大学生性心理发展滞后于生理发育。因此,许多青春期的大学生往往会出现迷茫和困惑,严重的还会出现一些性心理偏离现象。健康的性心理既符合主流社会文化的道德法律规范,又有利于自身身心的和谐发展。

(一) 性意识定义

性意识就是对男女之间关系的向往与看法。进入青春期的男女,随着性生理的迅速发育和趋于成熟,心理上发生微妙的变化,开始对异性有特殊的情感体验和向往意识。

随着年龄的增长,性意识逐渐觉醒,男女性别界限逐渐清晰,异性成了神秘世界。男女生往往都喜欢不失时机地表现自我、塑造自我,以成熟男性或成熟女性的标准来完善自己或

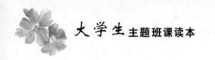

要求对方。男女生在认知和情感上往往都对异性产生需要,在兴趣和行为上往往都希望引起异性的关注或主动吸引异性,这在自我意识中的各个层面是和他们的性意识联系在一起的。

(二) 青春期性心理的特点

1. 对性知识的渴望

到了青春期,随着性器官、性功能的变化,男女生都对性很敏感,产生强烈的神秘感和好奇心。渴望了解性知识是青少年性生理发育引起的必然现象,是合理的、正常的。它有助于青少年掌握科学的青春期性知识,改变那种对性的愚昧无知的状态,并对自己面临的各种变化做好充分的心理准备。而性知识教育不单纯是性的教育,也是爱的教育、尊严的教育。它将教会学生什么是爱,将来如何去爱,如何做人,如何处理人际关系,如何保护自己,如何尊重他人。因此,青少年需要学习性科学知识,以解决心中的疑惑,树立正确的、自然的性观念,促进性心理的健康发展,更好地用性道德准则来约束自己的言行。

2. 对异性的倾心、仰慕与追求

进入青春期后,青年学生在内心常常会掀起阵阵莫名的躁动和神往,渴望接近异性,特别是自己爱慕、欣赏的异性,这一时期在生理学上被称为"异性接近期"。比如,他们喜欢打听男女之间的事情,经常在背后议论某个异性怎么样,总想知道异性在想什么、干什么。伴随着年龄的增长,对自己心目中锁定的异性思念之情渐浓,并且有的开始付诸行动进行追求。

3. 具有恋爱心理和性欲望

青春期心理的显著特点是它的闭锁性和强烈的求理解性,这也使得青少年性心理外显方式具有两面性。一方面,他们十分重视自己在异性心目中的印象和评价,另一方面又表现得拘谨、羞涩和冷淡。他们内心对某异性很感兴趣,但表面上又无动于衷,或做出回避的样子。

(三) 青春期角色

1. 性别自认

性别自认是指自己认识到自己的性别角色,即自我感觉的性别角色与生物学特征的性别的一致性。

在青春期阶段,大多数学生的性别自认已实现定型化的习惯行为方式,并逐渐在心理上形成性别角色的行为定式。但也有极少数学生可能出现性别自认的"倒错"(性别自认统一性障碍)。个别学生还可能产生"易性癖"的倾向。如果能够及早发现,未成年人的性别自认障碍是可以矫治的。

2. 性身份与第三性征

性身份是性角色的个人私下体验。性身份最早确立于生命的最初三年,了解这一点是相当重要的。因为性身份总是在一个特定的文化和社会环境中明确表现出来。虽然男女的性身份有各自的倾向性和共同特点,但由于时代的发展,加上每个人个性的不同,即使同性之间也是形形色色、千差万别的。

对大多数人来说,心理上的性别与生理上的性别是相符合的,但也有人将两者分开:有的男性女性味十足;有的女性则大大咧咧,蛮横强悍,像个"假小子""女汉子"。这样的人在生理意义上是男性(或女性),但在心理上强烈地认为自己是异性,这种不能够认同自身性别的现象在医学上称为"性别认同障碍"。青少年应该悦纳自己的性别,愉快地生活。如果有这方面的烦恼和痛苦,应注意预防或纠正。男性和女性都应自律、自爱,遵循现代社会的道德文明准则。以此标准进行两性性身份的塑造,才能保持世界的丰富多彩和家庭的美满幸福。

3. 男女性别的心理差异

性别心理角色特点的差异性,从根本上说是在生物学的基础上形成的。对于青春期的性心理,男女有明显的差异。在对异性感情的流露上,男性表现得较为明显和热烈,女性表现得含蓄和深沉;在内心体验上,男性更多的是新奇、喜悦和神秘,女性则常常是惊慌、羞涩和不知所措;在表达方式上,男性一般较主动,女性往往采取暗示的方式。

4. 性取向的选择

性取向是指一个人是否通过科学的、正常的、健康的渠道来满足自己的欲望。性取向是个体性观念、性心理和性行为方式的集中体现,是个人可以选择和主宰的。性取向的选择是与身心健康密切相关的,选择科学、正常、健康的性取向,是青少年走向社会的第一步,也是树立科学价值观的具体体现。在社会文化、价值取向逐渐多元化的今天,形成正确的性取向关系到一生的幸福。

(四)健康性心理的培育

1. 正确看待青春期性心理的变化

青春期学生因性心理的变化,既渴望了解性知识,非常想了解异性和接近异性,又经常为此感到不安,甚至自责。这都是正常现象,完全不必遮遮掩掩。因此,要认真学习青春期生理和心理知识,消除对性的神秘感和由此引起的烦恼。

2. 塑造性别角色

青春期学生要坦然接受自己的性别,并努力使自己的言谈举止符合自己的性别特征,成功塑造自己的性别角色。

3. 树立远大的理想和明确的职业目标

青春期学生正处于世界观、人生观、价值观形成,思想逐渐成熟,理性思考社会、人生、职业的关键时期。而远大理想是人的精神支柱和动力源泉,它可以不断地激发人的活力。青春期学生处于充满理想和抱负的金色年华,理想是他们走向成功的先决条件。如果没有理想,就没有目标,就没有方向。当前,部分学生只有职业理想,缺少社会抱负;只有近期目标,没有远大目标。有些家长以自己的理想代替子女的理想。也有些产生以"白领""高薪"取代理想,进入"急功近利"的误区。

4. 与异性保持和谐的人际关系

与异性交往是青春期学生性生理和性心理发展的必然,是走向成熟的必要经历,也是正常性心理变化的体现。在与异性的交往中,要用理智控制自己的情绪冲动,以平静坦然的态度对待异性,自然而然地与异性交往;同时专注于自己的学业,成为一个既有丰富的情感又善于把握自己的人。

5. 避免性刺激,提高自控能力

青春期学生正处于身体发育最旺盛的时期,精力充沛,求知欲强,但分析判断能力差,意志力薄弱,容易因各种性刺激产生性冲动。青年学生要注意回避和自觉抵制低级、下流甚至淫秽的性刺激,少与作风不正、不三不四的人交往;生活有规律,不酗酒;不要沉溺于性幻想,提高自我控制能力。

四、青春期性道德

(一)定义

性道德是一种人类调整两性关系的行为规划的总和,是一种特殊的规范调节方式,通过社会舆论、传统习俗和人们的内心信念来维系并发挥作用的性行为原则和规范的总和。性道德实际上就是社会道德渗透到两性生活方面的行为规范,是调节生理功能和社会文明之间矛盾的人类行为的标准。

(二)性道德原则

性道德的基本原则是某种性道德体系对人们性意识、性行为最基本、最概括的要求,是调整男女两性利益关系的根本出发点与准则,也是某种性道德体系的社会本职和阶级属性最集中的反映。性道德原则具有概括性、稳定性、一贯性的特点,它是性道德体系的核心,贯穿于性道德体系的各种一般原则和具体准则中。性道德原则包含以下四个:

1. 双方自愿的原则

人们要进行性行为,必然有其目的性。比如对异性外表美的追求、企图通过肉体的接触获得满足、生育子嗣。要达到这些目的,就必须由一个主体影响另一个主体,从而产生双方主动或仅仅一方主动,双方愿意或仅仅一方愿意的区别。性行为的道德规范要求性行为应该是建立在双方自愿的基础上。

在实际性活动中,双方自愿原则主要指女方自愿。从生物性性质或社会性性质上看,在性行为过程中,一般男性处于主动地位。所以,在性行为中,作为男方,不仅要满足自己生理和心理上的需求,也必须顾及女方的意愿。双方自愿原则有其非常重要的意义。首先,没有恋情、婚姻关系的双方,如违反双方自愿原则,就构成强奸行为;其次,违反双方自愿原则的包办婚姻、买卖婚姻产生的性行为也是不道德的。即便是自由恋爱而结成的夫妻,如丈夫加以强迫,违背妻子的意愿进行性行为,也是违反道德的。"婚内强奸"在一些国家也是构成犯罪的。

2. "无伤"的原则

"无伤"主要指两人之间的性行为不会伤害其他人的幸福,不会伤害后代的健康,不会伤害社会的安定发展,并且讲究性卫生,使性行为不会损害自己或对方的身心健康。

在婚前或已与某人确定男女朋友关系时"脚踩两条船"是不道德的。婚外性行为,无论与"第三者"的"爱情"如何真挚,尽管符合双方自愿原则,但违背了"无伤"的原则,伤害了婚内对方、伤害了孩子,给社会安定团结带来了不良的影响。

3. 情、爱、性交融的原则

性道德的标准只有自愿和无伤是不够的。人类的性活动与其他动物的性活动的区别就在于，人类具有超乎其他动物的思想与情感。因此，在性活动中具有对"某一指定"的异性的爱情，成为人类性道德的重要原则。

4. 婚姻法律缔约的原则

人类社会的性道德具有明显的社会性。社会有时充斥着各种规范，性行为同样须由道德规范和法律规范来制约。婚姻缔约就是道德规范在法律上的表现。因此，两个异性之间产生爱情，在自愿和无伤的情况下，也必须经过法律程序予以认可，结婚的二人性行为才是符合道德原则的。

(三) 树立正确的性道德观念

正确的性道德观念就是要懂得人类的欲望行为与其他动物的欲望行为有着本质的区别，人类受到社会规范的约束，哪些可以做，哪些不可以做，都有明确的道德尺度。鲁迅先生曾说，不能只为了爱——盲目的爱，而将别的人生的要义全盘疏忽了。大学生为保证学业的顺利完成，健康圆满地踏上社会工作岗位，必须具备正确的性道德观念。

1. 理性地控制生理本能表现出的性要求，使之不造成对他人的骚扰、对社会的不良影响

少数青少年由于不具备起码的性道德观念，对于表现出的性爱及两性之间的爱情不能很好地驾驭，贪图一时的满足，而做出"一失足成千古恨"的蠢事。只有具备了性道德观念，才能用理性的力量控制感性的冲动，避免做出不理智的性行为。

2. 树立正确的婚恋观和家庭观

性道德观念对性心理活动也可以形成约束作用。青少年具备了性道德观念，在今后的恋爱过程中用道德规范约束自己的行为，有利于使双方感情建立在道德原则的基础上，从而收获稳固、长远的结合。

3. 促进性行为趋于完善

性行为本身具有相当程度的生物性和本能冲动性，性激素的作用也发挥了一定的作用，影响了人的神经和心理活动。这时，社会的、后天的道德观念就发挥了重要的作用。人类具有的性道德观念可以使人类性行为趋于完善，用社会的、道德的、理性的力量来掌控、驾驭生物的、本能的、感性的冲动。

(四) 性道德观念的自我调节

性欲可分为性知觉和性行为两个部分，性知觉是本能反应，当人们受到刺激时，自然会产生兴奋的感觉，这是不应当压抑的。但是随性冲动行事，还是让性兴奋感觉慢慢消退，是个人的选择。社会人应考虑该行为所要付出的代价，并按自己的价值观决定行动。因此，人们既要接纳自己性欢悦的感受，不过分压抑，让这种感觉疏通内心；又要给行为设置必要的关卡，不能随性，任其产生严重后果。青春期出现的性欲和性冲动是正常生理因素和各种心理因素综合作用的结果，并不是下流可耻的事情，但也不能为所欲为，不论什么欲望和冲动，都必须受到社会的、道德的、理性力量的掌控，通过自我修养与自我约束，由自控转变成为自觉。

1. 正确认识权利和责任

性成熟后有满足性欲的权利,但不要忘记随之而来的社会和家庭责任。年轻男女在要发生性行为时,均应该想到要承担丈夫、妻子、父亲、母亲的责任,而在学习阶段显然是不能承担这样的义务和责任的。

2. 培养两性正常交往

对异性产生的神秘感和好奇心往往是由于男女双方缺乏共同参与的社会交往活动所引起的。有健康的社会交往,有更强的社会适应能力,就可解除男女之间交往必然发展到性行为的错误观念。

3. 正确的两性观念升华

将羞耻感、良心感等观念深深烙印在两性相处中。在文明社会中,性活动具有丰富的社会内容,不应该把性仅仅看成欲望的满足。

五、青春期性罪错

许多社会学家将青少年性成熟阶段称为"性危险期"。

(一) 性罪错定义

性罪错是指处于性成熟期的青少年,由于性知识的贫乏或对性行为的社会意义不甚了解,为满足自身生理需要而实施的有关性方面的错误行为或者违法犯罪行为。根据程度来分,它可分为性越轨、性违法和性犯罪。

1. 性越轨

性越轨是指违反社会道德与文明准则的性行为,包括青少年因年幼无知、自控能力差,一时冲动而发生的不正当的两性关系,主要表现为婚前性行为、未婚同居、通奸等。严重性越轨行为可能触犯法律,甚至构成犯罪。

2. 性违法

性违法是指为达到个人性需要的满足,不择手段地侵犯他人的人身权利、危害社会秩序、破坏人与人之间关系的行为。性违法主要表现为卖淫、嫖娼、侮辱猥亵妇女、性骚扰等一般违法行为。

3. 性犯罪

性犯罪是指青少年的性行为违反了刑法的有关规定,构成犯罪的严重违法行为。性犯罪主要有强奸妇女罪、奸淫幼女罪、聚众淫乱罪、侮辱猥亵妇女罪、重婚罪、组织卖淫罪等。

(二) 性罪错产生的原因

1. 外部因素

我国性教育还处于"慢车道",存在"性观念开放,性教育滞后"的现象。网络信息的混乱,加上青少年辨别能力较差,极易使青少年产生神秘感和逆反心理,导致其在性意识方面产生偏差。不良性文化的传播、法制教育的缺乏,也是性罪错产生的原因。宣扬暴力、色情等不良性文化通过多种渠道和形式进行传播,这些不良信息很容易影响一些缺乏正确性意识、性道德及法治观念的青少年,从而导致性罪错行为的发生。

2. 内部因素

法律意识淡薄,性道德观念错位。青少年极易产生自卑感,缺乏足够的自我认同,滋生叛逆心理,容易背离道德和法律的要求;而且面对越来越多的新生事物,在追求个性化生活的同时,也极易把道德和法律抛之脑后,从而导致约束力减弱,继而不求上进,迷恋淫秽物品,缺乏对性欲望的调节和控制能力。不良的习惯和兴趣、淫秽物品都容易诱发性犯罪。

(三) 性罪错的预防

作为新时代的青年大学生,应该勇做新时代的弄潮儿,牢固树立"四个意识",增强"四个自信",培育自身"大国工匠精神";认真学好专业知识,拥有一技之长,培养自身多方面的兴趣和爱好,积极参与文体活动,促进自身德、智、体、美、劳全面发展;认真学习相关的法律法规;正确分辨是非,抵制不良影响,严格要求自己,自觉约束自身言行举止,养成良好的学习和生活习惯,培养高尚的情操,为今后的美好生活,做一个脱离低级趣味的人,做一个遵纪守法、志趣高尚的人,做一名高素质的劳动者。

专题二十
德技兼修 匠心筑梦

"工匠精神"是一种职业精神,是职业道德、职业能力、职业品质的体现,是从业者的一种职业价值取向和行为表现。十九大报告中提出"建设知识型、技能型、创新型劳动者大军,弘扬劳模精神和工匠精神,营造劳动光荣的社会风尚和精益求精的敬业风气"。报告中所提的"工匠精神",是具有新时代内涵的。新时代"工匠精神"的基本内涵,主要包括爱岗敬业的职业精神、精益求精的品质精神、协作共进的团队精神、追求卓越的创新精神这四个方面的内容。其中,爱岗敬业的职业精神是根本,精益求精的品质精神是核心,协作共进的团队精神是要义,追求卓越的创新精神是灵魂。

教学目标

通过学习,使学生了解并掌握"工匠精神"的基本内涵、特征、时代价值,培育新时代大学生的职业态度,提升其职业素养。

教学重点

(1)掌握"工匠精神"的基本内涵、特征及时代价值。
(2)如何养成良好的职业态度。
(3)如何提升职业素养。

一、职业理想

(一)定义

职业理想是人们在职业上依据社会要求和个人条件,借想象而确立的奋斗目标,即个人渴望达到的职业境界。它是人们实现个人生活理想、道德理想和社会理想的手段,并受社会理想的制约。职业理想是人们对职业活动和职业成就的超前反映,与人的价值观、职业期待、职业目标密切相关,与世界观、人生观密切相关。

(二)特征

1. 差异性

职业是多样性的。一个人选择什么样的职业,与他的思想品德、知识结构、能力水平、兴趣爱好等都有很大的关系。政治思想觉悟、道德修养水准以及人生观决定着一个人的职业理想方向。知识结构、能力水平决定着一个人职业理想追求的层次。个人的兴趣爱好、气质性格等非智力因素以及性别特征、身体状况等生理特征也影响着一个人的职业选择。因此,职业理想具有一定的个体差异性。

2. 发展性

一个人职业理想的内容会因时因地因事的不同而变化。随着年龄的增长、社会阅历的增强、知识水平的提高,职业理想会由朦胧变得清晰,由幻想变得理智,由波动变得稳定。因此,职业理想具有一定的发展性。孩提时代想当一名警察,长大后却成了一名教师的事实就说明了这一点。

3. 时代性

社会的分工、职业的变化是影响一个人职业理想的决定因素。生产力发展水平不同、社会实践的深度和广度不同,人们的职业追求目标也会不同,因为职业理想总是一定的生产方式及其所形成的职业地位、职业声望在一个人头脑中的反映。计算机诞生后,演绎出与计算机相关的职业,如计算机工程师、软件工程师、计算机打字员等职业。2004年8月,国家向社会发布第一批9个新职业以后,人力资源和社会保障部又向社会发布第二批10个新职业。第二批新职业是会展策划师、商务策划师、数字视频(DV)策划制作师、景观设计师、模具设计师、家具设计师、建筑模型设计制作员、客户服务管理师、宠物健康护理员、动画绘制员。这些新职业基本上都集中在现代服务业,主要是管理、策划创意、设计和制作。其特点是不仅要求从业人员有较高的理论知识素养,而且要求从业人员有较强的动手能力,属于高技能人才中知识技能型人才。

(三)作用

1. 导向作用

理想是前进的方向,是心中的目标。人生的发展目标通过职业理想来确立,并最终通过职业理想来实现。托尔斯泰曾说过,理想是指路的明灯,没有理想就没有坚定的方向,就没有生活。大学生在现阶段的学习生活中也已经深切地感受到,一旦学习目的不明确,学习的热情就会低落,学习的效果就不明显。因此,有了明确的、切合实际的职业理想,再经过努力奋斗,人生的发展目标必然会实现。

2. 调节作用

职业理想在现实生活中具有参照系的作用,它指导并调整着我们的职业活动。当一个人在工作中偏离了理想目标时,职业理想就会发挥纠偏作用,尤其是在实践中遇到困难和阻力时,如果没有职业理想的支撑,人就会心灰意冷、丧失斗志。此外,如果一个人只把自己的追求定位在找到"好工作"上,即便是将来有实现的可能,也不能算是崇高的职业理想,因为,这样的理想一旦实现,他就会不思进取,甚至虚度年华。总之,一个人只有树立正确的职业理想,无论是在顺境还是在逆境,都会奋发进取,勇往直前。

3. 激励作用

职业理想源于现实又高于现实,它比现实更美好。为使美好的未来和宏伟的憧憬变成现实,人们会以坚忍不拔的毅力、顽强的拼搏精神和开拓创新的行动去为之努力奋斗。周恩来12岁时就发出"为中华之崛起而读书"的誓言,表达了他从小立志振兴中华的伟大志向。作为学生,应该向敬爱的周总理学习,从小立志,树立崇高的人生目标,然后,为实现这个目标坚持不懈、奋斗不止,为人民、为国家做出贡献,这样的人生才有意义。

(四)实现步骤

1. 择业

我国现阶段实行的是"双向选择"的就业方式,即个人和用人单位相互选择。这就要求人们在择业时须树立正确的就业观。首先要形成"自找市场"的就业观。就业凭竞争,上岗靠技能。想就业就要勇敢地投身于就业竞争的劳动力市场中,这是实现就业的必由之路。其次要确立"先求生存,再求发展"的就业观。不要把"既舒适又赚钱"作为择业的必要条件,而是要先找到岗位,融入社会,然后才能实现自身价值。

在择业时要筛选和运用职业信息。对于择业者所能收集到的各类职业信息,择业者应当结合自己的实际情况加以处理。只有这样才能使获得的信息全面、准确、有效,使之更好地为自己的择业服务。一是要运用有价值的信息寻找适合自己的工作。二是要对照筛选出的信息找到自己的不足。三是要为他人输送有效的信息。

在择业时要考虑影响择业意向的因素。择业是在综合了各种因素之后做出选择。为此,一要根据所学专业的具体情况择业;二要根据自己的学历层次择业;三要根据自己的学业成绩和综合表现择业;四要根据地域环境的特点择业。比如说,大城市条件优越,发展的机会较多,但大城市是人才聚集的地方,竞争激烈,中小城市和不少艰苦的地方或行业需要人们去开拓、创业。在那里经过艰苦奋斗实现的价值会更加辉煌灿烂。此外,体现在民族风情和生活习惯上的差异也将影响职业的选择。

在择业时要做好遭受挫折的准备。在劳动力市场的激烈竞争中,择业的成功和失败是并存的,机遇和挑战是同行的。因此,在择业时要做好遭受挫折的准备,不要因一时的挫折让自己陷入困境,因为阳光总在风雨之后。实践亦证明,成功的最大敌人不是挫折本身,而是被挫折击倒的我们自己。

2. 立业

求职不易,立业更难。立业有两种理解,一是指选定一个可以赖以谋生的职业,亦即"谋生"。这是低层次上的但又是最基本的需求,因为,就业是人生存和发展的基本手段。二是指不仅谋生,而且求发展,是一个人有抱负、有追求,并且事业有成,即所谓的"谋业"。这是高层次上的立业。对青年而言,谋求生计很重要,因为获取必要的物质生活资料必须通过就业来获得,此外别无他法。因此,当成功择业后就须热爱就业岗位,同时还要使自己尽快进入角色,适应职业岗位。如服从安排,主动工作,尽职尽责。又如,在工作中严以律己,宽以待人;尊重他人,团结互助。只有这样,才能使自己在较短的时间里适应工作岗位的需要。应当肯定"谋职"意义上的立业,但更应鼓励"谋业"意义上的立业,因为这种立业更能体现个人价值,对社会的贡献也更大。众所周知,就业给家庭带来了稳定的收入,这不仅保证了家庭生活的稳定,也促进了生活质量的提升。尤其是那些敬业乐业的家庭,父母的兢兢业业为他们自身实现自我价值提供了可能,其良好的工作作风也为子女树立了良好的榜样,有助于引导子女了解社会,并使他们为进入社会做好准备。

3. 创业

创业,顾名思义,就是创建一份自己的事业,是创业者运用知识和技能,以创造性的劳动把理想转化为现实的过程,包括两层含义:一是在自己所从事的职业活动中,以有别于以往、有别于常规、有别于他人的思维方式和行为方式开展工作;二是自主创业,不仅解决自己的生存问题,而且为别人提供就业岗位。在激烈的市场竞争下,创业已经成了我们这个时代的特征和潮流。对青年学子们而言,创业不仅仅要有理论,更重要的是要有实践经验。

(五)对待态度

有人说,找工作赚钱就行,尤其是在就业形势非常严峻的情况下,没有必要再谈职业理想了。这种看法是不对的。实际上,在任何情况下,一个人都应该有一个长远而又切实的职业理想。

在实际生活中,现实往往与职业理想发生矛盾。很多人不能按照自己的理想标准选到合适的职业,于是有的人索性不就业,坐等理想职业的出现;有的人随便谋个有收入的职业混日子;也有的人因工作与自己的职业理想不相符而怨天尤人,无所作为。这些现象发生的根源,皆在于择业者没有正确认识职业理想与现实的关系。

其实,在毕业后的头两年,大多数大学生都会感觉现实与自己职业理想的落差非常大,这段时期被称作"职业探索期"。在这段时间里,职业理想与现实发生冲突非常正常。我们应该利用这段时间积累经验,同时通过增加对自己兴趣、能力等各方面的认识调整自己的职业理想,积极寻找机会,从而为自己的长期发展奠定基础。

对于即将毕业的大学生来说,职业理想与"饭碗"的矛盾更会经常发生。这种现象发生后,既不要怨天尤人,也不要心灰意冷,而是要冷静地看待。

第一,要认真地分析自己的职业理想是否脱离实际、期待过高;自己的职业素质是否符合所选择的职业要求。虽然职业理想因人而异,没有绝对的标准。但是,必须指出,职业理想必须以个人能力为依据,超越客观条件去追求自己所谓的理想,是不现实的。这就要求大学毕业生在选择职业之前一定正确评估自己,给自己一个合理的定位。

第二,职场可分为"天堂团队""人间团队""地狱团队",很多人以为不能进入"天堂团队",就是不理想的。实际上,很多真正有能力的人是从"人间团队",甚至"地狱团队"走出来的。因为职业生涯不是一帆风顺时,反而可以使一个人的多方面能力得到更好的锻炼。

第三,要懂得职业理想不等于理想职业。一般认为当个人的能力、职业理想与职业岗位最佳结合时,即达到三者的有机统一时,这个职业才是个人的理想职业。而只要你的职业理想符合社会需要,自己又确实具备从事那种职业的职业素质,并且愿意不断地付出努力,迟早会实现自己的职业理想;理想职业却带有很大的幻想成分。

第四,如果你所选择的职业岗位已无空缺,而你又需要立即就业,那就先降低自己的要求。因为如果没有工作,即意味着没有实现职业理想的可能。而就业以后,可以在主观的作用下向自己的职业理想靠近,例如对自己的兴趣、爱好进行一定的调整。

(六)实现条件

1. 了解自己——你能做什么样的人?

人最难看清楚的是自己。青年学生容易把自己放在很高的起点去观察周围环境,思考职业未来,希望将来所从事的工作条件要比别人好,付出的劳动比别人少,拿的工资比别人高。显然,这种失去"自我"的职业憧憬是"空中楼阁",是"水中月亮",是可望而不可即的。只有从自身出发,从自己的教育水平、自己的能力倾向、自己的个性特征、自己的身体健康状况出发,才能够准确定位,瞄准适合自己的岗位去不懈努力。

2. 了解职业——要你干什么?

并非所有的职业都适合你,你也并非能胜任所有的职业岗位,每种职业都有与之相适应的职业能力要求。除了具备观察、思维、表达、操作、公关等一般能力之外,一些特殊行业还有特殊要求。对于会计、出纳、统计、建筑师等职业来说,从业人员必须具备很强的计算能力。与图纸、建筑、工程等打交道的工作,以及牙科医生、内外科医生等职业,对专业能力的要求较高。对图形的阴暗、线的宽度和长度能在视觉上做出区别和比较的人,能够从事美术装潢、电器修理、动植物检疫等工作。因此,有选择地、有针对性地培养自己的能力,主动去适应并接受职业岗位的挑战是十分重要的。

3. 了解社会——让你干什么?

职业的存在和发展与社会的需求是紧密联系的,了解社会的需求是成功择业并就业的关键。了解社会主要是要了解社会需求量、竞争系数和职业发展趋势。社会需求量是指一定时期职业需求的总量,这是一个动态的又相对稳定的数量。例如,有的职业有很高的社会名望,但需求量很少;有的职业不为多数人看好,但有发展前途,且需求量较大。竞争系数是指谋求同一种职业的劳动者人数的多少。在其他条件一定的情况下,竞争系数越大,职业概率越小。社会地位高、工作条件好、工资待遇优的职业,想要谋取的人数多,相应地,竞争系数就大。职业发展趋势是指职业未来发展的态势。有些职业一时需求量大,竞争激烈,但随着社会的发展将日趋衰落;有些职业暂时处于冷落状况,但随着社会的发展会日益兴旺。因此,加强对社会职业需求的分析和预测,了解社会职业岗位需求情况是极其重要的。

二、职业道德

职业道德的概念有广义和狭义之分。广义的职业道德是指从业人员在职业活动中应该遵循的行为准则,涵盖了从业人员与服务对象、职业与职工、职业与职业之间的关系。狭义的职业道德是指在一定职业活动中应遵循的、体现一定职业特征的、调整一定职业关系的职业行为准则和规范。不同的职业人员在特定的职业活动中形成特殊的职业关系,包括职业主体与职业服务对象之间的关系、职业团体之间的关系、同一职业团体内部人与人之间的关系,以及职业劳动者、职业团体与国家之间的关系。

(一) 基本含义

职业道德的含义包括以下八个方面:
(1) 职业道德是一种职业规范,受社会普遍的认可。
(2) 职业道德是长期以来自然形成的。
(3) 职业道德没有确定的形式,通常体现为观念、习惯、信念等。
(4) 职业道德依靠文化、内心信念和习惯,通过员工的自律实现。
(5) 职业道德大多没有实质的约束力和强制力。
(6) 职业道德的主要内容是对员工义务的要求。
(7) 职业道德标准多元化,不同的企业可能具有不同的价值观。
(8) 职业道德承载着企业文化和凝聚力,影响深远。

(二) 基本特征

1. 职业性

职业道德的内容与职业实践活动紧密相连,反映着特定职业活动对从业人员行为的道德要求。每一种职业道德都只能规范本行业从业人员的职业行为,在特定的职业范围内发挥作用。

2. 实践性

职业行为过程就是职业实践过程,只有在实践过程中,才能体现出职业道德的水准。职业道德的作用是调整职业关系,对从业人员职业活动的具体行为进行规范,解决现实生活中的具体道德冲突。

3. 继承性

在长期实践过程中形成的职业道德,会被作为经验和传统继承下来。即使在不同的社会经济发展阶段,同样一种职业因服务对象、服务手段、职业利益、职业责任和义务相对稳定,职业行为的道德要求的核心内容将被继承和发扬,从而形成被不同社会发展阶段普遍认同的职业道德规范。

4. 多样性

不同的行业和不同的职业,有不同的职业道德标准。

(三)基本要求

概括而言,职业道德主要应包括以下几方面的内容:忠于职守,乐于奉献;实事求是,一票否决;依法行事,严守秘密;公正透明,服务社会。

1. 忠于职守,乐于奉献

尊职敬业是从业人员应该具备的一种崇高精神,是做到求真务实、优质服务、勤奋奉献的前提和基础。从业人员首先要安心工作、热爱工作、献身所从事的行业,把自己远大的理想和追求落到工作实处,在平凡的工作岗位上做出非凡的贡献。从业人员有了尊职敬业的精神,就能在实际工作中积极进取,忘我工作,把好工作质量关,对工作认真负责和核实,把工作中所得出的成果作为自己的天职和莫大的荣幸;同时认真分析工作的不足和积累经验。

敬业奉献是从业人员的职业道德的内在要求。随着市场经济的发展,对从业人员的职业观念、态度、技能、纪律和作风都提出了新的更高的要求。

职业是认识和管理社会的基础性工作。只有具备"不唯上、不唯书、只唯实"的求实精神,才能出色地完成任务。为此,广大从业人员要有高度的责任感和使命,热爱工作,献身事业,树立崇高的职业荣誉感;要克服任务繁重、条件艰苦、生活清苦等困难,勤勤恳恳,任劳任怨,甘于寂寞,乐于奉献;要适应新形势的变化,刻苦钻研;要加强个人的道德修养,处理好个人、集体、国家三者之间的关系,树立正确的世界观、人生观和价值观;要把继承中华民族传统道德与弘扬时代精神结合起来,坚持解放思想、实事求是,与时俱进、勇于创新,淡泊名利、无私奉献。

2. 实事求是,一票否决

实事求是不光是思想路线和认识路线的问题,也是道德问题,而且是职业道德的核心。求就是深入实际,调查研究。是有两层含义:第一,是真不是假,第二,社会经济现象数量关系的必然联系即规律性。为此,我们必须办实事、求实效,坚决反对和制止工作上弄虚作假。这就需要有心底无私的职业良心和无私无畏的职业作风与职业态度。如果夹杂着个人的私心杂念,为了满足自己的私利或迎合某些人的私欲需要,弄虚作假、虚报浮夸就在所难免,也就会背离实事求是原则这一基本的职业道德。

职业道德对为人师表的教育工作者来说非常重要。根据《关于加强和改进高校青年教师思想政治工作的若干意见》,我国将师德表现作为教师年度考核、岗位聘任(聘用)、职称评审、评优奖励的首要标准,建立健全青年教师师德考核档案,实行师德"一票否决制"。

作为一名工作者,必须有对国家、对人民高度负责的精神,把实事求是作为履行责任和义务最基本的道德要求,坚持不唯书、不唯上、只唯实。从业人员要特别注意调查研究,经过

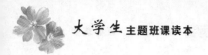

去粗取精、去伪存真、由表及里、由此及彼的分析,按照事物本来面貌如实反映,有一说一,有二说二,有喜报喜,有忧报忧,不随波逐流,不看眼色行事。

3. 依法行事,严守秘密

坚持依法行事和以德行事"两手抓"。一方面,在大力推进国家法治建设的有利时机,要进一步加大执法力度,严厉打击各种违法乱纪的现象,依靠法律的强制力量消除腐败滋生的土壤。另一方面,要通过劝导和教育,启迪人们的良知,提高人们的道德自觉性,把职业道德渗透到工作的各个环节,融于工作的全过程,增强人们以德行事的意识,从根本上消除腐败现象。严守秘密是职业道德必需的重要准则。个人要保守国家、企业和自己的秘密。

4. 公正透明,服务社会

优质服务是职业道德追求的最终目标,优质服务是职业生命力的延伸。

三、职业态度

职业态度是指个人对所从事职业的看法及在行为举止方面反应的倾向。一般情况下,态度的选择与确立与个人对职业的价值认识,即职业观与情感维系程度有关。职业态度是构成职业行为倾向的稳定的心理因素,易受主观方面因素如心境、健康状况,以及客观环境因素如工作条件、人际关系、管理措施等的直接影响而发生变化。肯定的、积极的职业态度,促进人们去钻研技术、掌握技能,提高职业活动的忍耐力和工作效率。其形成与发展是人们对有关职业知识的吸收,职业需要的满足,所属群体对他的期待,以及职业实践获得的体验等因素综合的结果。培养学生正确的、积极的职业态度,是教育的一项任务。

(一) 影响因素

1. 自我因素

自我因素包括个人的兴趣、能力、抱负、价值观、自我期望等。职业态度的自我因素与职业发展过程有相当密切的关系,因为自我因素的形成多与个人的成长背景相关,个人价值观是在成长过程中一点一滴慢慢养成的。个人若对自我的各项因素有深入的了解,就能了解何种职业较适合自己,能做出较明确的职业选择。个人在选择职业时所表现出来的态度,也是个人兴趣、能力、抱负、价值观、自我期望的一种反应的表现。但若只是依照自我因素来选择职业,有时难免会产生与社会格格不入的感觉,因此,在选择职业时仍必须考虑其他相关因素。

2. 职业因素

职业因素包括职业市场的需求,职业的薪水待遇、工作环境、发展机会等。就理想而言,兴趣、期望、抱负应该是个人选择职业的主要依据,但是,事实上,必须同时兼顾自我能力,以及外在的社会环境、职业市场动态等。对职业世界有越深的认识,就越能够掌握准确的职业信息,从而做出比较切合实际的职业选择。相反地,对职业认知有限的人可能连何处有适合自己需求的工作机会都不清楚,更难以做出明确的职业选择。因此,个人对职业的认知会影响个人的职业态度。

3. 家庭因素

家庭因素包括家庭的社会经济地位、父母期望、家庭背景等。国内外研究显示,家庭教育对个人发展的影响并不明显,但是,不论父母的学历高低、社会地位如何,大多数的父母都希望自己的子女能拥有比自己高的学历,从事比自己有发展的工作。因此,在做职业选择时,家人的意见通常会影响个人的职业态度。

4. 社会因素

社会因素包括同侪关系、社会地位、社会期望等。在职业发展的过程中,个人的最终目标是在其职业上能有所表现,并且更多的人希望自己能成为社会中有身份、有地位的人。以目前的社会现象为例,一般人认为,医生、律师、艺术家有较高的社会地位,清洁人员就是不入流的工作,虽然这并不是正确的观念,但或多或少也影响了个人的职业态度。

(二)职业态度养成

个人的职业态度对其职业选择的行为有所影响。观念正确、心态健全的人,对职业的选择较积极、慎重,做出正确选择的机会较大;相反地,观念不正确、心态不健全的人,对职业的选择具有推诿搪塞、轻忽草率及宿命论的倾向。因此,正确职业态度的养成是不容忽视的课题,基本上,可将其分成三大部分。

1. 家庭教育部分

大多数的家长都希望子女能获得高学历,因此,一些家长只注重孩子的学业成绩,对具有职业试探功能的课程多不重视。其实职业试探课程,如艺能学科、职业选修课程、技艺教育课程等,除了有陶冶情操的功能外,还可以让孩子了解自己的能力、兴趣,培养孩子的职业道德,对职业知识与技能的学习、对未来工作世界的认识都有帮助。因此,家长应多鼓励子女,利用职业试探的机会,好好了解自我的能力与兴趣,以做出对个人最有利的选择。其次,家长本身也是子女学习的对象,家长的言行举止对孩子的影响相当深远,所以,为人父母者,应该以身作则,对自己的职业保持乐观、积极、敬业的态度,让子女对未来的职业也能充满希望,养成健全的职业态度。

2. 学校教育部分

学校是学生受教育的主要场所,学生的许多行为、价值观都是在校园中养成的,学生在选择职业之前的时间大多在学校渡过,因此,职业态度的养成也是学校教育的重点之一,特别是职业或专科学校。学校应积极开展职业试探及职业辅导的工作,以帮助学生养成正确的职业态度。

职业试探可帮助学生了解自己的能力和兴趣;职业辅导是协助个人了解自己及各种职业信息,从事选择的职业、准备职业技能、进入某种职业,并使其在职业上求得发展的一种历程。所以,职业辅导对职业态度的养成起到很大的作用,学校教育应该彻底落实职业辅导工作。Frank Parsons 提出职业辅导有以下三项原则:

(1) 对自己的了解:了解个人的智力、兴趣、态度和缺陷。

(2) 对各种职业成功的认识:提供有关工作上所需的态度、教育、训练、进度和报酬等信息。

(3) 阐明个人与职业的关系:合理地了解自己和各种事实的关系,以及自己工作的潜能和环境的事实。

为使学校的职业辅导工作顺利进行,应建立健全的行政体系,拟订辅导工作计划及具体办法,结合各地区就业辅导中心,开展职业辅导工作。平时进行职业准备教育,临毕业前再进行职业选择、职业安置,使学生都能认识、了解各种不同的工作世界,并充分了解自己的能力、兴趣,及目前国家社会的需求,以便掌握各种环境、机会信息,加强学生正确的职业观念,增进其就业信心。

3. 社会教育部分

终身学习是教育的主要趋势。个人在离开学校之后,便进入了"社会"这个大环境中,社会教育便对个人产生影响。目前政府在各地皆成立了就业辅导中心,就业辅导中心致力于就业安全制度的建立。职业市场本身必须健全,只有这样投入就业市场的个人才会有健全的职业态度。职业态度养成的社会部分,必须靠大家的努力才能更加完善。

四、职业责任

职业责任是指人们在一定职业活动中所承担的特定的职责,它包括人们应该做的工作和应该承担的义务。职业活动是人一生中最基本的社会活动,职业责任是由社会分工决定的,是职业活动的中心,也是构成特定职业的基础,往往需要通过行政甚至法律方式加以确定和维护。

勇于负责的精神很可贵。那种既有能力又有责任感的人,是每一个单位都渴求的理想人才。现实情况表明,单位往往愿意信任一个能力一般但有较强责任感的人,而不愿重用一个能力很强但缺乏责任心的人。即使一个人的能力很强,如果缺乏负责精神,其能力也就失去了用武之地。对于有责任感而能力稍差的人,单位也会乐意给他们提供培训机会,提高他们的技能,因为这种员工是值得单位信赖和培养的。

细心一点的人应该不难发现,责任心对于现代人来说有多重要。没有责任心的人将会失去单位的信任,将会失去爱人的信任,甚至会失去亲人的信任。所以,要想拥有美好生活,必须学会承担责任。

认真地对待工作,百分之百地投入工作,不要投机取巧,也不要耍小聪明。应该说工作就意味着责任,岗位就意味着任务。在这个世界上,没有不需要承担责任的工作,也没有不需要完成任务的岗位。工作的底线就是尽职尽责、坚守岗位、完成任务。无论是在卑微的岗位上,还是在重要的职位上,都能秉承一种负责、敬业的精神,一种服从、诚实的态度,并表现出完美的执行能力的人一定是单位领导的最佳选择。

有责任心的员工勇于把单位的利益视为自己的利益,会因为自己的所作所为影响到单位的利益而感到不安,处处为单位着想;有责任心的员工不会推卸责任,也不会因为一次过失而气馁,而不敢承担责任。这样的员工在领导眼里是一个可靠的、可以委以重任的人,一旦条件成熟,机会就会降临在有责任心的员工身上。

有责任心的员工不会只看到本职工作以内的事情,对上下游的工作也有一定的关注,会想着结合自身岗位工作体会,让上游工作做得更快更好,会把自身岗位工作做得更完美,给下游工作提供便利。

有责任心的员工把单位的利益当作个人的利益,绝对不会容忍伤害单位利益的行为和事件出现,一旦发现,必定勇于揭发、绝不姑息,对于自己的过失而造成的后果也绝不推诿,一定勇于承担责任;当然,搬弄是非、拉帮结派也不会出现在这样的员工身上。

做一个被尊重的人,首先应该做一个有责任心的人。只有做到在单位中能够努力地做好角色分内的工作并能够履行角色道德义务,不断提升自己,享受更多角色拥有的权利,更好地为家庭、为朋友尽到责任,才能够被家庭、朋友认可,成为一个受尊敬的人。同时,一个人责任心的多少,决定了事业的成功与否。事业有成者无论做什么,都力求尽心尽责,丝毫不会放松;成功者无论做什么职业,都不会轻率疏忽。

五、职业技能

职业技能是指从业人员从事职业劳动和完成岗位工作应具有的业务素质,包括职业知识、职业技术和职业能力。就大学生而言,职业技能是指学生将来就业所需的技术和能力,是能否顺利就业的前提。职业技能一般分为三类:一是专业知识技能,指个人需要经过有意识的、专门的学习和记忆后掌握的知识,通常与专业学习或工作内容直接相关;二是可迁移技能,也被称为通用技能,指个人能做的事,可以在生活、工作、学习的方方面面得到发展,这也是用人单位最看重的部分;三是自我管理技能,指具有的特征或品质,是个人最有价值的资产,可以用来帮助一个人更好地适应环境,同时也是影响职业生涯的关键因素。

六、职业纪律

职业纪律是在特定的职业活动范围内从事某种职业的人们必须共同遵守的行为准则。它包括劳动纪律、组织纪律、财经纪律、群众纪律、保密纪律、宣传纪律、外事纪律等基本纪律以及各行各业的特殊纪律。职业纪律的特点是具有明确的规定性和一定的强制性。职业纪律的调整范围是整个劳动过程以及与劳动过程有关的一切方面,包括工作时间、劳动态度、执行生产、安全、技术、卫生等规程的要求以及服从管理、考勤等方面的全部内容。

(一) 特征

1. 职业性

职业纪律的职业属性明显,以职业活动和职业性质的特色为根据,结合用人单位工作具体特点,以劳动者职业行为为调整对象,对劳动者产生约束力。

2. 安全性

职业纪律的重要价值目标在于实现劳动安全,对劳动者劳动生产过程的安全进行起到重要的保证作用。

3. 自律性

劳动者在长期的职业实践中,为维持和保护自己的安全与健康,出于自身利益的考虑,也要求有一套能保证正常生产劳动的规则和程序,因此,职业纪律又是劳动者自觉自愿遵守的规则。

4. 制约性

劳动者违反职业纪律要受到制裁。一般而言,违纪者不仅要受到用人单位行政处分或经济惩罚,触犯刑律的还会受到刑事处罚。

(二) 种类

（1）时间纪律：职工在作息时间、考勤、请假方面的规则。

（2）组织纪律：职工在服从人事调配、听从指挥、保守秘密、接受监督方面的规则。

（3）岗位纪律：职工在完成劳动任务、履行岗位职责、遵守操作规程、遵守职业道德方面的规则。

（4）协作纪律：职工在工种之间、工序之间、岗位之间、上下层次之间的连接和配合方面的规则。

（5）安全卫生纪律：职工在劳动安全卫生、环境保护方面的规则。

（6）品行纪律：职工在廉洁奉公、爱护财产、厉行节约、关心集体方面的规则。

七、职业信用

职业信用是指受信人从事某一职业或担任某一职位时，在职业规范要求的基础上，在履行职业行为过程中所表现出来的关于职业技能、职业道德和各个方面素质的综合记录和评估，重点体现在个人对工作所负责任的承诺和遵守上。

（一）职业信用平台

职业信用平台是利用专业手段和先进的互联网技术，以帮助全社会职业人方便有效记录其职业生涯信息为经营内容的一个新型互联网工具。说它是一个庞大的数据库更为直接，"平台"只是一个叫法。它具有以下两个特点：

这个数据库是多元和动态的。其原因就是这些数据来自以下几个方面：提供职业人接受培训的教育机构；职业人自己；职业人曾经服务过的用人机构；职业人正在服务的机构；未来职业人会去的用人单位等。

这个平台所提供的信息真实度高、可信性强。原因有三：一是平台信息的构成是多元的；二是平台管理者是第三方身份；三是国务院 2013 年 1 月颁布了《征信业管理条例》，明确规定了这项产业的准入条件，也就是说这个行业正在被规范。由于近些年国内频频出现因职业信用管理缺失造成的严重社会事件，使得从政府领导到普通百姓对社会诚信普遍担忧。所以，当职业信用的概念被提出来后，在社会上得到了较大范围的认可，使得以职业信用管理为内容的企业如雨后春笋般出现，如中国职业信用管理平台等，这在一定程度上说明社会诚信的回归已经是大势所趋。

（二）职业信用档案

职业信用档案就是记录职业人职业生涯信用信息的一组动态数据，这组数据按大的构成可分为两个部分：

（1）职业人创建部分：包括职业人自己的基本情况、教育经历、工作履历、证件证书、家庭成员、社团经历等相关信息。

（2）职业人学习和服务的机构帮助其记录或认证的部分包括：记录职业人受教育的经历、文凭的真伪、职业异动情况、在职表现、考核成绩、受到的奖惩、离职记录等相关信息。

(三)建立职业信用档案的好处

1. 职业人建立职业信用档案的好处

(1)建立职业信用档案就是对职业人职业生涯的信息进行记录,无形中对职业人起到了约束作用,使职业人不良的思想、行为得到克制,积极和阳光的一面被激发,最终塑造了自己良好的职业形象,为日后职务升迁、事业发展创造了良好的条件。

(2)随着职业信用产业的发展和在全社会的应用,职业信用档案终将成为很具说服力的"职场信用证"。拥有职业信用档案,可以很容易与用人单位进行信息交互。

(3)拥有一份良好的职业信用档案,可以获得单位领导和同事较多的信任,也可以在激烈的求职竞争中迅速脱颖而出并获得较大的发展空间。

2. 企业为员工建立职业信用档案的好处

(1)为员工建立职业信用档案,不但可以在关键时期解决人才危机,而且还可以降低人力资源管理成本、提高人力资源效益。

(2)运用职业信用档案管理手段,会在企业形成一个积极向上的内部氛围。这有利于培养稳定、忠诚的员工队伍,增强企业的向心力、凝聚力,最终促使企业稳定长期地发展。

(3)因为职业信用档案对不良行为具有制约作用,从而可以有效杜绝员工违反劳动合同、携带公司商业机密"跳槽"现象,使企业合法利益免遭损失。

(4)职业信用档案由第三方管理、信息是动态且可认证的,这就会在一定程度上帮助企业避免雇用到有负面记录的雇员,防范职务犯罪,并避免因用人不当而造成损失。

(四)职业信用管理的意义

构成社会最基本的元素是人,职业人群体在整个社会的构成比例中举足轻重。长期以来,社会诚信的缺失在一定程度上可以说就是对职业人职业信用管理的缺失。因此,把职业信用当作其他社会信用的基础是恰当的。职业信用管理产业的发展,为用人单位和职业人之间架起一座诚信的桥梁。不仅如此,它在无形中有效地约束了职业人和用人单位职场交往中各种不良行为,有助于在较大范围内快速形成一种积极、向上、敬业的职场风气,从而实现我国从人力资源大国到人力资源强国的转变。甚至还可以由此预见,职业信用管理产业的发展,最终必将在全社会形成一股强大的正能量,促进国人整体诚信面貌快速提升。

专题二十一
新手上路 安全先行

面对当前就业市场上的供需矛盾以及严峻的就业压力,实习成为大学生提升就业竞争力、顺利就业的最佳途径。从教育部到各高校都非常重视大学生的实习,实习成为高校人才培养的重要环节。然而,在实习过程中,学生的安全问题较为棘手,较令人担心。实习期间大学生意外伤亡事件时有发生,屡见报端。安全实习是学生从学校迈向社会的关键第一步。近年来,大学生实习安全事故频发,严重损害了学生权益,影响高校教学秩序和人才培养质量。实习安全问题日益成为制约我国人才培养的又一个瓶颈和障碍,加强大学生实习安全风险防范与应对已势在必行。

教学目标

通过学习,使学生对实习安全有较为全面的了解和认识,引导新时代大学生不断提升实习安全意识,主动维护自身的权益。

教学重点

(1) 对当前的实习活动进行较为详尽的介绍,帮助学生深化对实习环境的认识。

(2) 提升学生实习安全防范意识。

一、实习安全概述

近年来,我国社会经济结构出现转型,产业结构发生变化,人才供需方面出现矛盾。一方面,企业缺乏技术技能型人才;另一方面,学校培养出的专业技术型学生的就业率并不高。为解决这一矛盾,高校及企业在工学结合、校企合作等人才培养模式方面进行了不断探索与实践,各高校已经将学生实习活动作为高校实践教学环节的重要组成部分,实习是高校学生毕业的必经过程。

实习是将理论知识的学习、职业技能的训练和实际工作的经历三者结合,使学生在复杂且不断变化的社会中更好地生存和发展。通过设定相应的培养目标,并根据所学理论知识制定相应的教学实训计划,由学校统一组织或者个人自行到能提供实习岗位、提供工作场所的用人单位实践学习,感受真实的工作场景。实习可以充分培养学生的实践能力、社会适应能力,使学生毕业后能快速适应社会,适应用人单位的技能要求和具备相关工作能力,是学校实践教学的重要内容。

实习是传统的学徒制在当前市场经济条件下针对人才培养的一种创新,是与现代职业教育相融合的一种新型的教育模式。实习可以更好地将学校与企业的教育资源进行整合,实现互利共赢。随着教育改革的不断推进,实习活动在落实实践技能与理论灌输平衡发展的要求、推动职业学校课程体系创新等方面的优势越来越凸显,并成为国家教育特别是职业教育改革的重要内容。但是,由于实习在实施过程中存在分散性与社会化特点,实习生多分散于各地各企业,很难进行集中管理与教育,学生安全管理方面出现了一定的漏洞。于企业来说,在保证自身的生产工作前提下,并没有足够的精力和时间系统有针对性地对实习生开展严格有效的管理。而实习生初入社会、初入职场,安全意识薄弱、社会经验不足、缺乏防范经验,导致安全事故频繁发生。为了保证学生能够顺利完成实习活动,达到实习的预期目的,保证学生实习期间的安全与稳定,在实习学生中开展安全教育,提升实习学生的安全意识,已经到了刻不容缓的时刻。

根据教育部发布的数据显示,2017年大学毕业生795万人,2018年大学毕业生820万人,2019年大学毕业生834万人,2020年大学毕业生达到874万人。可见在毕业前参加实习的各类学生人数达到1000多万,如此庞大规模的实习,管理和安置的任务非常艰巨,安全风险较大。大学生实习安全问题已成为一个十分棘手的难题。实习中的安全责任不明、归责不清,导致一些高校缩短了实习时间或推行分散实习,以降低风险,这严重影响了高校人才的培养质量和实践教学环节的开展。由于制度设计盲点、功能定位的失衡、法律条款模糊以及工作内容临时性导致管理主体无法落实、责任主体无法明确、保障机制无法配套,大学生实习安全隐患长期存在。

二、大学生实习安全风险的来源

大学生实习涉及各行各业,也牵涉社会的各个方面,因此,安全风险的来源比较广泛、多样。从内容上看,大学生实习安全风险可以归纳为以下三个:

1. 劳动场所风险

劳动场所风险主要包括劳动安全事故和劳动卫生等劳动权益风险。一方面是由于大多数实习生专业操作的动手能力欠缺,安全意识还比较淡薄;另一方面,有些实习单位劳动场所的安全保障措施不到位、职业病防治不重视,忽视实习生的合法权益,极易把实习生置于各种安全事故威胁之中。

2. 社会环境风险

社会环境风险是指在大学生实习期间,除了从事生产劳动以外,吃住行及社会交往等方面存在的风险。主要表现为食物中毒,在宿舍使用电器、煤气发生安全事故,上下班或外出发生交通事故,社会交往中遭遇欺诈、勒索、网络成瘾、身体伤害等人身财产损害,以及由此引发违法犯罪。

3. 法律纠纷风险

法律纠纷风险是大学生与实习单位以及其他社会主体发生权利与义务的冲突引发诉讼或纷争的风险。例如,实习生在实习场所生产劳动过程中遭受损害得不到应有的赔偿,实习单位不按约定支付实习生基本劳动报酬或高强度劳动延长工作时间等纠纷,在社会生活中遭遇人身财产损害或侵权引发纠纷等,从而导致官司缠身、影响正常实习。

三、实习期自我安全保护

开展实习活动前,认真学习、熟悉相关安全事故类型、《学生伤害事故处理办法》等与学生有关的知识,了解常见事故的处理程序。在实习过程中,严格遵守国家的法律法规,遵守社会公德,不做违法乱纪和有损学校形象的事情,自觉遵守实习单位的规章制度;自觉保护自己及同伴的生命及财产安全,敢于指正身边同学实习过程中的不安全行为;保持手机畅通,定时和家长、学校联系。如发生意外伤害事件,应保持沉着冷静,对现场情况进行客观分析,切不可意气用事,同时,积极配合当地相关部门处理事故,在第一时间将具体情况告知学校、老师和家长,以便学校及时、妥善处理。

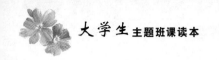

(一)人身安全

广义的人身安全包括人的生命、健康、行动、住宅、人格、名誉等安全;狭义的人身安全,是指作为自然人的身体本身的安全。从法律定义来说,人身安全是人格权和身份权的合称,是指民事主体依法享有的,与其自身不可分离亦不可转让的,没有直接财产内容的法定民事权利。我们每个公民都依法享有人身安全不被侵犯的权利。

1. 实习期常见的人身伤害

(1)因不法之徒的违法犯罪侵害引发或转化的人身伤害。例如,寻衅滋事、抢劫、盗窃、故意伤害、拐卖、性侵等。

(2)因违反管理规定引发各种事故,直接造成的人身伤害。例如,爆炸、火灾、交通事故、塌、砸、挤踩、溺水、煤气中毒、食物中毒等。

(3)因违反治安管理规定或因具体矛盾处理不当转化的人身伤害。例如,参加邪教组织,误入非法传销组织,打架斗殴或在公共娱乐场所、公众聚集场合发生的矛盾,学习、生活中产生的摩擦,校外社交活动中发生的纠纷等。

(4)偶然情况发生的人身伤害。例如,突发的自然灾害、误伤、意外等。

2. 实习期的具体防范措施

(1)在日常生活和学习中宽容、友善地对待他人,避免与他人发生矛盾。

(2)尽量不饮酒,与多人一同饮酒后要控制自己的情绪,并劝告他人不要有过激行为。

(3)尽量不要到校外娱乐场所活动,如果在此类场所活动,一定要注意安全,不要与社会人员发生冲突。

(4)面对流氓滋扰,应采取正面劝告的方法,不要与其纠缠,更不要随便动手、一味蛮干,以免事态扩大。发现流氓滋扰事件,应及时向警察或实习单位有关部门报告。注意团结和发动周围的同学或同事,以对滋事者形成压力,迫使其终止违法犯罪行为。

(5)一旦出现公开侮辱、殴打自己或同学等恶性事件,要敢于见义勇为、挺身而出,积极加以制止。

(6)发现被歹徒盯上,不能惊慌,要保持头脑清醒、镇定,同时,根据自己的体力和心理状态、周围情况、歹徒的动机来决定对策。如果只是被歹徒盯上,应迅速向附近的商店、繁华热闹的街道转移,那里人来人往,歹徒不敢胡作非为;还可以就近进入居民区求得帮助。如果被歹徒纠缠,应高声喝令其走开,并以随身携带的雨伞和就地捡到的木棍、砖块等进行防御,同时迅速跑向人多的地方。

(7)遇到拦路抢劫的歹徒,可以将身上少量的财物交给歹徒,应付周旋,同时仔细记下歹徒的相貌、身高、口音、衣着、逃离方向等情况,事后立即向民警或公安部门报告。

(8)遇到凶恶的歹徒,自己又无法脱离危险时,一定要奋力反抗,同时注意免受伤害。反抗时,要大声呼喊以震慑歹徒,动作要迅速,打击歹徒的要害部位,在此过程中要不断寻找机会脱身。

(9)应切记生命是第一位的,所以不到迫不得已时不要轻易与歹徒发生正面冲突,最重要的是运用智慧,随机应变。

（二）交通安全

交通事故是指车辆驾驶人员、乘车人、行人，以及其他在道路上进行与交通有关活动的人员，因违反《中华人民共和国道路交通管理条例》和其他道路交通管理法规、规章造成人身伤害或者财产损失的事故。实习期发生交通事故的应急办法有以下几种：

（1）遇到交通事故时，不要慌乱，要沉着冷静。自己属于轻伤的，要帮助别人；自己属于重伤的，要求助别人，共同脱离危险。

（2）要立即向公安机关报告。在实习单位外可拨打"122"报警，在实习单位内要向保卫处报告，由学校配合公安部门进行处理。

（3）要保护好交通事故现场。在公安部门未到达现场之前，要尽量保护好现场，如果是机动车，要记住肇事车辆车牌号，防止对方逃逸。

（三）住宿安全

校外实习不安排统一住宿时，学生需要自行租房子居住。这样往往容易发生意想不到的安全问题，威胁大学生的身心健康发展，所以在校外租房的大学生必须做好校外的安全防护。

1. 防盗

离开要锁门，不要怕麻烦，要养成随手关、锁门的习惯。不能随便留宿不知底细的人。对形迹可疑的陌生人应提高警惕。注意保管好自己的钥匙，不要随便借给他人。检查租住房门、窗、锁是否完好及其防护能力。

2. 防范性侵犯

租房的位置离实习单位越近越好，这样既便于往返，也便于在出现意外时能及时得到帮助。尽量不与互不熟悉的人合租房间，特别是不熟悉的异性，最好是同学合租。休息的时候关好门窗，检查好室内防护。尽量不要让不熟悉的人进入自己的房间。

3. 其他注意事项

（1）签订租房合同前，一定要让房主拿出产权证和身份证，并进行核对，最好不要租二房东、三房东的转手房，如果一定要租，则要让前任承租者拿出租房合同等证明，以免上当。签下合同后，就要留下房东的联系方式。

（2）在签租房合同时，还要明确租房日期、期限、租金变更方式等，避免使用模糊语言。出租房内原有的家具、家电等设施要在合同中详细列明，包括数量和价格等最好写清楚，然后对于这些附属设施设备的维修义务也应当明确做出约定，东西坏了谁来修、费用由谁支出等都要事先约定好。

（3）水费、电费、电话费、物业管理费等费用负担要事先谈妥。

（4）违约责任要明确。比如，若出租人逾期交付房屋，或者租期结束承租人逾期退租，可以每日按高于租金标准收取违约金；若出租人擅自收回房屋，或者承租人擅自退租，可约定一次性承担较高的违约金，也可以约定支付未使用租期的租金作为违约金。

（5）看房时，应多约上几人一同前往。看房最好不要在晚上，应选择在白天人多的时候。

(四)饮食安全

1. 食品安全常识

(1) 在购买食品之前,应仔细检查包装标志以及市场准入标志。查看食品是否具备《中华人民共和国产品质量法》所要求的中文厂名、中文厂址、电话、许可证号、产品标志、生产日期、中文产品说明书等。

(2) 开启食品包装后,需检查食品是否具有正常的形状、色泽等。不能食用腐败变质、油脂酸败、霉变、生虫、污秽不洁、混有异物或者其他形色异常的食品;若蛋白质类食品发黏,油脂类食品有异味,碳水化合物类食品有发酵的气味或饮料有异常沉淀物等,均不得食用。

(3) 培养良好的生活卫生方式,做到饭前便后洗手的习惯,采用已经洗净消毒的餐具。不在食堂或集体用餐场所随地乱扔垃圾,预防危害健康的苍蝇、蚊子滋生。

(4) 白开水是最好的饮料。某些饮料含有防腐剂、色素等,长期饮用会对身体健康产生影响。

(5) 蔬菜、水果等食物应当洗干净后再食用,以免农药中毒、微生物感染等;不吃无卫生保障的生食食品,如生鱼片等。

2. 健康饮食知识

(1) 饮食清淡,不油腻。吃得过于油腻,会导致能量过剩,加重肠胃负担,导致体重增加、肠胃疾病。应选择脂肪含量低、能量低的食物,并且不要过量食用。肥肉、动物内脏等应适量少吃,鱼、虾、蚌、贝等水产品脂肪低而富含优质蛋白质,可以适量多吃一些。

(2) 适量为止,不过饱。注意控制食量,不要吃得过于饱胀。节日期间不同平时,饮食缺乏规律,要饮食适量,短时间内摄入太多的食物、饮料等会引起胃肠功能失调。

(3) 食物多样,不单调。要注重饮食合理搭配、选择谷类、肉类、蛋类、蔬菜、水果等多样化食物,多吃水果、蔬菜,少吃油炸、烧烤食物。

(4) 清淡饮品,少喝酒。水是最好的饮料,根据《中国居民膳食指南(2016)》,6岁以上儿童日均饮水量建议为1000~1400毫升,成人为1500~1700毫升。不要喝过凉饮品,少喝或不喝含糖饮料。

(5) 零食零吃,不为主。零食应以水果、坚果等为主,只宜零吃,不能代替正餐。炸薯片(条)等零食能量较高,应少吃或不吃。

(五)消防安全

防止发生火灾的关键是做好火灾的预防。《中华人民共和国消防法》和各级政府、各级公安消防部门制定的消防条例和规定是学生必须遵守的准则,这些法律、法规和安全管理制度,是火灾事故教训的总结,要预防火灾,就必须认真学习掌握、严格执行、自觉遵守。

在工作时,要严格遵照实习单位各项安全管理规定、操作规程和有关制度。使用仪器设备前,应认真检查电源、管线、火源、辅助仪器设备等准备情况,如放置是否妥当、对操作过程是否清楚等,做好准备工作以后再进行操作。使用完毕,应认真进行清理,关闭电源、火源、气源、水源等,还应清除杂物和垃圾。涉及使用易燃、易爆危险品时,一定要注意防火安全规定,按照规定严格进行操作。

在实习单位宿舍,应自觉遵守宿舍安全管理规定。例如:不乱拉乱接电线;不使用电炉、热得快、电热杯、电饭煲等电器;不在宿舍使用明火;不将易燃易爆物品带进宿舍;不在宿舍内焚烧物品;发现安全隐患及时向实习单位管理人员或保卫部门报告;爱护消防设施和灭火器材,不随意移动或挪作他用;室内无人时关掉电器和电源开关;等等。

案例分析　学生实习操作中受伤谁之过?

1. 案例情况

王某与李某在实习期间,被安排使用油压机压制一批铁板。带班师傅对他们讲解了要求,对他们进行了安全教育,向他们说明了注意事项,然后让他们开始工作。王某和李某做了一会儿后,觉得一人操作一人监护,完全没有必要,于是两人借师傅去旁边指导其他同学之际,悄悄分工,王某负责入料,在放好料后通知李某,李某得到王某的指令后操作把手冲压。几次之后,两人觉得熟练了,很新鲜很兴奋,开始放松警惕。一次,在王某放料时,李某正与旁边的同学小声炫耀二人的分工杰作,未听清王某的指令就操作了压杆,王某的手被铁板下胎膜击伤,造成骨折。

2. 案例分析

本事故王某与李某违反压力机严禁一人入料、一人操作的操作规程,操作时思想麻痹,精力不集中,工作态度不严谨,无协调配合等原因造成,属于违章作业,两人应负主要责任。

《职业学校学生实习管理规定》第二十条规定:实习学生应遵守职业学校的实习要求和实习单位的规章制度、实习纪律及实习协议,爱护实习单位设施设备,完成规定的实习任务,撰写实习日志,并在实习结束时提交实习报告。

上岗前,带班师傅明确讲解了操作规程、注意事项,并对他们进行了安全教育。他们在实习期间擅自更改操作规程,且工作期间嬉笑玩耍,因注意力分散导致事故发生,过错在他们自身的主观违规。

3. 案例启示

实习生要养成良好的遵守安全的规则意识。实习生应该要有一定的技术能力和自律能力,严格遵守职业安全规则,因为人的生存依赖于生产和安全,安全是人类最重要的基本需求。大学生实习是职业生涯的从业准备阶段,同时也是职业生涯的起步阶段,大学生应当树立正确的专业操作意识和职业安全观,努力做到不伤害自己、不伤害他人、不被人伤害和保护他人不受伤害,保证安全上班每一天。

专题二十二
雄关漫道从今越
长风破浪直挂帆

对大学毕业生而言,就业是迈入社会的第一道门槛。由于毕业生数量连年增加,大学生就业问题成为近年来社会、国家乃至全世界关注的热点问题。在就业过程中,毕业生面临的是复杂的择业问题。而毕业生正由学生向职员进行角色转换,心理发展不平衡、不稳定,还不能摆正自己的位置,难以客观地进入求职状态、认识社会、了解社会,再加上就业心理咨询工作开展得不够深入,导致大学生的就业心理出现了一些误区。因此,及时对大学生进行就业指导就显得尤为重要了。

教学目标

通过学习,使学生了解当前大学生就业现状、就业形势,转变就业观念,树立正确的就业观念;引导学生做好就业知识准备、能力准备、心理准备,并运用所学知识,从思想上认识"学校人"与"职业人"的区别,做好适应社会的准备。

教学重点

(1) 分析就业形势,转变大学生就业观念,使大学生树立正确的就业观念。

(2) 引导学生做好就业知识准备、能力准备、心理准备。

(3) 了解求职准备的相关知识。

一、了解职业

职业是人类社会发展到一定阶段的产物,是人们在社会中所从事的作为谋生手段的工作。职业也是现实经济运行和社会生活中客观存在的社会现象。职业的形成和发展,是社会分工的必然产物。人们从不同的角度出发,对职业的概念有不同的论述。从社会的角度来看,职业是劳动者获得的社会角色;从国家的角度来看,每一种职业都是社会分工中的一个部门;从个人的角度来看,职业是劳动者"扮演"的社会角色,为社会承担一定的义务和责任,并获得相应的报酬。职业是人类文明进步、经济发展以及社会分工的结果。

综上所述,职业是参与社会分工,运用专门知识和技能,为社会创造物质财富,获取合理报酬作为物质生活来源,并满足精神需求的工作。它是对人们的生活方式、经济状况、文化水平、行为模式、思想情操的综合反映,也是一个人的权利、义务和职责,是一个人社会地位的一般性表征。

(一)了解职业世界

1. 职业的产生

职业是人类社会发展到一定阶段的产物。在原始社会初期,并无职业可言。虽然在氏族成员中有自然分工,如男子外出作战、狩猎、捕鱼,女子在家抚养子女、制作食物与衣物等,但还没有形成专门的职业。随着社会生产力的发展,社会分工逐渐形成。大约在旧石器时代晚期,即我国山顶洞文化时期,在氏族公社里,产生了按性别和年龄进行的不稳定的分工,这可以说是职业的萌芽。到新石器时代晚期,我们祖先的生活进入了畜牧农耕的阶段。《礼记·礼运》中关于大同之世的说法,就反映了人们对这一时期人类生活的一些朦胧记忆:"先贤与能""男有分,女有归"。"贤"与"能"是指氏族首领要负责管理生产和社会生活,因此,他们与社会的关系和一般氏族成员与社会的关系,在职责上就有了区别;"分"就是原始的职业,"归"是指有了可靠的生活。

随着生产力的发展,原始人征服自然的能力有了明显的提高,狩猎的动物已经有了剩余,于是农耕、畜牧分离,原始的农业、畜牧业产生了。随后,由于生产力的进一步发展、人们需求的日益提高,手工业从农业中分离出来,又出现了专门经营交换的商业。之后,私有制产生,阶级出现,又出现了体力劳动和脑力劳动的分工和对立。至此,人类社会出现了从事单纯体力劳动的群众同管理劳动、经营商业和管理国家以及后来从事艺术和科学的少数特权分子之间的大分工。就这样,人类社会产生了各种各样的职业,职业家庭慢慢地膨胀、增大起来。

由此,我们可以得出以下结论:首先,社会分工是人类社会生产和社会生活发展的必然结果,每个人只能在社会分工中占有一席之地,这就是他的职业,社会分工是产生职业的社会基础,社会分工不消失,职业就会仍然存在并继续发展;其次,职业是一种相对固定、取决于社会分工并要求工作者具有一定专业知识的劳动活动,它是人类生存和发展得以实现的一种普遍的基本的社会组织形式;再次,职业的产生离不开人类劳动,劳动创造了人,也创造了职业;最后,从一定意义上讲,社会就是各种职业和职业活动的统一体。

2. 职业的发展

职业随着社会的发展而日益多样化。在原始社会初期,不存在社会分工,因此也就没有明确的职业存在。随着生产力的不断发展,畜牧业同农业分离,手工业同农业分离,产生了农业、畜牧业和手工业三种职业。

在原始社会之后的奴隶社会里,农业、畜牧业、手工业进一步发展,内部分工更细,如手工业内部出现了制陶业、玉石业、骨器业、青铜业等。到封建社会,职业更多了。在封建初期,出现了王公、官吏、工匠、农夫、商人、妇女工等职业。到唐宋时期,已有了数百种职业。随着阶级社会的形成与发展,脑力劳动也开始从体力劳动中分离出来。至此,人类社会出现了单纯从事体力劳动的一般劳动者,同时也出现了完全脱离体力劳动、以从事脑力劳动为主的经营管理者,掌握国事的统治者和从事科学、艺术的知识分子。

社会分工的发展决定和制约着职业的发展。科学技术的进步、生产工具的改进和生产的社会化使分工越来越细,专业化程度越来越高,职业门类也越来越多。18世纪80年代,由于蒸汽机的发明、机器在生产领域中的应用,工业革命有了进一步的发展。蒸汽机的发明和广泛使用,标志着第一次工业技术革命的开始,使人们从繁重的体力劳动中解放出来,大大提高了生产力,促进了工业机械化的进程。第二次工业技术革命的重要标志是电的广泛使用,使人类进入了电气化时代,这一时代对生活领域也产生了深刻而广泛的影响。家用电器的广泛使用,也同样为人们提供了制造、安装、维修等许许多多的新职业。第三次工业技术革命始于20世纪50年代,随着科学技术的不断发展,电子计算机、原子能、空间技术等高科技的广泛应用,标志着人类进入了自动化的时代。今天我们面临着新技术革命的挑战,有人把它称为第四次工业技术革命,超大规模集成电路、航天技术、遗传工程、生物工程等新领域里的新技术、最新科研成果,将人类带入了信息时代。

3. 职业的分类

所谓职业分类,即采用一定的标准和方法,根据一定的分类原则,对从业人员从事的各种专门化的社会职业所进行的全面、系统的划分与归类。它是一个国家形成产业结构概念和进行产业结构、产业组织及产业政策研究的基础,对于社会各个行业的发展有着十分重要的指导意义,任何一个国家的职业分类都影响并制约着其国民经济各部门管理活动的成效。

采用不同的分类标准和方法可把职业划分为不同的种类,从行业上划分,可分为第一、第二、第三产业;按劳动者付出劳动的性质,可以将职业分为体力劳动和脑力劳动等。每一种分类方法对其职业的特定性都有明确的解释,这对我们更好地掌握某一职业的特点,去选择适合自身的职业有很强的指导作用。

自20世纪50年代以来,我国有关部门为满足国民经济发展、社会人口普查以及劳动人事规划指导等方面的需求,根据我国国情,开展了大量的职业分类调查研究工作,并制定了有关职业分类的标准与政策,在职业分类领域进行了成功的尝试和有益的探索,先后制定了《职业分类和代码》国家标准、《中华人民共和国工种分类目录》,并根据社会经济发展的需要,修订了《职业分类和代码》国家标准,在此基础上,组织编制了《中华人民共和国职业分类大典》。

我国第一部《中华人民共和国职业分类大典》(下称《大典》)颁布于1999年。由于经济社会的不断发展,我国社会职业构成发生了很大的变化。为适应发展需要,2010年底,人力资源和社会保障部会同国家市场监督管理总局、国家统计局牵头成立了国家职业分类大典修订工作委员会及专家委员会,启动修订工作,历时五年,七易其稿,形成了会议审议通过的新版《大典》。2015新版《大典》职业分类结构为8个大类、75个中类、434个小类、1481个职业,与1999版相比,维持8个大类,增加9个中类和21个小类,减少547个职业。8个大类为"党的机关、国家机关、群众团体和社会组织、企事业单位负责人""专业技术人员""办事人员和有关人员""社会生产服务和生活服务人员""农、林、牧、渔业生产及辅助人员""生产制造及有关人员""军人""不便分类的其他从业人员"。

4. 近年大学生主要从事职业状况

从多年的就业情况来看,大学生就业主要流向党和国家各级机关、事业单位、国有企业、外资企业、私营(民营)企业等。

(1)党和国家各级机关。机关泛指党政机关或团体为实现其职能而设立的,负责指挥和控制行政活动的机构,包括中国共产党的各级机关、各级人民代表大会机关、各级政府机关、中国人民政治协商会议的各级机关、群众团体的机关和各级人民法院、检察院机关等。

(2)事业单位。一般来说,凡是不履行党政群机关职能、以非生产劳动为主,靠国家财政拨款为主要经济来源,不以营利为直接目的,将创造出来的物质和精神产品直接或间接服务于整个社会的单位统称为事业单位。事业单位从不同角度也有不同的分类方法:按服务系统分为科研事业单位、勘察设计事业单位、教育事业单位、文化艺术事业单位、新闻出版事业单位、体育事业单位、卫生事业单位、农林水牧事业单位、社会福利事业单位、城市公用事业单位、综合服务事业单位、机关服务事业单位和学会、协会及其他事业单位;按所有制分为全民所有制事业单位、集体所有制事业单位和其他所有制事业单位;按经费来源分为财政全额供给事业单位、财政差额补贴事业单位和经费自收自支事业单位。

(3)国有企业。国有企业是国民经济的主导。我国的国有企业又称全民所有制企业,是指所有权归国家所有,依法登记注册、自主经营、自负盈亏、独立核算的生产经营组织,主要包括关系国计民生的要害部门的所属企业,如铁路、邮电、银行及大型厂矿、公司。国有企业具有法人资格,资产归国家所有。

(4)集体企业:集体企业是指劳动群众共同占有生产资料,所有权归群众集体所有的企业。目前我国主要包括农业中的集体所有制和工商业中的集体所有制。

(5) 外资企业:外资企业简称外企,是指外国的企业、其他经济组织或个人,依照中国的法律和行政法规,经中国政府批准,设在中国境内,全部资本由外国投资者投资的企业。外企对人才的主要吸引力在于较高的薪酬、良好的工作环境、科学化的管理、较公平的竞争和发展机会、能够较好地实现自身价值。

(6) 私营企业。私营企业是生产资料归个人所有,依法注册、登记的生产经营组织,所有权属于个人企业主,一般资金规模不大。私营企业涉及的行业为服务、修理手工、饮食、零售商业等,私营企业是国有企业无法代替的,在社会主义市场经济中起到不可低估的作用。

(二)分析就业形势

随着我国高等教育的大众化,高职院校占据我国高等教育的"半壁江山"。在扩招的形势下,高职毕业生就业遇到了前所未有的压力:单论理论知识,高职毕业生比不上本科毕业生;单论实际动手能力,高职毕业生比不过中职毕业生。高职学生就业问题因此成了大家关注的热点。

1. 高职学生就业的劣势

(1) 我国目前的人才供求状况。一方面,高校毕业生人数逐年递增;另一方面,国家机关精简分流,事业单位压缩编制,国有企业减员增效,社会对毕业生的有效需求有所下降,这种供求关系不平衡的"买方市场"使得部分用人单位提高了要求,本来高职学生就能胜任的事情,非要招收本科生,这是一种人才浪费现象。

(2) 我国的高等教育体制。在层次结构上,高职与本科差不多平分秋色,这一比例显然过高,与社会经济发展所能提供的就业岗位不相匹配。在培养模式上,很多高职院校(或本科院校的大专班)不是培养应用型专业技术人才,而只是相应本科专业在内容和学时上的简单压缩,他们既没有丰富的专业技能,知识的广度与深度又不够。有的高校针对热门短线专业,办起大专班(高职班),然而教学设备、师资水平方面没能相应跟上,培养出的专科生在能力上得不到保证。

(3) 部分毕业生面对变化了的就业形势,仍守住从前的就业期望值不放。部分毕业生仍希望到国家机关、大中型企业和一些高薪外资企业就业,不愿到私营、民营、个体企业、乡镇企业这些急需人才的单位就业,这也是影响毕业生就业的一个重要原因。

2. 高职学生就业的优势

(1) 高职毕业生符合社会需求。学院与行业联系紧密,可及时了解到当前和一段时期内行业的人才状况和人才需求。高职院校围绕培养目标进行专业设置、教学安排、毕业实践,培养出的毕业生符合社会需求。

(2) 产学结合,强化职业技能训练。高职毕业生在高职院校中产学结合,强化职业技能训练。学院强调动手能力和职业技术能力的培养,完善了现代化教学手段,加强了实践教学环节。

(3) 由"双师型"教师为学生授课。学院坚持选用"双师型"教师为学生授课,这些教师既有教学经验,又有实践经验,他们了解所教专业最前沿的发展动向,把最新的信息和发展动态带到课堂上来,使学生学到的知识与当前社会要求紧密结合。

(4) 有适合高职教育的先进教学设施。学院为学生配置了适合高职教育的先进教学设施,学院设有多个校内外实验室、实训室和实习实训基地。

（5）高职教育以就业为导向。学院的教育以就业为导向，高度重视毕业生就业问题，不断完善和强化毕业生就业工作措施，根据市场需要来设置专业和授课内容。

（6）双证书教育促使毕业生顺利就业。学生在校期间，除了完成规定的教学计划外，学院还要组织他们考取国家各类职业资格证书，有了职业资格证书，就增大了学生的就业竞争力。

（7）学生就业定位准确。高职学生没有部分本科生所拥有那种放不下"架子"、不愿从基层干起的"傲气"，也没有中职学生那种虽然动手能力强但发展后劲不足和综合能力欠缺的明显弱点。高职学生有一定的、实用的专业理论知识，有较强的适应工作岗位需要的实际动手能力，有吃苦耐劳的精神和安心从基层干起的心理准备，他们深知学院对他们的培养目标就是：到企业生产第一线，从事技术和管理方面的工作。

（8）用人单位对高职学生的认可。用人单位通过对高职毕业生多年的实际检验，发现高职学生具有"下得去、留得住、用得上、实用好用"的特点，这使得很多用人单位纷纷将用人指标投向高职学院。

3. 大学生就业现状客观分析

当前大学生的就业观总体上是积极的，多数毕业生的就业观念已趋于理性，充分认识到就业形势的严峻，能主动参与就业竞争，对就业市场有着客观的认识。但大学生就业观中的消极因素也对大学生顺利就业产生了严重影响，具体表现在以下几个方面：

（1）缺乏长远的职业理想，就业目标不明确。很多大学生从入学开始就感到就业形势严峻，但是能从入学时就确定自己就业方向的大学生很少。相当一部分大学生从来没有想过对自己的气质、个性、优缺点、兴趣等进行客观全面的分析和评价，没有结合自己的人生观、价值观以及社会需要认真思考过自己的职业发展，对于未来的发展方向缺乏清醒的认识和科学的规划。

职业理想是个人对未来职业的向往和追求，是个人在一定的世界观、人生观和价值观的指导下，对自己未来所从事的职业和发展目标做出的想象与设计。不能确定正确的职业发展方向，就不可能锁定职业目标就业。职业理想作为一种可能实现的奋斗目标是人们实现职业愿望的精神支柱和力量源泉，是实现自己物质生活理想的保障。翻开人类历史的画卷，大凡有作为有成就的人，都与其有坚定的志向和明确的目标分不开。没有清晰、长远的职业理想，对未来希望从事的职业毫无打算，就很难将所学专业知识与职业理想统一起来，在就业过程中随波逐流，难以实现人与职业的合理匹配，更无法充分发挥自身的优势。据调查，高职毕业生对职业的初步定位时间较晚，多数高职学生是在大二、大三阶段才对职业有初步的定位。虽然也有少量学生"职业定位"时间在高中阶段，但当时他们的想法比较理想化，若缺乏正确的引导和适当的鼓励，他们很难将职业理想坚守到底。

（2）就业期望值偏高，价值取向和社会需求之间存在不对称现象。有不少大学生在找工作时，往往把"外资公司""全球500强企业"当作首选，根本就不愿意去中小企业就业，尤其是中小民营企业，导致他们就业的路越来越窄。事实上，随着国内中小企业、民营经济的迅速发展，近年来，中小企业为高校毕业生提供的就业机会已经远远超过了大型企业。许多大学生依然抱着"安全感第一"的择业心态。这种"求稳"的心态导致很多大学生看不上小型的私营企业，他们只愿意选择大中型企业，因此失去了许多非常好的工作机会。可以说，当前大学生群体就业难度的加剧，在很大程度上是由这种脱离社会实际需求的求职心态造成的。

大学生在就业过程中,希望找到一个收益好、能满足自身需要并有利于自身发展的工作是可以理解的,但不顾当前社会的经济形势和本专业的人才需要状况,较少考虑自己的工作能力和素质,过分追求"前途"和"钱途",一味向往党政机关、教学科研单位和效益好的大中型企业单位等,对人才需求量较大的乡镇企业、边远地区、艰苦行业不屑一顾,不但缩小了就业的选择余地,而且导致就业价值取向的扭曲,不利于人生价值的实现。

(3)具有一次就业定终身的思想,就业观念有偏差。"先就业后择业"是指先找到一家单位就业,积累一定的工作经验后再去择业。而很多毕业生理解为先签一份合同,遇到更好的单位,哪怕一天班还没上,就毁约再签另一家。先不说用人单位的成本问题,单从就业市场的资源来讲,这等于剥夺了另外一个学生的就业机会,也为所在学校其他找工作的学生设置了一道障碍,用人单位会质疑学校和学生的诚信。先就业不一定能找到最合适的工作,但是有机会积累工作经验,那些通用的工作能力会使人终身受益。

(4)求职中存在思想误区,就业选择太功利。在求职中,很多大学生存在思想的误区。比如:过于追求职业安全感,缺乏克服困难迎接挑战的信心;就业定位脱离实际,不肯降低择业标准,出现"有业不就"的自愿性失业;就业压力大,致使大学生出现各种"热",如"考研热""考公务员热",盲目追风现象严重。近年来大学生就业趋于"福利化",功利色彩明显,追求实惠、舒服、优越的地理位置,甚至留恋大城市,不惜成为"蚁族","薪酬和待遇选择"明显高于"实现自我价值"和"兴趣爱好"选择。

(5)依赖性强,就业自主性较差。传统的就业方式和就业观念在许多人心目中已经形成定势,因此一部分大学毕业生虽有强烈的竞争愿望,但缺少竞争勇气,面对竞争时畏首畏尾、疑虑重重,存在着"等、靠、要"的观念,依然认为学校、社会甚至家长给自己安排一份满意的工作是理所应当的,主动就业、积极参与就业市场竞争的意识还不太强,认为就业与自身无关,毕业后就业是学校或家长的事情,缺乏就业的主动性,往往导致错失当前就业市场上的就业机遇。

(6)专业需求不平衡,部分专业学生就业难。随着社会分工的不断细化,社会对人才的需求也日益多样化,根据市场需要培养应用型人才成了所有高职院校的责任。但由于市场需求的不断变化,以及学校培养人才的时效性,出现了部分专业供大于求的状况,造成了部分专业就业难的问题。

(7)社会和一些用人单位对高职毕业生的不认可,影响了高职毕业生的就业。高职毕业生近几年对社会的影响很大,但还是得不到一些用人单位的认可。如有些企业招聘员工时,首要条件便是要求学历是本科及以上,很多事业单位和公务员的招聘也把高职(专科)排除在外。

二、求职准备

(一)求职材料的准备

求职材料是毕业生介绍个人基本情况、全方位展示自我风采的各种说明性和证明性材料。一般而言,较完整的个人求职材料应包括求职信、个人简历、证明材料、学校推荐意见、成绩单、学院及学科专业介绍、相关人员推荐材料等。用人单位通过对众多求职者的书面材料进行筛选,确定哪些人可以参加面试。因此,对求职者而言,制作一份有说服力的求职材料是踏上求职成功之路的第一步。

1. 求职信

求职信是毕业生针对招聘岗位向用人单位进行自我推荐的书面材料,主要用于向用人单位表明自己的求职意愿和求职态度。它是用人单位翻阅毕业生的推荐材料之前首先看的内容,这份材料是所有求职材料中的支柱性文件,对于能否引起用人单位的重视至关重要。

2. 个人简历

个人简历侧重于向用人单位说明自己过去学习和工作的经历。个人简历是介绍自我能力的名片,是推销自己的广告,是求职的"敲门砖"。它在内容上虽与求职信有许多相同之处,但在个人信息表述上应当比求职信更详尽,并更为注重工作经历和学习经历等内容。求职信重在阐述求职目标、求职理由、求职条件,而个人简历重在展示自己能满足某一职位的硬件条件,是供用人单位浏览的,不是用来阅读的。对用人单位而言,对个人简历的筛选意味着对求职者的筛选,它既可单独使用也可作为求职信的附件使用。但如果作为求职信的附件使用,应当考虑与求职信的衔接问题,特别要避免与求职信在内容上重合。

3. 证明材料

证明材料用于强调自己所取得的成绩和具备的能力,通常包括毕业证书、学位证书、各类学历证书和结业证书;获得奖学金、"三好学生""优秀学生干部""优秀团员""优秀毕业生"等奖励和荣誉称号的获奖证书;英语、计算机水平等级证书,专业技能等级证书;社会实践、征文比赛、文艺演出、体育运动、社团活动等获奖的荣誉证书;在正式出版物上发表过的文学作品、科研论文、美术设计作品、音像作品、摄影作品及各类小制作、小发明、小创作的图像资料;其他有关专长、爱好的证明材料等。在实习实训单位的各种获奖也是极为重要的证明材料。

4. 学校推荐意见

通常各高校都为毕业生统一设计印制了"毕业生推荐表",表中的内容一般包括毕业生个人基本情况、学业成绩、自我评价、学院鉴定、学校推荐意见等,并由学校就业指导中心加盖公章,体现学校对毕业生的认可。

5. 学习成绩单

部分用人单位要求毕业生根据单位的需要或招聘职位对某些课程的要求,提供有效的成绩单,而有效的成绩单指的是由学校教务部门审核出具并加盖公章的成绩单。不同的用人单位对成绩单的要求各不相同,有些单位只要求毕业生提供主修专业课程的成绩,有些单位则要求毕业生提供各个学期的所有学习课程的成绩,毕业生应视用人单位的不同要求提前做好准备。为了显示自己的优势,毕业生如有辅修第二专业的学习成绩证书,也可提供给用人单位。

6. 学院及学科专业介绍

目前,很多高校因合并而更名,对于不少高校有特色、有影响的学科专业,招聘单位不一定十分了解。附上自己就读学院及学科专业介绍等相关资料,能加深招聘单位对你的了解。很多高职学院为了扩大学校的知名度、更好地推介毕业生就业,每年都专门印制精美的宣传资料。但如果应聘的岗位与所学专业无关,则无须附上学科专业介绍。

7. 求职材料的误区

误区一:伪造求职材料。

伪造求职资料是非常愚蠢的行为,不仅成功应聘的机会很小,反而从面试到被录用,被发现作假的概率很大。首先,在面试中,招聘者还是比较容易辨别你是否有过相关的经历。如果没有,回答时很容易有破绽。其次,越来越多的公司会对录用员工进行背景调查,包括学历证书、以往的经历等。再次,即使在面试中蒙混过关了,还有三到六个月的试用期。很多工作需要具备的能力与知识不是短期之内可以获得的。最后,个人心理上要承受一定的压力,编造一个谎言,往往需要用更多的谎言去圆谎。

误区二:抄袭购买格式化求职资料。

现在网上有很多格式化的简历与求职信,不少人都依葫芦画瓢。也有不少咨询公司声称,只要告知要求,他们就可以提供十几种模板供选择。简历与求职信是很个性化的东西,必须突出个人的优势、能力、业绩。这些怎么可能通过固定的模板体现出来呢?格式化的求职资料实际上对个人并无多大用处。而且在面试中,招聘者经常根据简历提问,如果简历上的内容你自己也不熟悉,岂不破绽百出?

误区三:重点不突出。

有些人在公司身兼数职,工作内容广泛,于是事无巨细地都写到简历上,别人看过简历后不知道他究竟能干什么。简历要求详细,但它的详细是以应聘职位为导向的,与应聘职位不相关的可以简写甚至不写。譬如你在前公司是财务兼行政经理,你要应聘财务经理,行政方面的工作职责应该简写或者省略。

误区四:忽视中文简历。

很多在外资公司工作的人,往往只准备英文简历。其实再高级的职位招聘,第一轮的筛选工作都由职位比较低的人做,即使是外资大公司,这些人的英文水平也未必都好。为避免因为招聘人员没看懂英文而导致自己被淘汰,建议使用中英文简历。

(二)面试准备

面试是一种经过组织者精心设计,在特定的场景下,以考官与应聘者面对面交谈与观察为主要手段,由表及里测评应聘者综合素质的一种方式。面试给公司和应聘者提供了双向交流的机会,能使公司和应聘者之间更深入地相互了解,从而双方都能更准确地做出是否聘用和是否受聘的决定。"机遇只垂青有准备的人",作为大学生,求职面试时要做好以下几方面的准备。

1. 做好心理准备

(1)保持平常心态:大学生在面试中要使自己保持正常平静的心态,不要顾虑过多,尤其不要多想如果面试不好会给自己造成多大损害这类问题;认识到面试时求职者紧张是一种较普遍的现象,在面试中进行自我暗示,提醒自己镇静、放松,把面试考官当作熟人来对待,等等。

(2)不要把面试的成败看得过重:大学生在求职面试中,要把注意力集中在谈话和回答问题上,不要总是去想面试的结果,"得失成败"顺其自然。

(3)增强自信心:信心是一个人迈向成功的第一步,不少毕业生在面试过程中缩手缩脚,过于拘谨,往往因此而错失良机。

（4）增强竞争意识：对于一个求职者来说,在面试时自己的独立感和自尊同时受到了挑战,面对各种矛盾,应控制好情绪,理智应付,避免走向反抗、退缩或逆来顺受的极点,不要怀疑自己的能力,机会只偏爱具有竞争心理、有准备、有表现意识的人。

（5）走出心理误区：大学生求职者若毕业于名牌大学、热门专业,有才气、有能力,有就业成功的优势和资本,自然会受到用人单位的赏识；但有些学生往往会因此而傲慢自负,缺乏对面试的重视、对招聘考官应有的尊敬,甚至还把自身的优势和资本当作与对方讨价还价的筹码,像这样的应聘者,即使再优秀也不会赢得考官的赏识。

2. 了解面试方式

在掌握各种面试技巧之前,首先要了解目前常用的面试方式,这样可以针对不同的面试方式做相应的准备。面试方式有很多,概括起来不外乎以下几种：筛选式面试、综合式面试、主试式面试、问题式面试、压力式面试、自由式面试、群体面试、其他特殊面试等。

3. 了解用人单位和具体岗位的相关要求

面试前仔细研读用人单位的招聘公告,读懂用人单位的用人要求及用人单位希望招聘到什么样的人；了解应聘岗位的工作职责、工作方式、在企业组织框架中的位置和发展空间及工资福利待遇。一般来说,用人单位希望招到有责任感、事业心和上进心的人,能与单位同甘共苦,能做事的人,且为人低调、待人诚恳,有较强的交际能力和团队协作精神；最忌讳办事不认真、无责任心、自以为是、性格怪异、不合群、斤斤计较、爱占小便宜的人。

4. 尽量了解面试官的有关情况

首先要打听到主试人的姓名,并且能正确地说出他们的姓氏。如果主试人是外籍人员,最好在词典中查出其准确的发音。要尽可能了解主试人的性格、为人方式、兴趣、爱好,他的背景如何,你和主试人有何共同之处,你们是否有共同认识的人。只有对主试人的情况了如指掌,你才能在面试中易守易攻,立于不败之地。

5. 充分准备材料

参加面试要带好个人简历、求职信、成绩单以及有关证书等材料,例如,各类获奖证书、外语、计算机、职业技能等级证书。如果应聘外资企业,最好将求职信、个人简历等材料准备为中英文对照格式。即使曾经发过求职信和个人简历,也应该再带上一份,以备用人单位查看。

6. 面试的礼仪

（1）着装要得体：在求职面试时,应聘者的着装很重要,这一点是很多公司非常看重的,因为应聘者的着装可以反映出应聘者的精神面貌以及对待工作的态度。大学生要根据自己去面试的行业选择自己的衣着,如果是面试金融行业或销售行业,那么最好穿上正装；如果是面试一些比较普遍的行业,那么使自己的着装得体即可。

（2）要注意礼貌：有礼貌的人通常能够给人亲和力,所以在面试时一定要有礼貌。比如进门时一定要先敲门,经过允许再进入,进入之后慢慢把门关上；别忘了主动与面试官打招呼、握手；结束面试时要微笑起立、向面试官道谢后再离开。

（3）要注视对方：在面试的时候应聘者需要注视面试官,这是一种基本的礼仪；如果别人跟你讲话你总是东张西望,会显得你非常不专心；你的眼神可以停留在面试官的额头上,这样可以保持与面试官平视,也能够给面试官一种你在很认真聆听的感觉。

(4) 认真地聆听：任何一位应聘者都需要认真聆听面试官的问题，而且要耐心作答，切勿模棱两可地回答问题；遇到自己不明白的问题，可以请面试官为自己解答，这样也可以表现出自己的认真态度。

(5) 发言有节奏：在回答面试官的问题时，必须注意自己的语速，不能按照自己的习惯去说，要说能让他人听得明白的话。另外，回答面试官的问题，切忌只回答"是"或"不是"，一定要做出相关的解释，同时也不要不懂装懂、企图蒙混过关。

(6) 体态要端庄：面试体态对面试能否成功也是非常关键的。试想一个连坐都坐不好的人怎么能够赢得面试官的赞赏呢？所以，面试时坐姿要笔直端正，切忌出现小动作，坐下来的时候不要习惯性地跷起二郎腿，而是要挺直腰杆；女性坐的时候最好双膝并拢，双手放在膝盖上。

（三）面试的技巧

1. 要谦虚谨慎

面试和面谈的区别之一就是面试时对方往往人数较多，其中不乏专家、学者，应聘者在回答一些比较有深度的问题时，切不可不懂装懂，不明白的地方就要虚心请教或坦白说不懂，这样才会给用人单位留下诚实的好印象。

2. 要机智应变

当应聘者一人面对众多招聘官时，心理压力很大，面试的成败大多取决于应聘者是否能机智果断、随机应变、当场把自己的各种聪明才智发挥出来。首先，要注意分析面试类型，如果是主导式，你就应该把目标集中投向主试人，认真礼貌地回答问题；如果是答辩式，你应把目光投向提问者，切不可只关注一个招聘官而冷待其他的招聘官；如果是集体式，分配给每个求职者的时间很短，事先准备的材料可能用不上，这时最好的方法是根据招聘官的提问在脑海里重新组合材料，言简意赅地作答，切忌长篇大论。其次，要避免尴尬场面，在回答问题时常遇到以下情况：未听清问题便回答，听清了问题自己一时不能作答，回答时出现错误或遇到不知怎么回答的问题。这些情况可能使你处于尴尬的境地。避免尴尬的技巧是：对未听清的问题可以请求对方重复一遍或解释一下；一时回答不出可以请求招聘官提下一个问题，等考虑成熟后再回答前一个问题；遇到偶然出现的错误也不必耿耿于怀而打乱思路。

3. 要扬长避短

每个人都有自己的特长和不足，无论是在性格上还是在专业上都如此。因此，在面试时一定要注意扬我所长、避我所短。必要时可以婉转地说明自己的长处和不足，用其他方法加以弥补。例如有些招聘官会问："你曾经犯过什么错误吗？"这时候你可以这样回答："以前我一直有一个粗心的毛病，有一次实习的时候，由于我的粗心把公司的一份材料弄丢了，老总狠狠地批评了我。后来我经常和公司里一个非常细心的女孩子合作，也从她那里学来了很多处理事情的好办法，从那以后，我都没有因为粗心再犯什么错。"这样的回答，既可以说明你曾经犯过这样的错误，回答了招聘官提出的问题，也表明了那样的错误只是以前出现，现在已经改正了。

4. 显示潜能

面试的时间通常很短，应聘者不可能把自己的全部才华都展示出来，因此要抓住一切时机，巧妙地显示潜能。例如，应聘会计职位时可以将正在参加计算机专业的业余学习情况

"漫不经心"地讲出来,使对方认为你不仅能熟练地掌握会计业务,而且具有发展会计业务的潜力;报考秘书工作时可以借主考官的提问,把自己的名字、地址、电话等简单资料写在准备好的纸上,顺手递上去,以显示自己能写一手漂亮的字等。显示潜能时要实事求是、简短、自然、巧妙,否则会弄巧成拙。